NDUBUEZE FABIAN MMAGU

Mystik der Sinne

VERSUCH EINER SPURENSUCHE NACH EINER
GEERDETEN POLITISCHEN SPIRITUALITÄT

novum pro

www.novumverlag.com

Bibliografische Information
der Deutschen Nationalbibliothek:

Die Deutsche Nationalbibliothek
verzeichnet diese Publikation in
der Deutschen Nationalbibliografie.
Detaillierte bibliografische Daten
sind im Internet über
http://www.d-nb.de abrufbar.

Alle Rechte der Verbreitung,
auch durch Film, Funk und Fernsehen,
fotomechanische Wiedergabe,
Tonträger, elektronische Datenträger
und auszugsweisen Nachdruck,
sind vorbehalten

Gedruckt in der Europäischen Union
auf umweltfreundlichem, chlor- und
säurefrei gebleichtem Papier.

© 2022 novum Verlag

ISBN 978-3-99131-218-5
Lektorat: Mag. Eva Zahnt
Umschlagfoto: Hermine SCHLAG
Umschlaggestaltung, Layout & Satz:
novum Verlag
Innenabbildungen:
siehe Bildunterschriften
Autorenfoto:
Ndubueze Fabian Mmagu

Die vom Autor zur Verfügung ge-
stellten Abbildungen wurden in der
bestmöglichen Qualität gedruckt.

www.novumverlag.com

INHALTSVERZEICHNIS

Widmung 7
Vorwort 9
Einleitung 11
Erhabenheit und Ehrerbietung in der
   Konfrontation mit der rauen Wirklichkeit 19
Suchen nach dem, was die Welt Zusammenhält 23
Meine Biografie –
   ein beständiger Auftrag des Lebens an mich 28
Das verlorengegangene „Katholische"
   Suchen und Wiederfinden 45
Die Welt und die Macht der Bilder 48
Geschaut und Heraus-Gehorcht.
   Das Leben zur Sprache bringen 51
Augenweide 75
Die Zeichenhaftigkeit (Sakrament)
   der Rosenblüten 84
Im Spiegel der Natur 88
Überschwang der Sinnlichkeit 97
Gaumenfreude – eine Nahrung für die Augen 106
Die untrennbare Zusammengehörigkeit
   von Glauben und Staunen 109
Wenn es sich in uns dichtet 116
Die ästhetische Traurigkeit,
   Ort der Gotteserfahrung 162
Die Mystik der Sinne ist
   keine billige Spiritualität 166
Rückkoppelung einer sinnenhaften Erfahrung 168
Die Anbetung des Schönen 170
Die spirituelle Erotik –
   die Kraft des Sinnlichen als politisches Gut 190

Utopie der Hoffnung oder
„der tragische Optimismus" 209
Dank 217
Literaturverzeichnis 219
Andere Quellen 224
Bildillustrationen 225

WIDMUNG

Allen Menschen, die sich in bestimmten Erlebnissituationen zu größeren Wirklichkeitsdimensionen aufschwingen lassen; Allen, die bewusst das Verbindende unter allen Menschen der einen Menschheitsfamilie suchen.

VORWORT

Wer Bücher schreibt, baut eine Brücke zwischen seiner inneren und äußeren Welt in ihrer gegenseitigen Bedingung. Er oder sie lässt andere Menschen daran teilnehmen, indem er oder sie etwas kommuniziert, was ihn oder sie zutiefst beschäftigt und bewegt. Dem Priester-Seelsorger, Psychotherapeut, Lyriker und Schriftsteller Ndubueze Fabian Mmagu liegt sehr viel daran, in seinem Verkündigungsauftrag unterschiedliche Themen aufzugreifen, die die Menschen von heute bewegen. Dabei ist ihm die ganzheitliche Sicht des Lebens ein großes Anliegen.

In seinem neuen Buch *Mystik der Sinne* setzt sich Dr. Mmagu mit einem Thema auseinander, das ihm seit seiner Jugendzeit nicht mehr aus dem Kopf geht: Wie kann der Weltfrieden gut gelingen? Was kann dem Zusammengehörigkeitsgefühl aller Menschen der einen Welt zuträglich sein? Wenn die Menschen etwas verbindet, kann dann das Verbindende auch einen Verbindlichkeitscharakter haben? Der Autor entwirft eine *Utopie der Hoffnung*, in welcher *der konkrete Mensch* im Mittelpunkt der Aufmerksamkeit steht, egal aus welchem Land er kommt, in welchem Kulturkreis oder mit welchem politideologischen Hintergrund er lebt.

Dr. Mmagu hat keine Scheu davor, das „Katholische" in seiner ursprünglichen Bedeutung des „Umfassenden" zu verwenden. Er ist davon überzeugt, *dass gerade das Umfassende das Wahre und das Verbindliche ist*. Was uns als Menschen in bestimmten Erlebnissituationen „umgreift", ist weit mehr als alle Formen der Partikularität, bei denen sich die Menschen zerstreiten und nicht selten bekriegen. Der Autor ist der Meinung, dass es bestimmte Grunderfahrungen [in] der Schöpfung gibt, die allen Menschen aller Kulturen gemein sind; es sind Erfahrungen, die den Menschen, der für sie empfänglich ist, über seine unmittelbare Situation hinauszieht. *Gerade in einem solchen Angezogen-Sein ereignet sich die Selbsttranszendenz des Menschen und in ihm steigt das Gefühl der Allverbundenheit wie auch des Eingebunden-Seins im Ganzen.* Besonders im Erleben des Sonnenaufgangs sowie des Sonnenuntergangs findet der Autor seinen Zugang zu einer „natürlichen Spiritualität" sowie zur Bedeutung einer „erotischen Spiritualität". Selbstgemachte Bilder dienen zur Veranschaulichung. Die klassische Dreiteilung von Eros-Philia-Agape scheint ihn nicht wirklich zu befrieden! Er führt darum den ihm wichtig gewordenen Begriff des Eros auf seine ursprüngliche Bedeutung in der antiken Philosophie zurück, zumal bei Platon. Eine solche „fesselnde" Anziehungskraft offenbart sich für Dr. Mmagu in allen geschaffenen Dingen und Lebewesen.

Mystik der Sinne stößt den wichtigen Gedanken an, bei allen möglichen und notwendigen Bemühungen um ein friedvolles Zusammenleben der Menschen in unserer „Weltdorfgemeinschaft" (globalisierten Welt!) die „grundlegenden Elementarerfahrungen", die offensichtlich allen Menschen dieser einen Welt gemein sind, stets zu bedenken. *Der Weg in eine gute Zukunft für alle liegt aus der Sicht des Autors nicht allein in einem „Weltethos" (Hans Küng), sondern über den Horizont der „Glaubensmystik" (Karl Rahner) hinaus in der „natürlichen Spiritualität", in der „Mystik der Sinne".* Das vorliegende Buch motiviert deshalb zu einer ganzheitlichen Wahrnehmung der verbindenden Grunderfahrungen unter den Menschen, gerade in Zeiten großer Umbrüche in der katholischen Kirche und Seelsorge.

Der Autor lädt durch seine sehr persönliche und doch allverbindende Betrachtung dazu ein, sich ebenso persönlich auf diesen Weg einer Erfahrung zu machen, die allen Menschen offensteht. Er baut dazu eine haltbare Brücke. Es lohnt sich, sie zu beschreiten.

Christoph Kardinal Schönborn

EINLEITUNG

Mystik der Sinne klingt womöglich sehr vertraut. Oder auch nicht. Das Staunen, oder vielleicht viel besser charakterisiert, das Schaudern einer engen Mitarbeiterin in meiner Wiener Pfarrgemeinde könnte womöglich symptomatisch für die Reaktion einiger oder auch vieler Leserinnen und Leser sein, wenn es im Untertitel dieses Buches heißt „Versuch einer politischen Spiritualität". Sie fragte mich nämlich in unserem Gespräch, ob es denn so etwas wie eine „politische Spiritualität" gibt. Konkret fragte sie: „Und was ist das?" Meine Antwort ließ nichts an Deutlichkeit übrig, befriedete sie jedoch offensichtlich nicht ganz. Meine weitere Begriffserklärung möchte gerade deshalb als die Grundintention dieses Buchprojektes für die Leserinnen und Leser gelten.

Meine Kindheitserfahrungen während des Nigeria-Biafra-Bürgerkrieges (1967–1970), die eine Art Traumatisierung darstellen könnten, ohne eine neurotische Auswirkung auf mein Leben zu haben, haben mich bis hinein in das akademische Interesse einer Dissertation über die Möglichkeit einer Universalisierung des Friedens auf der Grundlage der katholischen Soziallehre auf Schritt und Tritt begleitet, um nicht zu sagen „verfolgt". *Die Frage nach den möglichen Grundbedingungen eines friedvollen Zusammenlebens aller Menschen und Völker dieser Erde bleibt weiterhin die grundlegende existenzielle Frage meines Lebens – als Mensch und als katholischer Priester-Seelsorger.* Bleibt die Friedenssehnsucht vieler Menschen dieser Welt ein Traum, der ausgeträumt worden ist, oder wird es doch gut gelingen können, von der Denkmöglichkeit zur Verwirklichungswürdigkeit der gedachten Friedensnotwendigkeit zu kommen? Wenn ja, was bildet die Grundlage für eine solche Verwirklichung?

Meine Erfahrungen mit bestimmten und einprägsamen Naturphänomenen haben mich zu der Frage geführt, ob es nicht doch eine alle Menschen dieser Welt verbindende Ur-Erfahrung gibt, die einen Charakter der Verbindlichkeit besitzt, wenn es um Ermöglichungsgründe für den Weltfrieden geht.

Andersherum: *Gibt es eine globalisierte Erfahrung in unserer sogenannten Weltdorfgemeinschaft, die für die Sicherung des Weltfriedens einen Verbindlichkeitscharakter haben könnte, die jedoch immer noch als eine rettende Ressource ungenutzt geblieben ist?* Eine weitere Komponente dieser Fragestellung hat mit der Erfahrung zu tun, die angesichts des weltweiten islamistischen Terrorismus sowie der vergangenen Religionskriege der Menschheit die Religion allgemein mit einer destruktiven Macht in Verbindung bringt. Gerade in diesem Sinnzusammenhang habe ich ein großes Verständnis für die oben aufgeworfene Frage einer Mitarbeiterin: „Gibt es denn so etwas wie eine ‚politische Spiritualität'?" Ja, wie kann man sich eine „politische Spiritualität" vorstellen, wenn die Religion allgemein in Ungnade der Weltöffentlichkeit gefallen ist? Wenn Spiritualität mit der Religion im weitesten Sinn zu tun hat, ist wohl die von mir in diesem Buch unternommene Ausführung einer „politische Spiritualität" eine reine Provokation! Ich will aber geradezu eine solche Provokation in der ursprünglichen Bedeutung des lateinischen Wortes *pro* und *vocare* verstanden wissen: etwas hervorrufen, für etwas die Stimme erheben. Ich möchte meine Stimme für etwas Grundlegendes im Menschen und in der Natur erheben, und zwar als eine positive Herausforderung für die Erreichung und womöglich relativ dauerhafte Sicherung des Weltfriedens. Dieses „etwas Grundlegendes" im Menschen und in der Natur verbinde ich mit einer mystischen Erfahrung, die keiner Kultur und keiner Religion der Welt fremd ist. Über diese mystische Erfahrung schreibt Anselm Grün: „Die Zukunft einer Spiritualität, die alle in Liebe verbindet, ist die Mystik. Mystik gibt es in allen Religionen. Und die Mystiker aller Religionen machen ähnliche Erfahrungen, auch wenn sie diese Erfahrungen dann jeweils in der Sprache über Religion deuten. Aber die Erfahrung, die alle Mystiker machen, ist letztlich diese: auf dem Grund allen Seins ist die Liebe."[1]

---

1 Grün, Anselm (2017): Liebe ist der Grund des Seins. In: LIEBE ist die einzige Revolution. Drei Impulse für Ko-Kreativität und Potenzialentfaltung; (Hrsg. Gerald Hüther | Maik Hosang | Anselm Grün, 2017). Verlag Herder GmbH. Freiburg im Breisgau. S. 160–161.

Wenn allerdings gesagt wird, dass die Liebe „auf dem Grund allen Seins ist", macht es uns die Situation nicht unbedingt gleich leichter. Denn: Zu klären wäre erstens, was überhaupt diese Liebe ist, die beständig in der Popmusik besungen wird und nach der sich – hoffentlich – alle Menschen aller Kulturen sehnen. Zweitens: Welche Liebe mit welcher Umsetzungsmöglichkeit hat die nötige Kraft, alle Menschen zum gemeinsamen Projekt des Friedens zusammenzuführen? Und schließlich: Ist die Liebe eine rein zwischenmenschliche Kraft oder umfasst sie andere Wirklichkeitsebenen, mit denen der Mensch bei der Gestaltung seines Lebens konfrontiert wird?

Die Antwort auf die obige dritte Frage ist mein Anliegen in diesem Buch. Im Ausspruch „unwahrscheinlich", den wir immer wieder tätigen, liegt der Ansatzpunkt meiner Intention für dieses Buchprojekt. Ich liebe das Staunen und komme meistens von ihm nicht leicht weg, wie noch die Abbildungen in diesem Buch veranschaulichen werden. Diese Ur-Erfahrung des „Davon-nicht-mehr-loskommen-Könnens" ist jedoch offensichtlich nicht mein privates Eigentum! *Alle Menschen können von etwas fasziniert, „gefesselt" werden.* Alle Menschen können von bestimmten Ausnahmeerfahrungen aus ihrem „Selbst herausgelockt" und „angezogen" werden. In der ursprünglichen griechischen Bedeutung des Wortes Erotik habe ich eine solche Erfahrung des Angezogen-Seins als die „spirituelle Erotik" charakterisiert (S. 190). In der gleichen theologisch-spirituellen Gesinnung hat Johannes Thiele seinem Buch den auffälligen Titel „*Die Erotik Gottes*"[2] gegeben. Für *Gotthard Fuchs* ist eine solche Erfahrung Mystik, und er schreibt darüber: „Mystik hat mit diesem Staunen zu tun, mit diesem Möglichkeitssinn, mit diesem Gespür für die Wunder des Daseins und mit der Fähigkeit, sich noch zu wundern und die Dinge zu be-wundern."[3] *Die Bewunderung bringt zum Ausdruck, dass etwas bei uns angekommen ist. Sie bringt aber zugleich*

---

2 Thiele, Johannes (1988): Die Erotik Gottes. Menschen werden wir nur als Liebende. Kreuz Verlag. Stuttgart.
3 Fuchs, Gotthard (2017): Vom Göttlichen berührt. Mystik des Alltags. Verlag Herder GmbH. Freiburg im Breisgau. S. 79.

zum Ausdruck, dass es sich nicht und niemals um ein Besitzverhältnis handelt. Die Bewunderung, wenn sie ihres Namens würdig ist und sein sollte, lässt Raum für das Eigensein des bewunderten Objektes. Sie leitet uns aber auch zu einer neuen Sichtweise an. *Die Bewunderung hat es in sich, dass wir augenblicklich die Grenzen des Vorhandenseins überschreiten. Sie macht, dass unsere Alltagsselbstverständlichkeit keine mehr ist und bleibt!* Diese mystische Erfahrung beschreibt *Gotthard Fuchs* in folgenden wunderschönen Worten: „Mystikerinnen und Mystiker sind Menschen, die sich mit dem Bestehenden nicht zufriedengeben. Sie ruhen sich nicht im schon Verwirklichten aus. Sie suchen den Ur-Sprung. Sie schauen auf das, was frühlingshaft aufspringt. Sie sind Kundschafter des Neuen im Alten, des Neuen im All-Täglichen. Nichts ist von vornherein fertig, alles ist für eine Überraschung gut. Mystiker sind auf dem Sprung."⁴ Dass die Mystikerinnen und Mystiker Menschen „auf dem Sprung" sind, möchte ich so verstehen, dass der heißersehnte Aufbruch in der Kirche in unserer gegenwärtigen Gesellschaft, der schon seit der Begriffsschöpfung des heiligen Papstes Johannes Paul II. von der „Neu-Evangelisierung" bis hin zur Bezeichnung der Kirchengemeinschaft in ihrem Verkündigungsauftrag durch Papst Franziskus mit dem plakativen Bild des „Feldlazaretts" schwer gestaltbar ist, ein deutliches Indiz dafür ist, dass die Mystik der Weg der Kirche in eine hoffnungsvolle Zukunft sein wird müssen. Es war der große Jesuitentheologe Karl Rahner, der schon vor vielen Jahren den zukunftsweisenden Satz geprägt hat: „Der Fromme von morgen wird ein ‚Mystiker' sein, einer, der etwas ‚erfahren' hat, oder er wird nicht mehr sein, weil die Frömmigkeit von morgen nicht mehr durch die im Voraus zu einer personalen Entscheidung einstimmige, selbstverständliche öffentliche Überzeugung und religiöse Sitte aller mitgetragen wird, die bisher übliche religiöse Erziehung also nur noch eine sehr sekundäre Dressur für das religiös Institutionelle sein kann."⁵ *Die Intention der „Mystik der*

---

4 Ebd.
5 Rahner, Karl (2009): Gotteserfahrung heute. Verlag Herder GmbH. Freiburg im Breisgau. S. 78.

Sinne. Versuch einer politischen Spiritualität" deckt sich mit dieser Zukunftshoffnung und zwar in einem transreligiösen und transkonfessionellen Sinn. Mit meinem Buch möchte ich ein „Kundschafter des Neuen im Alten" sein. Ich möchte mit meiner Art der Wahrnehmung der Schöpfung meinen Beitrag zum Weltfriedensdiskurs leisten. Meine **Mystik der Sinne** möchte sich darum in die bestehende Gedankenwelt einiger Autoren einreihen. Der Benediktiner Anselm Grün hat aus dem Fundus christlicher Tradition auf eine solche Mystik hingewiesen, bei der es darum geht, „die Natur so anzuschauen, dass wir in ihr überall Gott erkennen, dass wir in ihr überall die Liebe als ihren tiefsten Grund erkennen und spüren."[6] Die unterscheidende Pointe in der hier vorgelegten Mystik der Sinne besteht nichtsdestotrotz darin, dass sie versucht, aus der „Naturmystik" eine „politische Spiritualität" zu machen. Politisch ist diese mystische Spiritualität insofern, als sie einen neuen Weg erkundet im Angesicht mehrfacher Polarisierungen in unserer globalisierten Welt, nicht zuletzt im Angesicht der verbreiteten herrschenden Vorurteile gegenüber allen Formen der institutionalisierten Religion. Exemplarisch für solche weitverbreiteten Zurückhaltungen gegenüber den organisierten Religionsformen in unseren Tagen verweise ich auf den ehemaligen deutschen Bundeskanzler Helmut Schmidt, der trotz seiner neutralen religiösen Grundhaltung, die er sich bis zu seinem Tod behielt, keinen Hehl daraus machte, dass der Dialog zwischen den Großreligionen der Welt ein wesentlicher Beitrag zum Weltfrieden sein kann und muss. Davon ist oft in seinem Buch *„Religion in der Verantwortung"* die Rede. Er sparte allerdings auch keineswegs mit Kritik, und hier spricht er für sehr viele Menschen in ihrer negativen Einstellung gegenüber den organisierten Religionen. Beispielsweise: „Alle Weltreligionen haben sich im

---

6 Grün, Anselm (2017): Liebe ist der Grund des Seins. In: LIEBE ist die einzige Revolution. Drei Impulse für Ko-Kreativität und Potenzialentfaltung. Hüther, Gerald, Hosang, Maik und Grün, Anselm; Herder Verlag GmbH, Freiburg im Breisgau. S. 161.

Laufe ihrer Geschichte in vielfältige Strömungen und Schulen, Bekenntnisse und Sekten aufgespalten. Oft bekämpfen sie sich gegenseitig. Und sowohl manche politischen als auch manche religiösen Führer missbrauchen die Religion ihrer Anhänger für ihre machtpolitischen Zwecke."[7] Auffallend ist, dass *Peter Strasser* seinem Buch den Titel gegeben hat: *„Ist Religion Krieg? Was vom Gott aller Menschen bleibt"*. Im ersten Kapitel dieses Buches versucht er die Frage zu beantworten: „Wie viel Gewalt braucht die Religion?" Damit steht er auf der Linie von Helmut Schmidt im obigen Zitat. Zur Untermauerung hebt er die Geschichtserinnerung in Europa hervor: „Wir Europäer haben, trotz Befriedung in Glaubensbelangen, nicht vergessen, dass es vielfältige Faktoren gibt, welche einen Zusammenhang zwischen Religion und Gewalt stiften. Wir dachten nur nicht daran, in welchem Umfang dieser Zusammenhang wieder aktuell und im Nahbereich bedrohlich werden könnte."[8] Helmut Schmidt stößt ins gleiche Horn, allerdings mit einem Schimmer einer Hoffnung auf eine Sinnkonvergenz aller Religionen. Er meint, „Was mich bis heute bei der Berufung auf den christlichen Gott immer wieder stört – sowohl bei manchen Kirchenleuten als auch bei manchen Politikern –, das ist die Tendenz zur Ausschließlichkeit, die wir im Christentum antreffen – und ebenso auch in anderen religiösen Bekenntnissen: Du hast unrecht, ich aber bin erleuchtet, meine Überzeugungen und meine Ziele sind gottgefällig. Mir ist seit langem klar geworden: Unsere unterschiedlichen Religionen und Weltanschauungen müssen uns nicht hindern, zum Besten aller zusammenzuarbeiten; denn tatsächlich liegen unsere moralischen Werte nahe beieinander. Friede unter uns ist möglich,

---

7 Schmidt, Helmut (2011): Religion in der Verantwortung. Gefährdungen des Friedens im Zeitalter der Globalisierung. Ullstein Buchverlage GmbH. Berlin. S. 236.
8 Strasser, Peter (2018): Ist Religion Krieg? Was vom Gott aller Menschen bleibt. Styria Buchverlage. Wien. S.15.

allerdings müssen wir den Frieden immer wieder aufs Neue herstellen und ‚stiften'."[9]

Mein Buch **Mystik der Sinne** will einen kleinen Beitrag zur wünschenswerten Friedensstiftung sein. Darum ist es berechtigt, von der *politischen Spiritualität* zu sprechen. Sie überschreitet die Grenzen der Großreligionen und ist dennoch kein Widerspruch zu ihnen. Sie ist elementar und verweist doch zugleich auf die Transzendenz – ohne Zwang. Denn die wahre Transzendenz hat nichts gemein mit der Gewalt. Die hier vorgelegte Mystik der Sinne verbindet sich mit dem großen Anliegen des renommierten Wiener Psychiaters, Neurologen und Philosophen Viktor E. Frankl, der in seinem unermüdlichen geistigen Kampf für die Freiheit und für die Selbstverantwortlichkeit des Individuums die großartige Idee des **Monanthropismus** geboren hat. Es geht bei dieser Begriffsschöpfung um die Grundidee des Glaubens an die eine Menschheit, im Parallelverhältnis zum Monotheismus des Judentums, des Christentums und des Islams. Ich habe mich, getragen von meinen Kindheitserfahrungen und meinen Befindlichkeiten im erwachsenen Alter im Angesicht der multipolaren Gewalteskalationen sowie der von vielen Stellvertreterkriegen an vielen Orten unseres 21. Jahrhunderts, auf die Suche nach dem begeben, was dem Glauben an die eine Menschheit förderlich wäre. *Die Mystik der Sinne besitzt nach meinem Dafürhalten eine verheißungsvolle Potentialentfaltung für den Weltfrieden, weil sie ideologiefrei ist.* Ich erkenne die Katholizität des Christlichen im Erleben der Schönheit der Schöpfung (oder der Natur, für jene, die nicht viel mit dem Schöpfungsbegriff anfangen können oder wollen). Wenn schon nach *Karl Rahner* die Zukunft eines Frommen in der Mystik zu suchen ist, so erblicke ich die Dialogfähigkeit des Christentums mit allen Menschen guten Willens in der Wahrnehmung und Kultur des Schönen, das eine enorme Anziehungskraft besitzt. *Um des Weltfriedens willen kann schon die katholische Kirche bzw. das Christentum an den eigenen Glaubensgrundsätzen*

---

[9] Schmidt, Helmut (2010): Sechs Reden. Verlag C. H. Beck. München. S. 43.

festhalten. Für eine umfassendere Evangelisierung des Friedens jedoch ist der theologische Ausbau der Erfahrung des Schönen eine dringende Notwendigkeit. Ich stimme Johannes Thiele in seiner auf der Spiritualität der Erotik basierenden Ansicht zum Christ-Sein in der sich polarisierenden Weltgesellschaft zu. Er schreibt: „Die Vision der Christen ist eine Welt (die Jesus ‚Reich Gottes' nannte), in der alle Menschen und alle Kreatur gemeinsam leben können. Diese Welt ist nicht einfach ‚Himmel', vertröstbar auf das Jenseits, nicht nur ausstehende Vollendung, sondern ein Weg, hier auf der Erde miteinander in Beziehung zu sein. Deutlich ökumenisch, unerschrocken politisch, grundlegend spirituell und wesentlich kommunikativ ist unsere Vision vor allem durch den Glauben, dass wir Gott als einen liebenden Gott aller Kreatur, als Schöpfer und Befreier, als die Liebe schlechthin kennenlernen können, dass es uns möglich ist, uns als Geliebte und liebende Menschen zu entwerfen."[10] Es ist mir (als Mensch, als Priester-Seelsorger, als Organisationsentwickler mit besonderem Blick auf Konfliktlösungsstrategien und als Psychotherapeut) in diesem Buchprojekt daran gelegen, altbewährte Theologie der Schöpfungsliebe in einer Epoche der großen Gefährdung durch den Klimawandel aus einer anderen Perspektive zu erörtern. In Zeiten erfahrbarer Zusammenschrumpfung der Zahl der sakramental-gottesdienstlichen Teilnahme am Leben der Kirche bin ich der Überzeugung, dass die Mystik der Sinne ein wahrer Gottesdienst ist, denn ein liebendes Verhältnis zur Natur ist eine andere Art und Weise der Transzendenzerfahrung. Gott umarmt stets alle Menschen in seiner Schöpfung, auch jene Menschen, die keinen inneren Zugang zur Gemeinschaft der Kirche haben oder finden – können oder wollen.

---

10 Thiele, Johannes (1988): Die Erotik Gottes. Menschen werden wir nur als Liebende. Kreuz Verlag. Stuttgart. S.172.

ERHABENHEIT UND EHRERBIETUNG IN DER KONFRONTATION MIT DER RAUEN WIRKLICHKEIT

Geerdet-Sein, das ist nicht nur ein großes Wort für bestimmte Personen. Es ist ihre *Art* zu sein. Ihre Arbeit ist ihr Leben. In der freien Natur. Ausgesetzt allen möglichen Witterungen. Manches Mal werden sie plötzlich oder auch graduell durchnässt durch einen Regenfall oder auch durch ein beständiges Nieseln. Sie harren aus. Das große Ziel ist ihre Kraftquelle. Das Gejammer ist in der Situation nicht ihre Einstellung und Haltung. Traurig sind sie jedoch meistens nur, wenn es hagelt. Keine Versicherungsentschädigung kann der großen Freude nahekommen, wenn der Aussaat ansonsten eine gute Ernte folgt. Meistens sind diese Menschen gezeichnet, und die Furchen an ihren Händen und Füßen sind nicht zu verstecken. In der Tat kein Bild der Ästhetik, aber existenzielle Erfahrungen sprechen Bände aus solchen Furchen heraus. Dennoch: Wer ihnen näher kommt und sie ansieht, ob nun auf den Feldern oder nach der getanen Arbeit, erkennt ohne sonderliche Anstrengung die *Kongruenz* in ihrem Leben zwischen Tun und Sein. Spürbar ist die *Stimmigkeit*, die sie ausstrahlen. Zwischen Aktion und Passion herrscht eine Ausgewogenheit. Man kann es auch andersherum formulieren: *Im Tun verwirklichen sie ihr Sein in offensichtlicher Gelassenheit.* Im Tun *geschieht* ihr Sein. Das Ignatianische Diktum von *ora et labora* – bete und arbeite – ließe sich noch erweitern zum *„ora, labora et esse!"*; also, bete, arbeite und sei oder werde. *Menschen können in ihrem Tun aufgehen.* Das kommt dem ähnlich, was Mihaly Csikszentmihalyi „Das Flow-Erlebnis"[11] nennt. Im Begriff

---

11 Csikszentmihalyi, Mihaly (1996): Das Flow-Erlebnis. Jenseits von Angst und Langeweile: im Tun aufgehen. In deutscher Sprache herausgegeben und mit einer Einführung von Hans Aebli. Aus dem Amerikanischen übersetzt von Urs Aeschbacher. 6. Auflage. Klett-Cotta, Stuttgart.

Aufgehen steckt das Verständnis der Ganzheitlichkeit, der Zustimmung zum Ganzen und des Gesammelt-Seins. *Wenn eine solche Unzertrennlichkeit keine Spiritualität wäre! Eine Spiritualität, die die Grenze der Selbstbezüglichkeit überschreitet.* Eine Spiritualität mit erweiterter politischer Konsequenz, wie später in diesem Buch zu erörtern sein wird.

Für Bauern und Bäuerinnen ist das Gendern uneigentlich. Gültigkeit besitzt lediglich die Hingabe an ihr Tun. Meine Erfahrung gehört zu meiner Motivation für die Verfassung dieses Buches. Nun stand ich einmal vor einer Bäuerin und ein anderes Mal vor einem Bauer. Die Erfahrung konnte sich kaum unterscheiden. Der Blick täuschte nicht, weil die Bestätigung durch den Handshake gegeben war. „O mein Gott!", hätte ich laut sagen können. Ich traute mich jedoch nicht und dachte es nur laut. Wozu aber auch? Die großen Furchen auf der Handoberfläche konnten der vom Herzen kommenden Wärme nichts anhaben. Die Erinnerungen an die agrarwirtschaftliche Tätigkeit meiner Eltern kamen mir sofort in den Sinn. Sie waren durch und durch Bauern und kannten zur Genüge die wetterbedingten Erfahrungen, die ich zuvor beschrieben habe. Außerdem, genauso wie wir als Kinder selbst unter manchen Witterungen haben helfen müssen. Diese unmittelbaren Erinnerungen führten automatisch dazu, dass ich bei meinem Berührungsschock gelassen war und vielmehr den netten Menschen vor mir und das Geheimnis, das er verkörperte, sah. Unbekümmert und mit großer Freude über meinen Besuch drückten sie jeweils meine Hand. Die unverhüllte Vertrautheit löste tiefes Gefühl in mir aus und baute eine unbeschreibliche Brücke zwischen uns auf. Es fing an, in mir zu arbeiten, wie so oft bei *Begegnungen*. Es waren aber keine gewöhnlichen Begegnungen! Nein! Es waren Begegnungen, bei denen ich *erleben* durfte, wie ein *Wärmegefühl* mein ganzes Wesen *durchströmte*. Erhabenheit und Ehrerbietung waren die zwei Worte, die ungezwungen in mir Gestalt annahmen. Zwei unterschiedliche Menschen; eine einzige, ja, eine einzigartige Erfahrung einer Wirklichkeit, die mir eine „geheiligte Gegenwart" ermöglichte. Wie sehr muss wirklich das Natürliche ein *locus revelatio Dei,* ein Ort der Offenbarung Gottes sein. Ich erkannte unmittelbar: *Gott ist in der Natürlichkeit unserer Umgebung sowie in den vielen Begegnungen mit dem Natürlichen in einer unbeschreiblichen Unmittelbarkeit erfahrbar. Ist diese Erfahrung vielleicht ein gemeinsamer Nenner für die Menschheit? Gibt es denn das Gemeinsame und in der Erfahrung aller Menschen dieser Welt Verbindende und letztendlich Allgemeingültige?* Die tiefe Überzeugung der Kirchenväter beim Zweiten Vatikanischen Konzil hat ein besonderes Gewicht für den in diesem vorliegenden Buch gesuchten *gemeinsamen Nenner für die Menschheit durch die Natürlichkeit des Welterlebens.* In der „Dogmatischen Konstitution über die göttliche Offenbarung" heißt es beispielsweise: „Gott, der durch das Wort alles erschafft (vgl. Joh 1,3) und erhält, gibt den Menschen jederzeit in den geschaffenen Dingen Zeugnis von sich (vgl. Röm 1,19-20).[12] Jahrzehnte nach dem Konzil findet dieser Glaubensartikel seinen Widerhall im „Katechismus der Katholischen Kirche". In der Antwort auf die Frage „Wie kann man Gott mit dem bloßen Licht der Vernunft erkennen?" heißt es: „Ausgehend von der Schöpfung, das heißt von der Welt und von der menschlichen Person, kann der Mensch mit der bloßen Vernunft Gott gewiss als Ursprung und Ziel aller Dinge und als höchstes Gut, als Wahrheit und als unendliche Schönheit erkennen."[13] Das alle Menschen Verbindende muss gar nicht eine Sonderleistung des Menschen sein. Richtiger ist es, zu sagen, dass das alle Menschen dieser Erde Verbindende bereits allen Menschen *geschenkt worden ist.* Christlich-schöpfungstheologisch gesprochen, heißt das, dass allen Menschen, vertreten

---

12 Dogmatische Konstitution über die göttliche Offenbarung (Dei Verbum), Nr. 3. In: Rahner, Karl und Vorgrimler, Herbert (1986): Kleines Konzilskompendium. Sämtliche Texte des Zweiten Vatikanums mit Einführungen und ausführlichem Sachregister. 19. Auflage. Herder Bücherei. Freiburg in Breisgau. S. 368.
13 Katechismus der Katholischen Kirche. Kompendium. Übersetzung aus dem Italienischen im Auftrag der Deutschen Bischofskonferenz. @2005 Deutsche Bischofskonferenz, Bonn. Für die deutschsprachigen Ausgaben, Pattloch Verlag GmbH & Co. KG. München. Nr. 3. S. 25–26.

im Bild des einen Menschen im Buch Genesis, *das große Geschenk einer Beheimatung* gemacht worden ist. Denn, wenn Gott alles vor dem Menschen erschaffen hat, legte er den *Keim der Geborgenheit in alle geschaffenen Dinge*, die Gottes Spuren (seinen Odem!) tragen. Dieses Anliegen verfolge ich in diesem Buch. Das Vorfindbare in der Natur (sprich, Schöpfung) hat eine vereinigende Kapazität *für alle Menschen dieser EINEN Welt.*

SUCHEN NACH DEM, WAS DIE WELT ZUSAMMENHÄLT

„Die Philosophen haben die Welt nur verschieden interpretiert, es kommt aber darauf an sie zu verändern."
(Karl Marx)

Die große Frage jedoch ist und bleibt: Wie lässt sich die Welt verändern? Ich finde, dass es eine anhaltende Hermeneutik der irdischen Wirklichkeit gibt. Nicht erst Karl Marx hat die Idee der Weltveränderung geboren. Eine Idee, die zu seinem Projekt des Marxismus geführt hat und in der letzten Konsequenz zum Kampf des Proletariats gegen den Kapitalismus und die Kapitalistinnen und Kapitalisten. Die Grundlegung der Weltveränderung geht tiefer und liegt im jüdisch-christlichen Glaubensgut, und zwar nach der Schöpfungserzählung. Nachdem Gott– der Schöpfer – alles erschaffen und zum wiederholten Male für „gut" befunden hatte, gab er dem von ihm nach seinem Bild und Gleichnis geschaffenen Menschen (Adam – dem Erdenmenschen) den Auftrag, die Erde zu bebauen. Wortwörtlich heißt es „Gott segnete sie (die männlichen und weiblichen Menschen, Anm. NFM) und Gott sprach zu ihnen: „Seid fruchtbar und mehrt euch, füllt die Erde und unterwerft sie euch und herrscht über die Fische des Meeres, über die Vögel des Himmels und über alle Tiere, die auf der Erde kriechen!" (Gen 1,28). Die „Unterwerfung" der Erde durch die Menschen und ihre „Herrschaft" über sie werden in dieser Mythenerzählung von der Entstehung der Welt als ausdrücklicher Auftrag Gottes, des Schöpfers, aufgefasst. Ohne nun die seit dem Zeitalter der Industrialisierung bis in unser 21. Jahrhundert der Informationstechnologie hinein erzielten Entwicklungen in Abrede zu stellen, lehren uns nichtsdestotrotz unterschiedlichste Erfahrungen, dass „Unterwerfung" und „Herrschaft" der Grundidee dessen, was die „Welt zusammenhält", zuwiderlaufen können. Unsere Welt kannte immer schon und kennt sie auch noch in unseren Tagen, die hegemonialen Herrschaftsansprüche einiger mächtiger Länder auf weniger mächtige andere, zumal in der Form des Kolonialismus, dessen destruktive Spuren in unseren Tagen immer noch spürbar sind und weitere Ketten der Zerstörung nach sich ziehen. Die Leserin oder der Leser könnte womöglich berechtigterweise mit der Bemerkung einwenden: „Hören wir doch endlich mit der eindimensionalen Schwarz-Weiß-Malerei auf! Unsere Welt hat doch viel Positiveres aufzuweisen als eine solche negative Sichtweise!" Eine solche Ermahnung erinnert mich allerdings an einen Spruch, den ich während meiner nicht allzu leichten Zeit des Deutschlernens kennenlernte und beherzigte, und der den Wienerinnen und Wienern zugeschrieben wird. Der lautet: „Die Situation ist schon ernst, aber nicht hoffnungslos." Natürlich teile ich einen solchen Optimismus in bestimmten Situationen, aber nur insofern er nicht dazu dient, der Realität nicht in die Augen zu schauen. Denn nichts ist hinderlicher als die Realitätsverweigerung, wenn es um zwischenmenschliche bzw. zwischenstaatliche Verständigungen geht. Wer würde denn im Ernst behaupten, dass der Mensch nicht schon längst dabei ist, die Schöpfung auszubeuten, sie sich zu „unterwerfen", um bei dem zitierten Schöpfungsauftrag an den Menschen zu bleiben? Ob der „Kampf der Kulturen"[14] und der „Kampf der Emotionen"[15] nicht doch größtenteils mit diesem Ur-Auftrag des Schöpfers in einem sehr engen Zusammenhang stehen? Solche destruktiven Spannungen können doch nicht in der Absicht des Schöpfers liegen, wenn es nach dem ersten Kapitel des Buches Genesis in der Schöpfungserzählung *sechsmal* heißt: *„Gott sah, dass es gut war."* Unmöglich ist es, die von Gott als „gut" befundene Schöpfung der Willkür der

---

14 Huntington, Samuel P. (2002): Kampf der Kulturen. Die Neugestaltung der Weltpolitik im 21. Jahrhundert. Aus dem Amerikanischen von Holger Fliessbach. 9. Auflage. Wilhelm Goldmann Verlag. München.
15 Moïsi, Dominique (2009): Kampf der Emotionen. Wie Kulturen der Angst, Demütigung und Hoffnung die Weltpolitik bestimmen. Deutsche Verlags-Anstalt. München.

Unterwerfungs- und Herrschaftsmacht des Menschen zu überlassen! Eher ist das Gut-Sein der Schöpfung als ein ethisch-moralischer Auftrag an den Menschen aufzufassen. Indem Gott der Schöpfung das Gutsein zuspricht, erhält sie eine gottimmanente **Seinsqualität**. Sie wird Gott-fähig. Das ist das große Thema dieses vorliegenden Buches.

Da der Mensch durch seinen Herrschaftsanspruch einen Einfluss auf die geschaffenen Dinge und Lebewesen hat, kann er auch Böses und Gewalt in der guten Schöpfung Gottes hervorbringen. (vgl. Gen 3-4; 6). Diese menschliche Tendenz zur Gewalt macht es notwendig, dass wir unseren Blick auf eine andere Stelle im gleichen Buch der Entstehungsgeschichte werfen, bei der hervorgeht, dass der Mensch seine von Gott verliehene Macht anders zu verstehen hat. Im zweiten Kapitel des Buches Genesis erhält der Mensch nämlich eine bleibende und ihn in die Pflicht nehmende Schöpfungsverantwortung, welche seine *Herrschaftsmacht* relativiert. Es heißt: „Gott, der HERR, nahm den Menschen und gab ihm seinen Wohnsitz im Garten von Eden, damit er ihn bearbeite und hüte." (Gen 2,15) *Der Mensch wird also aus jüdisch-christlicher Sicht zum göttlichen Beauftragten.* Er schuldet seinem Schöpfer die Schöpfungsverantwortung. Nicht jedoch seinem Schöpfer allein. Denn: Wenn Gott ihm einen „Garten" gab, so entspricht es der *Intention Gottes*, dass der Mensch, will heißen, alle Menschen, im Wohlergehen drinnen wohnen kann bzw. können. In diesem Satz liegt die jüdisch-christliche biblisch begründete Schöpfungsverantwortung. Der biblische Imperativ für den Menschen, der sich aus der zweiten Schöpfungserzählung ableiten lässt, muss deshalb lauten: **Schöpfungsverantwortung**. Seit ungefähr der Mitte des Jahres 2019 ist eine nie dagewesene weltweite Umweltbewegung im Gang, die die gemeinsame Sorge wie auch die gemeinsame Empörung von Abermillionen Weltjugendbürger und Weltjugendbürgerinnen zum Ausdruck bringt. Die Sorge um das gemeinsame Haus der Menschheit, das durch die spürbaren Auswirkungen des Klimawandels unbewohnbar geworden ist, stellt einen plakativen Aspekt des in diesem Buch gesuchten „Zusammenhalts der Welt" dar. Es gibt allerdings einen anderen Aspekt dieser Intentionalität der Schöpfung. Die Schöpfungsverantwortung kann und darf die Dimension ihrer Transzendenz ersetzen. Jenseits der vom Menschen erwarteten Verantwortung ist die Schöpfung als ein Geschenk Gottes an den Menschen für die Erfahrung seiner Gegenwart aufzufassen. Vorrangig ist darum dieser Geschenkcharakter. Warum? Einfach, weil wir normalerweise mit einem schönen und wertvollen Geschenk nicht leichtsinnig umgehen.

In Anlehnung an den obigen Spruch von Karl Marx, in dem es um die „Interpretation" der Welt ging, entspricht es meinem großen Interesse für die Verfassung des vorliegenden Buches, dass ich einen persönlichen Beitrag zu den unterschiedlichsten Weltanschauungen leisten will, wenn es darum geht, *ein neues Miteinander in Zeiten der sogenannten Globalisierung* auszuarbeiten und individuell und strategisch umzusetzen. Dieses mein Unterfangen ist von einer in meiner Biografie liegenden Hoffnung und Überzeugung getragen, sowohl eine *gedankliche als auch pragmatische Synergie* einer verantwortungsvollen und verbindlichen *Zusammengehörigkeit der Menschheitsfamilie* anzustoßen. Gerade eine solche Synergie verlangt nach einer neuen Selbst- und Weltwahrnehmung, die erst möglich wird, wenn es zu einem Gesinnungswandel kommt. In diesem Sinnzusammenhang fallen mir die Worte des Apostels Paulus ein, in denen er einen scharfen Unterschied macht zwischen einer weltlichen und einer von Gott gewollten Traurigkeit. Wir lesen: „Dass ich euch aber mit meinem Brief traurig gemacht habe, tut mir nicht leid. Wenn es mir auch eine Weile leid tat – ich sehe ja, dass dieser Brief euch, wenn auch nur für kurze Zeit, traurig gemacht hat –: jetzt freue ich mich, nicht weil ihr traurig geworden seid, sondern weil die Traurigkeit euch zur Sinnesänderung geführt hat. Denn es war eine gottgewollte Traurigkeit; so ist euch durch uns kein Nachteil erwachsen. Die gottgewollte Traurigkeit verursacht nämlich Sinnesänderung zum Heil, die nicht bereut zu werden braucht; die weltliche Traurigkeit aber führt zum Tod." (2 Kor 7,8-10) *Entspricht denn die gegenwärtige weltweite Jugendbewegung zum Klimawandel nicht etwa der von Paulus charakterisierten „gottgewollten Traurigkeit", welche zur Sinnesänderung führen soll?* Wenn der Menschheitsfamilie etwas am Gottglauben liegen würde, müssten wir nicht, getragen vom Schöpfungsglauben, die durch den Klimawandel verursachten Umweltkatastrophen mit ihren oft irreparablen Konsequenzen hinsichtlich weltweiter Armuts- und Flucht- bzw. Migrationsbewegungen als eine sträfliche Vernachlässigung der Schöpfungsverantwortung verstehen? *Die Traurigkeit der Weltjugend, der ihre Zukunft einer bewohnbaren Erde gestohlen wird, ist nicht einfach ihre alleinige Traurigkeit!* Ihre Traurigkeit, die sie in den weltweiten Protestveranstaltungen zum Ausdruck bringt, zielt auf eine dringliche und drängende Sinnesänderung in der Sache der Schöpfungsverantwortung von Politik und Wirtschaft. Ich verstehe meine Motivation für die Verfassung dieses Buches im Zusammenhang mit der vom Apostel Paulus aufgegriffenen Traurigkeit. Für mich ist die Traurigkeit nicht nur eine spirituelle Macht für die Selbstvergewisserung, sondern stellt zugleich ein spirituelles Potential für die Selbstverantwortlichkeit dar. Eine solche Selbstverantwortlichkeit bildet den emotionalen und gedanklichen Hintergrund für die Entstehung des vorliegenden Buches. Sie hängt mit meiner Biografie eng zusammen. *Es ist eine Biografie, die mich auch nach mehr als einem halben Jahrhundert bei meiner Weltwahrnehmung hartnäckig begleitet.* Ich möchte und kann nicht von einer Traumatisierung und noch weniger von einer Posttraumatischen Affektiven Störung im klinischen Sinn sprechen. Ich will es mir nichtsdestotrotz nicht verkneifen, dass das Kind, das ich während des Nigeria-Biafra-Krieges war und das die volle Zerstörungskraft dieses Krieges hautnah erlebt hatte, eine besondere *Sensibilisierungsqualität* besitzt, *wenn es um die brennende Frage des Krieges und der Flüchtlingsströme unseres 21. Jahrhunderts geht. Es ist geradezu dieses Kriegskind in mir als einem Erwachsenen, das nicht und niemals mit den Kriegen in unseren Tagen zu Rande kommen kann und will und das beständig die Frage stellt: Wozu das Ganze? Diesen nun viel älter gewordene Kind in mir stellt zugleich die Frage: Was müsste geschehen, damit alle Menschen und alle Völker dieser einen Welt ihre Gemeinsamkeiten entdecken und wertschätzen und so in Frieden leben können?*

Meine Biografie –
ein beständiger Auftrag des Lebens an mich

Seit ich durch die vertrauteste Schülerin von Viktor E. Frankl [1905–1997], Elisabeth Lukas, bei einem theologischen Fortbildungskurs in Freising bei München die Logotherapie viel näher kennengelernt habe, hat sich meine persönliche Haltung gegenüber bestimmten herausfordernden Ereignissen in der Welt verschärft. Ausschlaggebend dafür ist die grundlegende Kehrtwende in der Fragestellung angesichts unserer Weltwahrnehmung, wie diese von Viktor E. Frankl formuliert worden ist: „Wir müssen lernen und die verzweifelnden Menschen lehren, dass es eigentlich nie und nimmer darauf ankommt, was wir vom Leben noch zu erwarten haben, vielmehr lediglich darauf, was das Leben von uns erwartet!"[16] Diese vom Begründer der Logotherapie vollzogene Kehrtwende in der Konfrontation des Menschen mit bestimmten existenziellen Situationen gleicht der epochalen Wende vom Geozentrismus zum Heliozentrismus. Zur Erläuterung: Geozentrismus bedeutet Erdzentriertheit und besagt, dass alle Himmelskörper die Erde umkreisen. Im 16. Jahrhundert arbeitete Nikolaus Kopernikus jedoch das bis heute geltende heliozentrische Weltbild heraus, bei dem es darum geht, dass die Sonne das Zentrum der Welt ist und alle anderen Planeten um dieses Zentrum rotieren. Gerade diese revolutionäre Idee griff Viktor E. Frankl auf und verwandelte sie in eine psychotherapeutische Behandlungsstrategie, bei der der Patient bzw. die Patientin zu einem anderen Selbstbewusstsein wie auch zu seiner bzw. ihrer Selbstverantwortlichkeit angeleitet wird. Für Frankl ist diese Art der Fragestellung eine „kopernikanische Wende".

---

16 Frankl, Viktor E. (1999): … trotzdem Ja zum Leben sagen. Ein Psychologe erlebt das Konzentrationslager. Vorwort von Hans Weigel. 18. Auflage. Deutscher Taschenbuch Verlag. München. S. 124–125.

Dazu schrieb er in seinem weltberühmten Buch ... *trotzdem Ja zum Leben sagen*: „Zünftig philosophisch gesprochen, könnte man sagen, dass es hier also um eine Art kopernikanische Wende geht, so zwar, dass wir nicht mehr einfach nach dem Sinn des Lebens fragen, sondern dass wir uns selbst als die Befragten erleben, als diejenigen, an die das Leben täglich und stündlich Fragen stellt – Fragen, die wir zu beantworten haben, indem wir nicht durch ein Grübeln oder Reden, sondern nur durch ein Handeln, ein richtiges Verhalten, die rechte Antwort geben."[17]
Meine Biografie ist ein wesentlicher Teil meines Beweggrundes für die Entstehung dieses Buches. Sie „zwingt" mich zu dieser notwendigen Frage nach dem, was die Welt zusammenhält. Sinngemäß geht es mir wie den Aposteln in einer für ihr Leben bedrohlichen Situation, als sie ein unerschütterliches Bekenntnis ablegen mussten. Es heißt im 4. Kapitel der Apostelgeschichte: „Wir können unmöglich schweigen über das, was wir gesehen und gehört haben." (Apg 4,20) *In der Tat, es gibt Lebenserfahrungen, die uns beständig in Unruhe versetzen, bis wir etwas tun, das uns annähernd befriedet.* Annähernd gerade deshalb, weil wir einen offenen Raum in unserem Leben brauchen, um bestimmte Aktivitäten setzen zu können. *Es darf ja im Leben nicht verflachen!* Meine Biografie ist ein großer Motor *in* meinem Leben und *für* mein Leben. Es ist eine Biografie, die in mehrerlei Hinsicht von ganz bestimmten bewegenden, ja, einschneidenden Ereignissen stark geprägt ist. Meine Kindheitserfahrung und die sie begleitende Erinnerung daran, wie durchaus wunderschön es war, dass viele Menschen mit unterschiedlichsten soziokulturellen Hintergründen, auch wenn alle aus einem Volk (dem Igbo Volk in Südostnigeria) stammten. Da gab es meine schrecklichen – und ironischerweise teils lustvollen – Erfahrungen als Kind während des Genozids gegen das Volk Biafra in Nigeria (1967–1970). **Lustvoll** unbeschadet oder sogar gerade wegen der Bedrohlichkeit des Krieges, da wir Kinder keinerlei Schwierigkeiten damit hatten,

---

17 Ebd., S. 125.

überall dort Anschluss zu finden, wohin wir auch immer geflüchtet waren. Wenn wir von „unseren Soldaten" in der einsamsten Stunde des Tages, wo unsere Eltern auf den Feldern arbeiten waren, konskribiert wurden, um in unweit liegenden Orten Maniok Mehl (Kassava Mehl) für die meist monotonen Mahlzeiten „unserer Soldaten" zuzubereiten und unsere Eltern die geringste Ahnung hatten, wo wir waren. Da waren wir trotz alledem in unserer Gruppe voll positiver Stimmung dafür, etwas Gutes für die Männer (und wenigen Frauen) getan zu haben, die für unsere Unabhängigkeit kämpften. *Unsere kindliche Unbekümmertheit mitten in einem äußerst bedrohlichen Krieg bleibt mir aus heutiger Sicht ein großes Rätsel! Ich möchte gar nicht auf die Propagandalieder eingehen, die wir gesungen hatten, um unsere Solidarität mit diesem Befreiungskrieg zu demonstrieren! Der kollektive Wille zum Überleben war anscheinend viel wichtiger als die Tatsache, dass wir uns im Totalkrieg befanden. Gerade diese Ironie der Geschichte bleibt ein Auftrieb in meinem Leben für viele Reflexionen über die Möglichkeit des Zusammenlebens der Menschen in der einen Welt, zumal in Zeiten der Globalisierung.*

Da gibt es wiederum meine akademisch-geschichtsbezogene Bewusstseinsprägung, meine sozialpsychologischen Prägungen durch vielfältige Begegnungen und Beziehungen sowohl in Nigeria, in Deutschland, in den USA, als auch vor allen Dingen in Österreich. Meine Prägungen *in der Fremde* und meine Prägungen auf der internationalen Bühne, wenn es sich um Weltkongresse oder Vorträge oder einfach Urlaube handelt, gehören zum Hintergrund des vorliegenden Buchprojektes. Es würde genauso etwas Wesentliches fehlen, würde ich die bewegenden Erfahrungen auslassen, wenn es darum ginge, eine Freundschaftsbrücke zwischen Österreich (sprich Europa) und Nigeria (sprich Afrika) zu schlagen, indem ich Entwicklungshilfeprojekte und Gruppenreisen nach Nigeria initiierte. *Allein schon ein großartiges Fundraising, das ich unter dem bezeichnenden Namen „Afro-Euro-Festival" im Jahr 1998 ins Leben rief, vermittelte mir – und vielen Menschen – das wohltuende Gefühl, wie schön es in unserer einen Welt ausschauen könnte, würden Menschen unterschiedlicher Länder, Kulturen und Religionen zu einem gemeinsamen Tun des Guten zusammenfinden.* Geradezu diese Frage der Zusammengehörigkeit *aller* Menschen dieser Welt begleitet mich auf Schritt und Tritt. Nicht weniger von besonderer Bedeutung sind meine Erfahrungen als Priester-Seelsorger in über 30 Pfarrgemeinden in mehr als 31 Jahren unter Bedachtnahme auf unterschiedliche seelsorgliche Situationen, in denen Konfrontationen mit oft herausfordernden Wirklichkeitserfahrungen gang und gäbe waren. In all diesen Gemeinden bewahrte ich mir das unerschütterliche Selbstbewusstsein meiner Brückenfunktion als ein Weltbürger. Fürderhin, in Anbetracht solcher Situationen, die dem geglaubten christlich-katholischen Glauben so gut wie mit spürbarer Gleichgültigkeit begegneten und die mich etwas verunsichert ernstlich die Frage stellen haben lassen: *Was glaubt wirklich, wer außerhalb der religiös-soziologischen Rahmenbedingungen der römisch-katholischen Kirche glaubt? Was glaubt denn wirklich, wer christlich-katholisch unmusikalisch und lutherisch-evangelisch gleichgültig sozialisiert worden ist? Allgemeiner formuliert: Was glaubt, wer nicht im traditionell christlichen und konfessionsunterschiedslosen Sinn glaubt?* Um sich der Absicht des vorliegenden Buches anzunähern, müssten beide Fragen zusammengenommen lauten: *Was glaubt, wer vor-christlich und jenseits aller religiösen Zugehörigkeit glaubt?* Noch einmal zugespitzt gefragt: Was ist der mögliche Inhalt eines agnostischen oder sogar eines atheistischen „Glaubens"? *Mit welcher Berechtigung kann und darf man überhaupt von einem realatheistischen Glauben sprechen?* Gemeint ist, ob es nicht doch einen *Sinngehalt transzendentalen Charakters gibt, an den ein praktizierender Atheist glaubt.* Im Zusammenhang mit dieser Fragestellung gibt Viktor E. Frankl eine Definition der Religion in der engen Verbindung mit der Sinnfrage: „Religion lässt sich, in der Tat, definieren als Erfüllung eines ‚Willens zum *letzten* Sinn'."[18] Nach dem „letzten" Sinn zu fragen, bedeutet aller-

---

18 Frankl, Viktor E. (1988): Der unbewusste Gott. Psychotherapie und Religion. Kösel Verlag. München. S. 117.

dings, dass das „Denken" eine Art „Glaube" ist und dadurch allen Menschen, ganz unabhängig von einem bestimmten Religionsbekenntnis, gemeinsam ist. *Glauben und Denken in eine enge Verbindung zu bringen, beinhaltet aber, dass wir uns einen neuen Zugang zum Glaubensverständnis verschaffen müssen. Das Nachdenken über unser In-der-Welt-Sein eignet sich deshalb als „Glaube" und kann nicht mehr im Widerspruch zum christlichen Glauben stehen.* In gewisser Hinsicht und nach meinem Dafürhalten ist die verbohrte Suche nach den Gegensätzen in unserer Welt eine besondere Pathologie unserer Zeit. Die Führungskräfte auf allen Ebenen in Politik, Wirtschaft und Religion wären gut beraten, vermehrt den Blick auf das Verbindende als auf das Trennende zu werfen. Es gibt dazu ein wunderbares Beispiel in der Bibel. Die überraschende Erfahrung des Apostels Paulus auf dem Areopag in Athen bleibt aus meiner Sicht und in diesem vorliegenden Werk eine großartige Sinnorientierung für das Projekt eines wertorientierten Zusammenlebens der Menschen unterschiedlicher Weltanschauungen. (Apg 17,16-34) Der Apostel suchte eine *gemeinsame Erfahrungsebene* und das Verbindende mit den Athenern, und er fand das auch. Die Aussagen betreffend die Gottes- und Glaubenserfahrung, um die es Paulus gegangen war, stelle ich in den Mittelpunkt unserer Reflexion:

„Was ihr verehrt, ohne es zu kennen, das verkünde ich euch. Der Gott, der die Welt erschaffen hat und alles in ihr, er, der Herr über Himmel und Erde, wohnt nicht in Tempeln, die von Menschenhand gemacht sind. Er lässt sich auch nicht von Menschenhänden dienen, als ob er etwas brauche, er, der allen das Leben, den Atem und alles gibt. Er hat aus einem einzigen Menschen das ganze Menschengeschlecht erschaffen, damit es die ganze Erde bewohne. Er hat für sie bestimmte Zeiten und die Grenzen ihrer Wohnsitze festgesetzt. Sie sollten Gott suchen, ob sie ihn erstasten und finden könnten; denn keinem von uns ist er fern. Denn in ihm leben wir, bewegen wir uns und sind wir." (Apg 17,23c-28a)

Zuerst ist auffällig, welchen Gleichklang dieser Text mit der Lehre Jesu gegenüber der samaritischen Frau am Jakobsbrunnen findet. In diesem sokratisch geführten Gespräch, bei dem die

Samariterin zu einer neuen Selbsterkenntnis wie auch zu einer neuen Gotteserfahrung kommen sollte und konnte, relativiert Jesus den Tempel und den Berg Zion. Es war etwas Unerhörtes in Anbetracht der Bedeutung, die beiden Orten zuzumessen war! „Glaube mir, Frau", sagte Jesus zu ihr, „die Stunde kommt, zu der ihr weder auf diesem Berg noch in Jerusalem den Vater anbeten werdet. Ihr betet an, was ihr nicht kennt, wir beten an, was wir kennen; denn das Heil kommt von den Juden. Aber die Stunde kommt und sie ist schon da, zu der die wahren Beter den Vater anbeten werden im Geist und in der Wahrheit; denn so will der Vater angebetet werden. Gott ist Geist und alle, die ihn anbeten, müssen im Geist und in der Wahrheit anbeten." (Joh 4,21b-23) *Der Verpflichtung zur Örtlichkeit entzieht Jesus ihre sakrale Vorrangigkeit!* Paulus betont: „Keinem ist er fern." Die *Gottunmittelbarkeit* ergibt sich aus der Sicht des Apostels daraus, dass Gott sich in die irdische Wirklichkeit eingelassen hat. Örtliche Unterscheidungen und Hervorhebungen fallen deshalb nicht mehr ins Gewicht. Welche Zuversicht steckt doch in diesem Satz: „Denn in ihm leben wir, bewegen wir uns und sind wir." *Es geht also um einen natürlichen Glauben im Sinne eines Einklangs des Menschen mit allen geschaffenen Dingen.* Nach meinem Dafürhalten, was auch mein Anliegen in diesem Buchprojekt ist, sprengt die natürliche Theologie des Apostels Paulus das streng verstandene „Katholische". Sie eröffnet den Raum für **einen neuen Universalismus**, der unentbehrlich ist, wenn es um die Überwindung von Diskriminierung, Ausgrenzungspolitik, und in einer langen Folge von kriegerischen Auseinandersetzungen geht.

Wieder formuliert Viktor E. Frankl die Wahrheit dieser weltlichen Erfahrung ganz genial: „Der Glaube ist nicht ein Denken, vermindert um die Realität des jeweils Gedachten, sondern ein Denken, vermehrt um die Existentialität des jeweils Denkenden."[19] Was dieses Zitat in sich hat, werden wir im

---

19 Frankl, Viktor E. (1988): Der unbewusste Gott. Psychotherapie und Religion. Kösel Verlag. München. S. 118.

Lauf der Erörterungen über *bestimmte sinnliche Wahrnehmungen* sehen. Auf diese Art und Weise sollte sich das alle Menschen Verbindende herauskristallisieren. In diesem Kontext und unter der Zumutung einer intellektuellen Redlichkeit unterstelle ich allen Agnostikerinnen und Agnostikern, allen Atheistinnen und Atheisten *in ihrem Selbstverständnis des allen Menschen zugrundeliegenden Menschseins* einen *ästhetischen Glauben. Ich unterstelle allen Menschen ganz unabhängig von der ethnischen, politischen, soziokulturellen, religiösen und weltanschaulichen Zugehörigkeit die Fähigkeit für die Offenheit für das Schöne. Der Sinn für das Schöne wird aus meiner Perspektive und in Bezug auf die weitverbreiteten Polarisierungen unserer Welt des 21. Jahrhunderts zu einem neuen nachhaltigen Paradigma für ein friedfertiges und friedenserhaltendes Zusammenleben der Völker.*

Schon die Konzilsväter haben sich während der Sessions des Zweiten Vatikanischen Konzils (1962–1965) Gedanken über das Selbstverständnis der katholischen Kirche in der Welt von heute gemacht. Bei solchen Überlegungen stand offensichtlich der grundlegende Gedanke über die Einheit der Völker im Mittelpunkt. Sie suchten nach dem, was alle Völker verbindet oder auch verbinden könnte. Sie suchten nach einem **Minimalkonsens**. Ein solcher Minimalkonsens müsste im notwendig gesuchten Dialog zu einer Verpflichtung moral-ethischer Verbindlichkeit führen. Eine Welt ohne einen solchen Minimalkonsens in seiner Verbindlichkeit wäre eine Welt, in der ein friedliches Zusammenleben der Menschen unmöglich wäre. Die Erklärung „über das Verhältnis der Kirche zu den nichtchristlichen Religionen" beispielsweise war und bleibt sehr bezeichnend. Im genannten Dokument „Nostra Aetate" heißt es darum in Kapitel 1: „In unserer Zeit, da sich das Menschengeschlecht von Tag zu Tag enger zusammenschließt und die Beziehungen unter den verschiedenen Völkern sich mehren, erwägt die Kirche mit umso größerer Aufmerksamkeit, in welchem Verhältnis sie zu den nichtchristlichen Religionen steht. Gemäß ihrer Aufgabe, Einheit und Liebe unter den Menschen und damit auch unter den Völkern zu fördern, fasst sie vor allem das ins Auge, was den Menschen gemeinsam ist und sie zur Gemeinschaft untereinander führt."[20] Das ist das Projekt, das ich mit der Verfassung dieses vorliegenden Buches unternommen habe. Es ist ein Beitrag, der aus unterschiedlichsten seelsorglichen Erfahrungen und aus ganz „normalen" Begegnungen mit Menschen, die sich zu keinen christlichen Religionen und teils auch nicht zu irgendwelchen Religionen bekennen, stammt. Immer sollte es darum gehen, das Verbindende vor das Trennende zu stellen. Ist aber das Verbindende, dem eine vorrangige Option einzuräumen ist, nicht die Grundidee des Menschseins, ja, die Grunderfahrung, dass wir alle Menschen sind? Die Gespräche machten nichtsdestotrotz überdeutlich, dass sie sich genauso wie ich mich (in diesem Buch) mit der Frage nach etwas alle Menschen guten Willens Verbindendem konfrontierten. Es tut auch meiner (katholischen) Seele gut, zu sehen, dass diese Frage die Konzilsväter genauso ernstlich beschäftigt hatte. Sie gaben sich die Antwort mit dem Verweis auf die Selbstoffenbarung Gottes in der Natur (Schöpfung). So heißt es im Dokument „Die dogmatische Konstitution über die göttliche Offenbarung – *Dei Verbum*": „Durch seine Offenbarung wollte Gott sich selbst und die ewigen Entscheidungen seines Willens über das Heil der Menschen kundtun und mitteilen, ‚um Anteil zu geben am göttlichen Reichtum, der die Fassungskraft des menschlichen Geistes schlechthin übersteigt'." Die Heilige Synode bekennt, „dass Gott, aller Dinge Ursprung und Ziel, mit dem natürlichen Licht der menschlichen Vernunft aus den geschaffenen Dingen sicher erkannt werden kann;" (vgl. Röm 1,20) doch lehrt sie, seiner Offenbarung sei es zuzuschreiben, „dass, was im Bereich des Göttlichen der menschlichen Vernunft an sich nicht unzugänglich ist, auch in der gegenwärtigen Lage des Menschengeschlechtes von

---

20 Nostra Aetate. Nr. 1. In: Rahner, Karl und Vorgrimler, Herbert (1986): Kleines Konzilskompendium. Sämtliche Teste des Zweiten Vatikanums mit Einführungen und ausführlichem Sachregister. Herderbücherei. Freiburg im Breisgau. S. 355.

allen leicht, mit sicherer Gewissheit und ohne Beimischung von Irrtum erkannt werden kann." (DV, Nr. 6)

Dieses Buchprojekt handelt von der emotional-intellektuellen Bewegung in der Menschheitsfamilie, und meine Grundmotivation dafür richtet sich nach einem meines Erachtens erforderlichen *Paradigmenwechsel einer universalen Geistigkeit*. Es handelt sich um die Dynamik einer geistig-spirituellen Synthese zum Überleben der Menschheitsfamilie. Denn: In einer multipolaren und zusehends sich polarisierenden Welt ist *die Frage nach dem inneren Bezug für alle Menschen* dringender denn je; *die Frage nach dem Verbindenden und Verbindlichen*, die Frage nach dem gemeinsamen Nenner unter allen Menschen aller Kulturen, aller politischen Parteicouleurs, aller Religionen und aller Geschlechtsorientierungen. Im Kontext der durch die negative Globalisierung[21] verursachten mehrfachen Polarisierungen in diesem 21.Jahrhundert geht es in diesem Buchprojekt um einen Antwortversuch auf die brennende Frage, wie sie im folgenden Zitat enthalten ist: „Erstmals eröffnet sich damit eine Perspektive, die unvermeidbar zu der entscheidenden Frage führt, was uns Menschen – trotz unserer unterschiedlichen Herkunft, Erfahrungen und historischen Eingebundenheiten – miteinander verbindet."[22] Es kann sich offensichtlich um eine Wertvorstellung handeln, der alle Partikularitäten übersteigt. Diesbezüglich unterstreicht Hüther: „Auch das kann nur eine von Menschen entwickelte Vorstellung sein, aber eine, die alle Menschen nicht nur trotz, sondern aufgrund ihrer Unterschiedlichkeit miteinander teilen. Keine Ideologie, keine Religion, keine ethische oder moralische Wertvorstellung ist dafür geeignet. Die einzige, alle Menschen in all ihrer Verschiedenheit verbindende gemeinsame Vorstellung kann nur die von ihnen

---

21 Vgl. Stiglitz, Joseph (2004): Die Schatten der Globalisierung. Aus dem amerikanischen Englisch von Thorsten Schmidt. Wilhelm Goldmann Verlag. München.
22 Hüther, Gerald (2018): Würde. Was uns stark macht – als Einzelne und als Gesellschaft. Mit Uli Hauser. 2. Auflage, Albrecht Knaus Verlag, München. S. 82-83.

selbst gemachte Erfahrung ihrer eigenen Würde als Menschen zum Ausdruck bringen. Das zutiefst Menschliche in uns selbst zu entdecken, wird somit zur wichtigsten Aufgabe im 21.Jahrhundert."[23] Was hier mit dem Begriff der Würde zum Ausdruck gebracht wird, weist auf die tiefsitzende existenzielle Erfahrung des Menschen – eines jeden Menschen, egal in welchem Teil dieser Welt. Das Bewusstsein der eigenen Würde übersteigt jedoch jedes Gebärden der Selbstbezüglichkeit. Ein solches Bewusstsein kann dem Menschen *zugespielt* werden. Mit dieser Idee der *Zuspielung* kommt die Quintessenz jener Erfahrung zum Tragen, die für die in diesem Buch angepeilte **Mystik der Sinne** bezeichnend ist. Denn gerade manche, ja, *bestimmte Naturereignisse lassen die Menschen die tiefsitzende Erfahrung seiner Größe machen.* Es ist eine Erfahrung, die die aus soziokulturellen und religiösen Gründen gegebenen Unterschiede nicht vermindert, dennoch sie transzendiert, da sie zu einem *geistigen Gemeinwohl* wird, das zu schützen ist.

Die Wahrnehmung existierender Differenzen liefert noch lange keinen Anlass zum Antagonismus! Wenn schon in unserem Jahrhundert die Frage der Biodiversität all überall hochbrisant geworden ist und sie im Kontext des Überlebens der Menschheitsfamilie als förderungswürdig erachtet wird, so fehlte mir bis jetzt eine ähnliche Energie für das Pendant, welches ich als **Anthropodiversität** charakterisieren möchte. Ist die Anerkennung und Förderung der *Vielfalt der Menschheitsfamilie* nicht doch die wünschenswerte ethische Grundbedingung zur Erreichung der Biodiversität? Bildet die gemeinte Anthropodiversität (Menschenvielfalt) nicht doch die dringliche Vorstellung einer weltweiten Politik eines neuen Bewusstseins für eine neue Solidargemeinschaft unter den Völkern? Um es verkürzt in Bildern auszudrücken: Zwischen der Morgendämmerung und der Abenddämmerung würde ich schon die Morgendämmerung wählen. Der Grund ist einfach – und dürfte einleuchtend sein: *Die Morgendämmerung weist mich auf einen Horizont der Hoffnung hin, der mich beflügelt und*

---

23 Hüther, Gerald, Ebd., S. 83.

in mir eine „heilige Unruhe" für meine neue Schaffenskraft stiftet. Die Morgendämmerung lässt mich meine ungeahnten Möglichkeiten erahnen. Anders verhält es sich schon mit der Abenddämmerung, wo die untergehende Sonne zur Ruhe einlädt; sie weist mich auf die „aufgebrauchte" Kraft hin. *Gestellt wird also in diesem Buchprojekt die Frage, was denn die gemeinsame Humanität ausmacht und welche Geisteshaltung gegenüber der gesuchten gemeinsamen Humanität förderlich ist.* In gewisser Hinsicht ist dieses Buchprojekt ein Sonderprojekt, insofern, als es auf der Suche nach einer verbindenden **Seele der Menschheit** eine Erfahrung aufgreift, die allen Menschen aller Rasen, Kulturen und Religionen eigen ist. Was Ken Wilber im Vorwort seines holistisch ausgerichteten Buches *Eros. Kosmos. Logos. Eine Jahrtausend-Vision* geschrieben hat, bildet in gewisser Hinsicht die Kernmotivation für mein Wagnis eines Buches über die Mystik der Sinne: „Man hört oft, in dieser modernen und postmodernen Welt seien die Mächte der Finsternis über uns hereingebrochen. Ich sehe das nicht so; im Dunkel und in der Tiefe finden sich Wahrheiten von großer Heilkraft. Nicht die Mächte der Finsternis, sondern die der Seichtheit bedrohen das Wahre, das Gute und das Schöne und stellen sich zu allem Überfluss auch noch als tief und profund dar. Diese frisch-fröhliche Seichtheit ist allenthalben die Gefahr unserer Zeit, die Bedrohung unserer Zeit, und überall will sie sich uns als Heiland verkaufen."[24] Mein Buch über die Mystik der Sinne möchte eine Einladung sein, die weitverbreitete „frisch-fröhliche Seichtheit" der konsumzentrierten und wirtschaftlich leistungsorientierten Lebenseinstellung unserer postmodernen und neoliberalistisch geprägten Gesellschaft bewusst zu erkennen und zu überwinden. Wer aber jemals einen Krieg und eine Nachkriegssituation mit ihrer bis an die Grenze der Verzweiflung führenden Not erlebt hat, wird mit einem allzu schnellen Urteilen über die Konsumhaltung vieler Menschen unserer Zeit ein bisschen vorsichtiger

---

[24] Wilber, Ken (2001): Eros. Kosmos. Logos. Eine Jahrtausend-Vision. Fischer Taschenbuch Verlag. Frankfurt am Main. S. 14

sein. Aus meiner Sicht ist nicht unbedingt der Konsumismus das Hauptproblem, sondern vielmehr und tieferliegend *der Verlust des Gespürs für das Heilige, für das Sakrale*. Mag schon sein, dass es sich hierzu um das Spannungsverhältnis zwischen der Henne und dem Ei handelt. Aber wie dem auch sei, stimme ich der Ansicht von Ken Wilber zu, wenn er im besagten Vorwort weiter erläutert: „Vielleicht haben wir das Licht und die Höhe verloren; erschreckender und beängstigender ist aber, dass wir das Mysterium und die Tiefe, die Leere und den Abgrund verloren haben in einer Welt, die sich den Oberflächen und Schatten, den Äußerlichkeiten und Schalen verschrieben hat und deren Propheten uns gütig nickend ermuntern, den Kopfsprung ins flache Ende des Schwimmbeckens zu wagen."[25]

Das vorliegende Buch möchte darum kein politisches noch weniger ein ethisch-moralisches Traktat sein. Ich suche und frage nach dem möglich Verbindenden im Religiösen auf dem Boden des katholischen Glaubens und weit über seine Grenzen hinaus. Gerade diese Aussage, den katholischen Glauben betreffend, mag schon für viele oder einige auf den ersten Blick ein Stein des Anstoßes sein, weil sie womöglich den Verdacht einer kirchlichen oder auch noch kirchenobrigkeitlichen Eindimensionalität birgt. Zu einem solchen anstößigen Ansatz stehe ich jedoch gern – mit der erforderlichen Demut (vgl. 1 Petr 3,15-17). Dass ich mit meinen Gedanken auf dem Boden des katholischen Glaubens stehe, ist nicht mit der Ausschließlichkeit der katholischen Weltanschauung gleichzusetzen! Die Intention des Begriffes muss sich nicht mit den glaubensspezifischen Inhalten decken. Mir geht es in den folgenden Darlegungen um meine Hoffnung auf das, was denn wirklich unsere zerrissene[26] und leidgeprüfte Welt glaub-

---

25 Wilber, Ken (2001): Eros. Kosmos. Logos. Eine Jahrtausend-Vision. Fischer Taschenbuch Verlag. Frankfurt am Main. S. 14.
26 Vgl. Haass, Richard (2017): A World in Disarray. American Foreign Policy and the Crisis of the Old Order. Penguin Press. NY; Asserate, Asfa-Wossen (2016): Die neue Völkerwanderung. Wer Europa bewahren will, muss Afrika retten. Ullstein Buchverlage, GmbH. Berlin.

würdig zusammenhalten kann. Ich will als das neunjährige Kind in Nigeria, das den Nigeria-Biafra-Krieg erleben musste, und als der gegenwärtige, älter werdende Mensch mit all seinen kritischen Wahrnehmungen von einer Weltgesellschaft, die im Sog des sich ausbreitenden Populismus und der geierhaften neoliberalistischen Wirtschaft liegt, meinem Hunger nach dem Verbindenden und Verbindlichen eine persönliche geistige Nahrung geben. Mein Schreiben dieses Buches ist darum nicht ohne Selbstbezug und Selbstinteresse. Ich bin nämlich fest davon überzeugt, dass es nicht sein kann und soll, dass Menschen immer nur beim Allgemeinen, das will heißen, persönlich unbeteiligt, bleiben. Das, was uns Menschen zutiefst berührt, duldet keine Distanzierung mehr! Was uns unbedingt angeht, verlangt nach unserer innersten Substanz. Das Leben mit all seinen Schattenseiten ist es, das uns zur persönlichen Stellungnahme auf- und herausfordert! Ich schreibe deshalb interessensgeleitet in der Einzigartigkeit meiner Lebenserfahrungen und in der Einmaligkeit meiner Denkensart. Ich schreibe in der Freude über meinen katholischen Glauben und gleichzeitig in der kritischen Geisteshaltung gegenüber meiner Kirchengemeinschaft als einer Institution. Ich schreibe im freudigen Bewusstsein dessen, was sich am 11. April 2019[27] bei der Sonderaudienz von Papst Franziskus für die zwei sich bekriegenden politischen Kontrahenten in Süd-Sudan ereignete, wo Papst Franziskus nach einer zu Herzen gehenden Rede den sich feindlich gesinnten Politikern auf die Knie fallend die Füße geküsst hat. Ich deute diese kraftvolle Symbolhandlung so, dass der Papst im Geist Jesu Christi den beiden Politikern plakativ zeigen wollte, worin die wahre Macht, die wahre Autorität besteht: im Dienen. Im Dienst des Gemeinwohls. In der gegenwärtigen wirtschaftlichen und politischen Weltlage ist leicht erkennbar, dass dieser Dienst des Gemeinwohls geradezu in der Stiftung und Wahrung der Einheit auf der nationalen wie auch auf der

---

27 Ich saß an dem Tag in meinem Wohnzimmer in Wien (Österreich) und schaute mir die amerikanische Nachrichtensendung CNN an.

internationalen Ebene besteht. Die gegenwärtige Polarisierung in vielen Ländern (man denke etwa hier nur an das älteste demokratische Land der Welt, die U.S.A., seit dem Erscheinen des Multimillionärs Donald J. Trump im eigenen Land wie auch auf der weltpolitischen Bühne im Jahr 2016) und zwischen den Ländern ist mehr als besorgniserregend. Auch die nicht mehr zu verbergende islamisierende Politik des nigerianischen Präsidenten M. Buhari seit 2015! Wie auch die offensichtlichen Spannungen zwischen den unterschiedlichsten Ländern haben eine explosive Kraft und bedrohen den Weltfrieden. Umso anschaulicher ist es darum, wenn in dem besagten Akt des Versöhnungsdienstes des Papstes das einheitsstiftende Prinzip des Papsttums zum Tragen gekommen ist.

Mir ist allerdings voll bewusst, dass das Vereinende und Verbindende keineswegs in der personalen und amtlichen Autorität des Papstes (oder auch einer anderen öffentlichen Persönlichkeit) liegt und liegen darf. Obzwar seiner personalen und persönlichen Autorität eine besondere Bedeutung beigemessen werden muss, ist der Blick für andere begünstigende Faktoren zu schärfen. Um einen solchen die Einheit der Menschheit ermöglichenden Faktor geht es mir im vorliegenden Buch. Das Bewusstsein eines gemeinsamen Nenners, einer womöglich gemeinsamen Erfahrung der Spiritualität besitzt meines Erachtens eine Einheit stiftende und personenunabhängige Kraft. Es geht nicht um einen Kult; es geht um eine Kultur des Lebens. Es ist meine Überzeugung, dass ein wachsendes Bewusstsein einer spirituellen Sehnsucht das große Potential besitzt, eine neue Menschheitsgeschichte aufziehen zu lassen, in der der Sinn für international-interkulturelle Geschwisterlichkeit gestärkt wird. Denn: In Anbetracht der Erfahrungstatsache, dass Monotheismus unter den drei Geschwistern der Abrahamischen Religion an den großen Polarisierungen in unserer einen Welt beteiligt ist, ist es aus meiner Sicht zwingend notwendig, nach der Vorstellung des Wiener Psychiaters und Begründers der Logotherapie und Existenzanalyse, Viktor E. Frankl, von einem Ein-Menschheits-Glauben weiter zu denken. Er sprach nämlich in seiner eigenen neuen Begriffsschöpfung von einem „Monanthropismus" als einem Pendant zum Monotheismus. Wortwörtlich: „Vor Jahrtausenden hat sich die Menschheit zum Glauben an den einen Gott durchgerungen: zum Monotheismus – wo aber bleibt das Wissen um die eine Menschheit, ein Wissen, das ich Monanthropismus nennen möchte? Das Wissen um die Einheit der Menschheit, eine Einheit, die hinausgeht über alle Mannigfaltigkeit, sei es solche der Hautfarbe oder der Parteifarbe."[28] Es liegt in der Absicht dieses Buches, ein solches „Wissen um die Einheit der Menschheit" zu provozieren [hervorzurufen im wahrsten Sinn des lateinischen Ursprungs des Wortes *pro-vocare:* für etwas stimmen oder etwas hervorrufen!]. Ich bin deshalb davon überzeugt, dass die Entdeckung einer spirituellen Kraft, welche im Stand wäre, Menschen aller Mannigfaltigkeit anzuziehen, ein wichtiger Ansatzpunkt wäre, *Menschen für ein erneuertes Zusammengehörigkeitsgefühl zu motivieren.* Wir lassen darum im folgenden Kapitel alle möglichen personenbezogenen Autoritäten beiseite, ohne ihren unschätzbaren Wert zu unterminieren, und wenden uns den außerautoritären Bezugspunkten zu. *Die einzige Autorität wird die Wirklichkeit sein, wie sie sich uns zeigt,* ohne jegliche Machtgefüge des Menschen. Es geht um die Wirklichkeit, wie sie auf uns wirkt. Was auf uns wirkt, steht außerhalb unserer Verfügungsmacht und kann dennoch zu unserer inneren Macht werden.

Ich suchte immer schon nach dem, was alle Grenzen der Trennung zu sprengen vermag. Ja, sei es drum: Ich suchte nach dem „Katholischen" in einer immer tiefer und durch mehrfache Polarisierungen verfallenden Weltgesellschaft; in einer globalisierten Zerrissenheit, einer globalisierten Welt, in der der unkonventionelle Krieg vor keinem Ort mehr Halt macht und dadurch die Unsicherheit zu einer Begleiterscheinung der Alltagserfahrung geworden ist. Mein Anliegen, sei es deutlich gesagt (!), liegt einem

---

28 Frankl, Viktor E. (1998): Ärztliche Seelsorge. Grundlagen der Logotherapie und Existenzanalyse. 7. Auflage, Fischer Taschenbuch Verlag. Frankfurt am Main. S. 34.

mittelalterlichen Denken der katholischen Kirche fern, bei dem es hieß *extra ecclesiam salus non est – außerhalb der katholischen Kirche gibt es kein Heil*. Es bedeutete auch sonst einen Widerspruch zum Hauptanliegen der Konzilsväter, wie dieses in der Pastoralen Konstitution des Zweiten Vatikanischen Konzils *Gaudium et Spes* (Freude und Hoffnung) explizit zum Ausdruck gekommen ist. Die Konzilsväter waren darum bemüht, das Denken und das Handeln in der Kirche weiter zu öffnen. Dabei suchten sie nach dem Verbindenden. *Das Verbindende kann jedoch – mindestens aus meiner Sicht – nicht mehr in einem antagonistischen und polarisierenden Partikularismus bestehen.* Es muss etwas Umfassendes sein! So verwende und verstehe ich den Begriff des „Katholischen". In einer Situation extremer Gefährdung wird die Frage nach der verbindlichen Gemeinsamkeit zu einer unausweichlichen Menschheitsfrage. Diesbezüglich schreibt Gotthard Fuchs: „Der Egoismus einzelner Menschen, Systeme und Völker wird ökologisch immer gefährlicher für alle, für das Ganze. Umgekehrt wächst das Gespür für die Zusammengehörigkeit zwischen allen Menschen und Lebewesen. Zum Katholischwerden! Katholisch heißt ja: aufs Ganze sehen und alles einbergen und umfassen. Wir könnten auch von Oikumene sprechen, von der bewohnten Erde und der Erde als Wohnung inmitten der gigantischen kosmischen Weiten."[29] Genau um das „Ganze" geht es in diesem Buch. Um das „Ganze", bei dem eine fundamentale Menschheitserfahrung zusammenläuft. Mich trägt die tiefe Überzeugung, dass, wenn die brennenden Probleme in unserer Welt des 21. Jahrhunderts annähernd gut gelöst werden sollten, der Blick aller Menschen auf das zu richten wäre, was *evidenzbasiert* allen Menschen gemein ist. Es ist durchaus möglich, einen gemeinsamen Nenner herauszufiltern. Geradezu dieser gemeinsame Nenner lässt sich nicht nur aus last Minute Nützlichkeitsgründen in der Angst vor den gehäuften Umweltkatastrophen finden, sondern vor allem

---

29 Fuchs, Gotthard (2017): Vom Göttlichen berührt. Mystik des Alltags. Herder Verlag GmbH, Freiburg im Breisgau. S. 80.

in der Naturästhetik, und zwar ohne jegliche marktwirtschaftliche Philosophie. *Es geht mir in diesem Buch um die Naturästhetik des Staunens über die Schönheit; über die Schönheit mit einer unwiderstehlichen Anziehungskraft, bei der sich der Mensch gut aufgehoben fühlt.* Ich nenne diese Erfahrung die *geschenkte Geborgenheit.*

Das verlorengegangene „Katholische"
Suchen und Wiederfinden

Obwohl der Mensch kraft seiner Denkfähigkeit im Stande ist, in größeren Zusammenhängen zu denken, ist es schier unmöglich, die gesamte Dimension der Wirklichkeit zu erfassen. Es möge niemand diese Aussage als eine Binsenweisheit abtun, denn erfahrungsbasiert wissen wir, dass sich der Mensch generell mit kleinen Portionen des Wissens nicht zufrieden gibt. Er will mehr wissen und strengt sich auch an, um sich mehr Wissen anzueignen. Ebenso verhält er sich auf dem Gebiet des Habens. Immer mehr will der Mensch haben. Er tut sich generell mit dem Begriff und mit der Wirklichkeit der Zufriedenheit sehr schwer. Denn ehrlich gefragt, wann und wie stellt sich die gemeinte Zufriedenheit ein? Wenn im Wort **Zufriedenheit** das andere Wort **Frieden** steckt, so stellt sich doch die Frage, wann denn ein Mensch *seinen* Frieden hat? Immer wieder fällt mir in diesem Zusammenhang eine Äußerung eines Priester-Freundes ein, der üblicherweise in einer erhitzten Argumentationssituation sagt: „Du hast recht und ich meine Ruhe."[30] Ich gehe davon aus, dass er *seinen inneren Frieden* meint. *Mit seiner „Ruhe" setzt und definiert er doch seine Grenzen.* Ist das Gegenteil jedoch nicht die existenzielle Erfahrung des Menschen, dass sein Wissen keine Grenzen kennt? Bei Wissen und Haben ist allgemein bekannt, dass die Zufriedenheit für den Menschen eine schlechte Denk- und Handlungskategorie ist. *Dieser Drang ist seine existenzielle Unruhe.* Es ist zwar seine Macht, jedoch gleichzeitig seine Neurose in der Form des Hochmuts. Ja, seine mutmaßliche Grenzenlosigkeit kann ihn in eine Psychopathologie gleiten lassen. Das Theaterstück von

---

30 Es handelt sich um einen Priester-Freund, Jude O. Ezeokana, der 9 Jahre lang in Wien (Österreich) klinische Psychologie zur Erlangung seines Doktortitels studiert hat.

Johann Nestroy „Der Zerrissene", dem ich mit besonderem Genuss beiwohnte, führt mich immer wieder zur Assoziation mit einer solchen Psychopathologie bezüglich der oft selbstverschuldeten existenziellen Unruhe des Menschen. Die existenzielle Unruhe kann wohl mit dem Drang nach Grenzenlosigkeit auf dem Gebiet von Wissen und Haben im Zusammenhang stehen. Ist es aber falsch, diesen Drang mit Hochmut zusammenzudenken? Der Volksmund bleibt dem Menschen stets eine Warnung: „Hochmut geht vor dem Fall." Hochmut ist ja auch der andere Name für Überheblichkeit. *Der Mensch erhebt sich beständig über seine Möglichkeit.* Vielleicht ist es gar in seiner DNA geschrieben und er kann einfach nicht anders. Es ist auch nicht angedacht, dass sich der Mensch mit dem bloßen Vorhandenen begnügt. Denn aufgrund seines Verstandes ist er stets eine Art **Selbstoptimierer**. Gerade diese anthropologische Gegebenheit ist der Motor für alle seine Errungenschaften in allen Lebensbereichen. Sie ist aber auch leider der Fluch, der von ihm ausgeht und seine destruktive Kraft auf seine Welt und Mitmenschen entlädt. Darum halte ich mit der Grundorientierung von Paulus, wenn er meint: „Nicht über das hinaus, was in der Schrift steht." (1 Kor 4,6b) Es handelt sich sicher nicht um die Einschränkung der menschlichen Denkfähigkeit. Vielmehr geht es meines Erachtens darum, *dass der vernunftbegabte Mensch mitten in der Fülle der Weltwirklichkeit das Notwendige findet.* Vielleicht ist es auch gerade das Notwendige in dieser Wirklichkeitsfülle, das es dem Menschen ermöglicht zur großen Erkenntnis zu gelangen, *dass er ein Teil des Ganzen ist und nicht außerhalb dieser Wirklichkeitsfülle steht.* Natürlich hat das Konsequenzen: Nicht allein seine Vernunft lässt ihn über das partikular Notwendige hin zur Wirklichkeitsfülle schreiten, sondern es ist geradezu diese Fülle, die ihn anzieht und ihn über sich selbst hinausschreiten lässt. Daraus kann so etwas wie eine *allgemeine Religion* entstehen. Denn *was den Menschen über sich selbst hinaus [an]zieht, muss notwendigerweise mehr sein als die eigene Fähigkeit des Menschen.* Es gehört zu seiner Geistigkeit, dass er sich von einer Kraft außerhalb seines Selbst angezogen fühlt. Daraus lässt sich schlussfolgern: „Eine Weite des Denkens und Fühlens ist auch *weltlich* zu erreichen, ohne Religion im engeren Sinne. Unendliche Weite ist in der Gesamtheit des menschlichen Geistes erfahrbar, überall dort, wo sich der enorme Raum der Möglichkeiten des Denkens und Fühlens auftut, in jeder Bibliothek und jeder Buchhandlung, in jedem Konzert- und Kinosaal, auch im Internet und überhaupt in aller Kunst und Kultur."[31]

Für den Zweck des vorliegenden Büchleins geht es mir darum, herauszuarbeiten, dass der Mensch generell eine spirituelle Fähigkeit besitzt, die seinem Leben eine existenzielle Qualität verleihen kann. Es geht mir aber genauso darum, einen Erfahrungshorizont des postvolkskirchlichen katholischen Menschen auszuarbeiten, der allen Seelsorgerinnen und Seelsorgern eine therapeutische Entlastung in ihren oft krampfhaften seelsorglichen Bemühungen verschafft. Ich bin der festen Überzeugung, dass die katholische Seelsorge dringend einen Perspektivenwandel braucht, zumal sie mit allen ihren Bemühungen inhaltlich und strategisch die meisten Menschen unter ihren Mitgliedern ohnehin nicht mehr erreicht. Es geht mir aber auch genauso bei dieser Denkumwandlungsnotwendigkeit darum, dass es wesentlich zum Wesen einer seelsorglichen Tätigkeit gehört, auf einige, ja, auf bestimmte friedensstiftende und friedenserhaltende Faktoren zu achten; sie möglich zu machen. Auf diese Herausforderung gerade in Zeiten großer kulturpolitischer Polarisierungen verweist der Untertitel dieses Buches: Versuch einer politischen Spiritualität.

---

31 Schmid, Wilhelm (2013): Dem Leben Sinn geben. Von der Lebenskunst im Umgang mit Andren und der Welt. Suhrkamp Verlag. Berlin. S. 269.

DIE WELT UND DIE MACHT DER BILDER

Die Bibel ist voll von sinnträchtigen Bildern, die uns helfen, Gott und sein Geschöpf, den Menschen, die Pflanzen- und Tierwelt annähernd zu verstehen. Wer sich mit der Bibel befasst, dem oder der fällt es schwer, etwas von der ganzen Fülle der Bilder wegzulassen. Jedes Bild erschließt eine tiefere Schicht des Lebens und erweitert gleichzeitig den Horizont des denkenden und selbstreflexiven Menschen. *Der Hunger des Menschen nach der Transzendenz findet in diesen biblischen Bildern nicht nur eine hohe Resonanz, sondern verschärft den menschlichen Spürsinn für seine eigene Selbsttranszendenz.* In diesem Zusammenhang kommen mir zwei *Sehnsuchtsbilder* in den Sinn: beide aus dem Buch der Psalmen. Eines aus Psalm 42 und das andere aus Psalm 63. Einige Verse von den beiden Psalmen werden hier zur Veranschaulichung wiedergegeben:

„*Wie der Hirsch lechzt nach frischem Wasser, so lechzt meine Seele nach dir, Gott. Meine Seele dürstet nach Gott, nach dem lebendigen Gott. Wann darf ich kommen und erscheinen vor Gottes Angesicht?*" *(Ps 42,2-3)*

„*Gott, mein Gott bist du, dich suche ich, es dürstet nach dir meine Seele. Nach dir schmachtet mein Fleisch wie dürres, lechzendes Land ohne Wasser. Darum halte ich Ausschau nach dir im Heiligtum, zu sehen deine Macht und Herrlichkeit.*" *(Ps 63,2-3)*

Die Überschriften zu den beiden Psalmen sind signifikant für meine Absicht, in der ich dieses Buch schreibe. Beim Psalm 42 heißt es „Sehnsucht nach dem lebendigen Gott", während die Parallele zum Psalm 63 unverkennbar „Sehnsucht nach Gott" ist. Wenn Gott der alles umgreifende Sinn des Lebens ist (was bei allen Religionen der Welt unter unterschiedlichsten Benennungen vorauszusetzen ist), dann leuchtet der Leserin beziehungsweise dem Leser ein, dass gerade diese Sehnsucht die größte Sehnsucht des Menschen in dieser Welt mit all ihren Kontingenten, mit all ihrer Brüchigkeit ist. Die Frage nach Gott – im jüdisch-christlichen

Sinn – lässt sich in *die Frage nach dem Sinnganzen* umformulieren. Bezeichnend finde ich darum die erfahrungsbasierte und ergreifende Formulierung Frankls über die Absurdität des entmenschlichenden Konzentrationslagers. In seinem weltberühmten Buch *...trotzdem Ja zum Leben sagen* schreibt er: „Für uns im Konzentrationslager war dies alles [*das Tragen des Schicksals des angetanen Leids, Anm. NFM*] nichts weniger als lebensfremde Spekulation. Für uns waren solche Gedanken das Einzige, was uns noch helfen konnte! Denn diese Gedanken waren es, die uns auch dann nicht verzweifeln ließen, wenn wir keine Chance mehr sahen, mit dem Leben davonzukommen. Denn uns ging es längst nicht mehr um die Frage nach dem Sinn des Lebens, wie sie oft in Naivität gestellt wird und nichts weiter meint als die Verwirklichung irgendeines Zieles dadurch, dass wir schaffend etwas hervorbringen. Uns ging es um den Sinn des Lebens als jener Totalität, die auch noch den Tod mit einbegreift und so nicht nur den Sinn von ‚Leben' gewährleistet, sondern auch den Sinn von Leiden und Sterben: um diesen Sinn haben wir gerungen!"[32] Frankl bringt in diesem Zitat eine Erfahrung zum Ausdruck, die viele Menschen machen, *durchmachen* müssen, wenn sie mit der Unabänderlichkeit einer bedrohlichen existenziellen Situation konfrontiert sind. Wer den Sinn des Ganzen in Frage stellt – was in bestimmten existenziellen Situationen überhaupt nicht verwunderlich ist!–, trägt in sich die Sehnsucht nach etwas, was ihn oder sie auffängt, die Sehnsucht nach etwas, was die erfahrbare Nichtigkeit des Lebens konterkariert.

Es ist jedoch nicht diese Negation des Lebens, wie die Menschen im Konzentrationslager bedauerlicherweise erleben mussten, die der Fokus des vorliegenden Buches ist – so wichtig diese unstillbare Sehnsucht (vgl. Ps 42 und 63!) nach dem uns rettenden Umgreifenden sein mag. Mein Ausgangspunkt ist das uns im

---

32 Frankl, Viktor E. (1999): trotzdem Ja zum Leben sagen. Ein Psychologe erlebt das Konzentrationslager. Vorwort von Hans Weigel. 18. Auflage, Deutscher Taschenbuch Verlag, München, S. 126–127.

Alltag in seiner Überraschungskraft umgreifende Schöne. *Immer wieder komme ich in Situationen, in denen die Erinnerung in mir wach wird, wie tief menschliche Sehnsucht ist und sein kann, wie stark und hartnäckig das Verlangen nach einem Leben ist, das alles Unmittelbare bei weitem übersteigt.* Gerade diese tiefsitzende Erfahrung der Sehnsucht wird uns in den beiden Kapiteln des Buches der Psalmen bildhaft präsentiert.

GESCHAUT UND HERAUS-GEHORCHT.
DAS LEBEN ZUR SPRACHE BRINGEN

Allem Leben wohnt eine (verborgene) Geistigkeit inne. So scheint es mir zu sein. Besonders um diese Geistigkeit der [geschaffenen] Dinge geht es in diesem Buch. Die Leblosigkeit oder die Nichtbeseeltheit der Dinge außerhalb der menschlichen Gattung kann sich wohl der Zuschreibungsmacht des Menschen verdanken. Hat er sich doch auf der Grundlage der ihm in der Schöpfungsordnung zugedachten Größe zum Maßstab aller Dinge erhoben. (vgl. Gen 1,26-30) Darin liegen Segen und Fluch zugleich! Darauf komme ich später zu sprechen. Gerade diese Leblosigkeit der Dinge hängt damit zusammen, dass der Mensch, den Gott nach seinem **Wir-Bild** (Gen 1,26) geschaffen und dem er seinen Lebensatem eingeblasen hat (Gen 2,7), eine Sonderstellung in der gesamten Schöpfungsordnung erhalten hat. Unbeschadet der enormen Verantwortung, die dem Menschen gegenüber der guten Schöpfung Gottes zukommt, zumal den Tieren und der Pflanzenwelt, gehöre ich zu denjenigen Menschen, die sich gegen eine zunehmende, fast fundamentalistische Einstellung wehren, wenn versucht wird, die Menschen den Tieren gleichzustellen. Der Quantensprung im Evolutionsprozess, der den meisten neurobiologischen Wissenschaftlerinnen und Wissenschaftlern vollbekannt ist, scheint für diese Menschengruppe keine wichtige Rolle zu spielen. Der wesentliche Unterschied bleibt trotzdem. Er bleibt aber gleichzeitig eine beständige Herausforderung des Menschen im Angesicht der katastrophalen Auswirkungen des Klimawandels auf Menschen, Tiere und Pflanzenwelt.

Der Mensch als die „Krone der Schöpfung" (vgl. Ps 8) hat ein besonderes Verhältnis zu den lebenden Organismen (Gen 2,20). Nichtsdestotrotz ist die Frage nicht ohne Bedeutung: *Was ist denn wirklich Lebendigkeit? Liegt die Lebendigkeit in den Dingen oder in den Augen des Menschen?* Auffallend ist nach dem biblischen Befund die Schelte Jesu, nachdem er das Gleichnis vom Sämann erzählt hat und seine Jünger mit der Frage zu ihm traten, warum er zu den Menschen in Gleichnissen sprach. Jesu Antwort ist nach meinem Dafürhalten und im Kontext des vorliegenden Büchleins einer **natürlichen Spiritualität** sehr bezeichnend: „Euch ist es gegeben, die Geheimnisse des Himmelreichs zu verstehen; ihnen aber ist es nicht gegeben. Denn wer hat, dem wird gegeben und er wird im Überfluss haben; wer aber nicht hat, dem wird auch noch weggenommen, was er hat. Deshalb rede ich zu ihnen in Gleichnissen, weil sie sehen und doch nicht sehen und hören und doch nicht hören und nicht verstehen." (Mt 13,11-13) Hier kommt nach meiner Ansicht der von Jesus angesprochene „Überfluss" dem Frankl'schen „Übersinn"[33] oder auch der „Sinnfülle" des deutschen Philosophen und Glücksforschers *Wilhelm Schmid* gleich. Er sagt über die „Sinnfülle": „Wer die Sinne voll entfaltet, wird durchströmt vom Leben und nimmt die tausendfältigen Erscheinungsformen der Welt wahr. Ein Grundproblem des modernen Verlustes an Sinn erweist sich aber bereits hier: Der Verfall der Sinne in der technischen Welt zieht ein Verschwinden von sinnlichem Sinn nach sich, somit ein Schwinden des Zusammenhangs von Selbst und Welt."[34] In diesem vorliegenden Entwurf einer christlichen *natürlichen Spiritualität* geht es statt des „Schwindens des Zusammenhangs von Selbst und Welt" vielmehr um das *Schwingen* zwischen dem menschlichen Selbst und seiner ihn umgebenden Welt. Der Mensch kann ja nicht außerhalb seiner Welt sein, es sei denn, er würde gestorben sein. Pinchas Lapide [1922–1997], ein jüdischer Theologe und Religionswissenschaftler, der im gleichen Jahr wie Viktor E. Frankl [1905–1997] gestorben ist, drückte diese Notwendigkeit des Schwingens zwischen dem menschlichen Selbst und der Welt folgendermaßen aus: „Der

---

33 Frankl, Viktor E. (1998): Ärztliche Seelsorge. Grundlagen der Logotherapie und Existenzanalyse. 7. Auflage, Fischer Taschenbuch Verlag. Frankfurt am Main. S. 61.
34 Schmid, Wilhelm (2007): Glück. Alles, was Sie darüber wissen müssen, und warum es nicht das Wichtigste im Leben ist. Insel Verlag. Frankfurt am Main. S. 50.

wirkliche Umgang des Menschen mit Gott, der unserem Leben seinen tragenden Grund und sein sinnvolles Ziel gibt, hat an dieser Welt nicht bloß seinen Ort, sondern auch seinen Gegenstand. Wie ich es sehe, redet Gott zum Menschen in den Dingen und Wesen, die er ihm ins Leben schickt; der Mensch antwortet durch seine Handlungen an eben diesen Dingen und Wesen".[35] Rückbezüglich auf das *Machtverhältnis* des Menschen zu den lebenden Organismen im Buch Genesis, wie bereits oben zitiert, und kontradiktorisch zu dieser **Souveränität** des Menschen „redet Gott zum Menschen *in den Dingen und Wesen*". *Die Dinge, die leblosen Objekte, werden für den Menschen transparent auf Gott hin.* Wer dem Gesagten mit der Projektionstheorie entgegenkommt, dem entgegne ich mit folgender Überzeugung von Wilhelm Schmid: „Entscheidend ist nicht, ob dieser überwölbende Horizont nur eine menschliche Projektion oder aber unbestreitbare Wirklichkeit ist, entscheidend ist die Frage: Trägt ein solcher Horizont zu einem schönen und bejahenswerten Leben bei? Sehr gut vorstellbar, dass dies der wesentlichste Beitrag dafür ist, ein *erfülltes Leben* zu realisieren. Das Leben zu öffnen zu einer Dimension der Transzendenz, die die Grenze des endlichen Lebens überschreitet; sich dies zumindest vorzustellen, um die Fülle des Lebens zwischen Endlichkeit und Unendlichkeit zu ermessen. Denn ein Leben, das sich auf seine Endlichkeit zurückzieht, wird dieses Maß an Fülle kaum je zu erreichen vermögen. Dass es ein existenzielles Interesse von Menschen gibt, sich nicht in die engen Grenzen ihrer selbst und ihrer Welt einzuschließen, ist nachvollziehbar, denn in einem allzu engen Rahmen würde sich der Reichtum des Lebens, die mögliche Erfüllung der Existenz, in Grenzen halten."[36] Plakativ ausgedrückt: *In der Immanenz steckt die*

---

35 Lapide, Pinchas und Frankl, Viktor E. (2005): Gottsuche und Sinnfrage. Ein Gespräch. Gütersloher Verlagshaus. Gütersloh. S. 119.
36 Schmid, Wilhelm (2007): Glück. Alles, was Sie darüber wissen müssen, und warum es nicht das Wichtigste im Leben ist. Insel Verlag. Frankfurt am Main. S. 69.

Transzendenz. Dies bedeutet aber, die Welt als das umfassende Sakrament der Gotteserfahrung zu verstehen. Es gehört prinzipiell und spezifisch zum geisteswissenschaftlichen Geschäft der christlich-katholischen Theologie, diese Sakramentalität (Gottfülle im Zeichen) der Welt als Schöpfung Gottes zur Sprache zu bringen, zumal im Leben der Menschen. „Das Handeln Gottes, das den Menschen zum göttlichen Konsorten macht, vollzieht sich in Ereignissen, die aus Sicht des Glaubens Zeichen für die rettende Zuwendung Gottes darstellen."[37] Es gehört zum beständigen Sendungsbewusstsein der Kirche, dass sie die „Zeichen der Zeit" wahrnimmt, versteht und deutet, und zwar auf das Heil des Menschen hin. Gerade dieses „Heil des Menschen" ist im gesamten Konzilsdokument der katholischen Kirche über „die Kirche in der Welt von heute" das große Anliegen der Konzilsväter. Dieses Anliegen kommt in Nr. 4 von *Gaudium et Spes* mit besonderer Akzentuierung zum Ausdruck: „Zur Erfüllung dieses ihres Auftrags obliegt der Kirche allzeit die Pflicht, nach den Zeichen der Zeit zu forschen und sie im Licht des Evangeliums zu deuten. So kann sie dann in einer jeweils einer Generation angemessenen Weise auf die bleibenden Fragen der Menschen nach dem Sinn des gegenwärtigen und des zukünftigen Lebens und nach dem Verhältnis beider zueinander Antwort geben. Es gilt also, die Welt, in der wir leben, ihre Erwartungen, Bestrebungen und ihren oft dramatischen Charakter zu erfassen und zu verstehen."[38] Die Entdeckung der Transzendenz in der Immanenz charakterisiert der emeritierte Professor für Dogmatik und Ökumenische Theologie an der Universität Wien, Gisbert Greshake, folgendermaßen: „Wenn so die Welt als Sakrament Gottes erschlossen ist, gibt es in ihr nichts, kein noch so kleines

---

37 Seewald, Michael (2019): Reform. Dieselbe Kirche anders denken. Herder, Freiburg im Breisgau, S. 135.
38 Rahner, Karl und Vorgrimler, Herbert (1986): Kleines Konzilskompendium. Sämtliche Texte des Zweiten Vatikanums mit Einführungen und ausführlichem Sachregister. 19. Auflage, Herder Bücherei, Freiburg im Breisgau, Gaudium et spes, Nr. 4, S. 451

Partikel mehr, in dem der Glaubende Gott nicht vernehmen und finden kann. Dieses herauszustellen ist nicht nur für den Vollzug des Glaubens in einer zunehmend säkularisierten Welt von allerhöchster Bedeutung: hier ist auch der spezifische Beitrag von Glaube und Theologie zum gegenwärtigen ökologischen Diskurs gegeben. Eine – Welterfahrung und Gottesglaube integrierende – symbolische Sehweise der Wirklichkeit garantiert auch einen aufmerksamen, bedachtsamen und verantwortlichen Umgang mit der Welt. Sie ist in dieser Sicht nicht einfach Herrschaftsobjekt des Menschen, sondern Sakrament Gottes, der sich in ihr suchen und finden lässt."[39] Gegen eine jedwede Kritik der Projektionstheorie wendet Pinchas Lapide vehement ein: „Die schönsten und die größten Dinge in unserem Leben, so scheint es, beugen sich eben nicht dem Diktat der Rationalität. Ein heilsamer Dämpfer für all unsere Liliputaner-Arroganz!"[40] In gewisser Hinsicht ist unsere „Liliputaner-Arroganz" schon davon abhängig, welches Weltbild wir haben. Sind unsere Wahrnehmung und unser Handeln materialistisch orientiert oder holistisch (ganzheitlich) spirituell? Andersherum gefragt: Vermögen wir es, in den Dingen mehr zu sehen, mehr wahrzunehmen als diese Dinge vor unseren „nackten" Augen? Selbst wenn wir es mit der Dominanz der Materie zu tun hätten, trauten wir derselben eine **Geistfähigkeit** zu? Der New Yorker Naturwissenschaftler Roger D. Nelson, der sich mit der Erforschung des gemeinsamen Bewusstseins der Menschheit sowie mit der Rolle des Geistes in der physikalischen Welt beschäftigt, gibt uns bezüglich unserer „Liliputaner-Arroganz" zu denken: „Wir lösen uns immer mehr von dem, was offensichtlich nur eine temporäre Phase der Evolution war: die rein mechanistische Erklärung der Welt. Wir kehren zurück zu holistischen Konzepten, wie es sie in der

---

39 Greshake, Gisbert (1986): Gott in allen Dingen finden. Schöpfung und Gotteserfahrung. Verlag Herder. Freiburg im Breisgau. S. 68–69.
40 Lapide, Pinchas und Frankl, Viktor E. (2005): Gottsuche und Sinnfrage. Ein Gespräch. Gütersloher Verlagshaus. Gütersloh. S. 137.

Vergangenheit der Menschheitsgeschichte in vielen Völkern und Kulturen bereits gegeben hat. Die Welt ist mehr als nur Materie, die den Weltraum – den ewigen mechanistischen Gesetzen folgend – durchschreitet. Nicht einmal Sir Isaac Newton selbst, dem wir diese mechanistische und mathematisch-fundierte Sichtweise verdanken, glaubte ausschließlich daran. Er war eine zutiefst mystische Persönlichkeit."[41] Was heißt es nun, wenn gesagt wird, Sir Isaac Newton sei eine **mystische Persönlichkeit** gewesen? Beruht diese Bemerkung nicht auf der Grundlage, dass er an eine Art „Geistigkeit" in den „toten Dingen" glaubte? In der Tat: *Würden die von uns oft als „tote Objekte" betrachteten Dinge keine innere Dynamik besitzen, würden sie höchstwahrscheinlich auf uns keinerlei Anziehungskraft ausüben.* Oder genügt es, zu meinen, dass eine Geistigkeit ausschließlich von uns Menschen ausgeht, und zwar in der Form einer „projektiven Geistigkeit"? Was ist es denn wirklich, was bei uns aus der „toten Welt" *ankommt*? Ich erkenne immer mehr geradezu in dieser Geistigkeit der sogenannten „toten Objekte" die Wahrheit der „natürlichen Spiritualität", für die ich in diesem vorliegenden Büchlein plädiere. Ich erblicke in ihr nicht nur ein wichtiges Antidot gegen die fortschreitende instrumentelle Vernunft, die gleichfalls fortschreitend die Qualität menschlichen Seins unterminiert, sondern einen unverzichtbaren Ansatzpunkt für einen positiven und wirksamen Umweltaktivismus (sprich christliche Schöpfungsverantwortung). Roger D. Nelson konstatiert: „Wenn unsere Erfahrung durch das begrenzt ist, was wir mit unseren Augen und Ohren wahrnehmen, dann ist Bewusstsein nicht fundamental. Aber wenn unsere Erkenntnis der Welt hinter der sensorischen Natur, hinter unseren Sinneswahrnehmungen liegt, dann ist es wahrscheinlich, dass dieses Mehr etwas ist, das in den großen Weisheitslehren beschrieben wurde und heute in den Quantenwissenschaften. Wenn Sie also an die Weisheiten der alten Kulturen glauben, wenn Sie

---

41 Nelson, Roger D. und Kindel, Georg (2018): Der Welt-Geist. Wie wir alle miteinander verbunden sind. Edition a. Wien. S. 209.

überzeugt sind, dass die Wissenschaft einen wichtigen Beitrag zum Verständnis der Welt leisten kann, aber nicht alles ist, dann kommen Sie unweigerlich zu dem Schluss, dass unsere unmittelbaren Sinneserfahrungen nicht die Gesamtheit unserer Erkenntnis ausmachen."[42] Verkürzt ausgedrückt: Hinter allen Dingen, die wir üblicherweise als „tote Objekte" betrachten, wohnt eine Geistigkeit, die uns gerade deshalb anzieht und uns über uns selbst erhebt. Schön formuliert Gisbert Greshake den inneren Bezug des Menschen zu den geschaffenen Dingen, in denen das scheinbar nur Dinghafte zur Erscheinung des Schöpfers wird: „Die Welt ist nicht einfach ein Ding, mir zu Handen, sondern sie steht mir als Aussage des göttlichen Subjekts gegenüber, die ich zu hören und anzuerkennen habe. Im Akt einer solchen Anerkennung konstituiert sich menschliche Vernunft, deren höchster Akt ‚aisthesis', Wahrnehmung von symbolisch sich ausdrückender Freiheit, ist. Eine solche Vernunft vermag in allen geschaffenen Dingen Gott zu vernehmen."[43] Die Naturmystik ist real! *Der Mensch braucht die natürliche Spiritualität, um ein Stück geerdeter durchs Leben gehen zu können.* Der Schülerin Viktor E. Frankls, Elisabeth Lukas, ist beizupflichten, wenn sie bezüglich der natürlichen Gläubigkeit, was dem hier verwendeten Begriff der Naturmystik durchaus gleichkommt, schreibt: „Vielleicht sollten wir (statt ins Internet) öfter ins nächtliche Firmament über uns hinaufschauen. Oder mit den Augen über die glitzernden Wasser des Ozeans gleiten. Oder uns vom peitschenden Sturm imponieren lassen. Einkehrmomente, in denen wir in Faszination versunken innehalten, machen uns – gläubig."[44] *Einem achtsamen Menschen wird sicherlich nicht entgehen, dass die kosmische Kreatürlichkeit eine Faszination besitzt, die von einem Geheimnis*

---

42 Nelson, Roger D. und Kindel, Georg (2018): Der Welt-Geist. Wie wir alle miteinander verbunden sind. S. 210.
43 Greshake, Gisbert (1986): Gott in allen Dingen finden. S. 46.
44 Lukas, Elisabeth (2019): Frankl und GOTT. Erkenntnisse eines Psychiaters. Verlag Neue Stadt. München. S.140.

kündet, das den menschlichen Verstand weit übersteigt und einen Horizont eröffnet, welcher eine Helligkeit und in der Konsequenz eine Heiligkeit enthält. Eine solche Heiligkeit zieht den Menschen aus seiner Erdbehaftung heraus in einen Horizont hinein, angesichts dessen der Mensch unmöglich weiter bei sich selbst bleiben kann. So gibt es Wirklichkeitskompositionen, welche die Fähigkeit des Menschen zur Selbsttranszendenz fördern. Es scheint jedoch so zu sein, dass ein solches Hingezogen-Sein auf die Selbsttranszendenz kaum möglich wäre, wenn zuvor keine innere Disposition im Menschen vorhanden wäre. *Diese innere Disposition ist des Menschen Fähigkeit zur Spiritualität jenseits allen Konfessionalismus.* Es ist geradezu deshalb meine tiefste Überzeugung, dass gerade die so beschriebene Spiritualität eine allgemeine Grundlage ist, auf der sich alle Menschen verständigen könnten. Ich schreibe hierzu „könnten", weil das Können ein Widerspruch zu den mehrfachen existenziellen Erfahrungen vieler Menschen wäre, die im Angesicht konsistenter Ausgrenzungen die ernst zu nehmende Frage stellen, *ob es denn jemals möglich sein wird, dass Hass, Rassismus und Xenophobie ihre Macht verlieren und die Menschen aller Kulturen voneinander lernen und profitieren können.* Es mag schon in meiner Naivität liegen, diese Möglichkeit für real zu halten. Nichtsdestotrotz ist es mir ein Herzensanliegen zu unterstreichen, dass es eine spezifische Erfahrungsdynamik gibt, die allen Menschen (mit allen Menschen geht es um meine positive Mutmaßung!) innewohnt, ganz besonders in der Unmittelbarkeit einer solchen ergreifenden Erfahrung der Selbstüberschreitung, welche nicht einmal mit den Mitmenschen zu tun hat, sondern lediglich mit der Natur. Was einen Menschen in einem bestimmten Augenblick in einer bestimmten Situation **überwältigt**, hat selbstredend mit dem betreffenden Menschen zu tun, sonst wäre es ja nicht seine Erfahrung. *Dessen ungeachtet muss das Ding, das ihn überwältigt, weit mehr sein als seine psychophysische Befindlichkeit, weit mehr als sein unmittelbares Bewusst-Sein. Es muss „etwas Zusätzliches" sein, etwas in seiner Sinnlichkeit, das auf Übersinnliches hinweist.* Wer mag, kann dieses in der unmittelbaren Sinnlichkeit Übersinnliche eine **kosmische Energie** oder auch die **Ur-Kraft** oder sogar „Das-Alles-Umgreifende" nennen. Aus meiner Sicht würden solche *allgemeinen* oder gar *neutralen* Bezeichnungen nichts zur Sache tun. Bleiben wird die Erfahrung, *dass es etwas gibt, das viel, ja, sogar unendlich größer ist als der Mensch, der an einem bestimmten geographischen Ort die überraschende und dennoch beruhigende Erfahrung macht, dass in seiner Wahrnehmung und seinem Selbsterlebnis etwas inmitten der üblichen Naturgesetzlichkeiten* **aufleuchtet**, *was ihn tief berührt und ohne seine menschliche Kraftleistung* **größer** *werden lässt.* Ich vergleiche diese Erfahrung mit meinem Posting auf Facebook am 23. Juni 2017, bei dem es heißt: „Wir sollten den Blick auf das unfassbare WUNDER der Schöpfung GOTTES nicht verlieren! Manches Mal wäre es vielleicht ein humanistisches Therapeutikum, dadurch den eigenen Narzissmus zu überwinden! Die Nabelschau tut ja unmerklich dem Genick der Seele weh."[45] Vergessen wir nicht, dass es nicht um das Können des Menschen geht, sondern vielmehr um seine Bereitschaft, die Augen aufzumachen, um Dinge zu sehen, die er sonst nicht sehen würde, da er sich mit sich selbst allzu sehr beschäftigt. *Es handelt sich um die Erlebnisfähigkeit des Menschen, die er kultivieren kann, wenn er sie auch wollen würde.* Solche nicht-leistbaren Phänomene können sich wohl als Glücksmomente charakterisieren lassen, als Augenblicke der Glücksfülle oder der Glückseligkeit. *Ist dieses tiefe Erlebnis aber nicht gerade das, wonach sich alle Menschen ohne politische, kulturelle und religiöse Unterschiede sehnen?* In diesem tiefsitzenden Verlangen nach einem solchen Moment der Glücksfülle liegt nach meinem Dafürhalten die unbestrittene Grundlegung des Mensch-Seins aller Menschen dieser Welt. Schon Aristoteles hat in seinem epochemachenden Buch Die Nikomachische Ethik in aller

---

45 Die positiven Reaktionen, die ich oft erhalten habe (die sogenannten „Likes"), haben mich ermutigt, ab und zu die Sozialen Medien zu gebrauchen, um manche Impulse aus den Bereichen von Weltpolitik, Theologie, Psychotherapie und Beziehungskultur zu teilen. So betreibe ich eine kleine [aber vielleicht doch nicht insignifikante!] „Seelsorge" in einer sich immer mehr polarisierenden Weltgesellschaft. (vgl. Ndubueze Fabian Mmagu, Facebook. Posting 23. Juni 2017).

Ausführlichkeit dargelegt, was allen Menschen am inwendigsten ist, wonach alle Menschen streben. Im ersten Buch dieses monumentalen Werkes schreibt Aristoteles: „Jede Kunst und jede Lehre, ebenso jede Handlung und jeder Entschluss scheint irgendein Gut zu erstreben. Darum hat man mit Recht das Gute als dasjenige bezeichnet, wonach alles strebt."[46] Im Klartext meint Aristoteles, dass eine Teleologie allem Wesen und allem, was der Mensch tut, wofür er sich entscheidet, zugrunde liegt. In gewisser Hinsicht wäre es nicht verwegen zu sagen, dass die Teleologie das Wesen aller Dinge ist. Dieses Streben ist jedoch kein Selbstzweck. Es wird ja etwas erstrebt. Mit anderen Worten: Die Teleologie hat ein Ziel. Aristoteles präzisiert: „Wenn es aber ein Ziel des Handelns gibt, das wir um seiner selbst willen wollen und das andere um seinetwillen; wenn wir also nicht alles um eines andern willen erstreben (denn so ginge es ins Unbegrenzte, und das Streben wäre leer und sinnlos), dann ist es klar, dass jenes das Gute und das Beste ist."[47] Im Zeitalter des Relativismus, sogar der „Diktatur des Relativismus" (Papst Benedikt XVI.), ist es aber gerade nicht die leichteste Angelegenheit, zu sagen, was denn „das Gute" oder „das Beste" ist. In der Praxis schaut es unübersehbar so aus, dass jeder und jede entscheidet, was für ihn oder für sie „das Gute", was „das Beste" ist. „Jeder beurteilt richtig, was er kennt, und ist darin ein guter Richter."[48] Diese berechtigte Unterschiedlichkeit der Auffassung ist jedoch für Aristoteles kein Hindernis auf der Suche nach dem „Besten" oder nach dem „Guten". Es war dem großen Philosophen bewusst, dass die Menschen in ihrer geistigen Fähigkeit nicht gleich sind, wenn es darum geht, herauszuschälen, was denn das „Gute" oder das „Beste" sei. Dennoch: „Im Namen stimmen wohl die

---

46 Aristoteles (2010): Die Nikomachische Ethik. Aus dem Griechischen und mit einer Einführung und Erläuterungen versehen von Olof Gigon. Deutscher Taschenbuch Verlag. München. Erstes Buch. 1094 a i. 1:5. S.105
47 Aristoteles (2010): ibid. 1094. a.i. 1:20
48 Aristoteles (2010): ibid. 1094 b 18. 1.i.S. 107

meisten überein. Glückseligkeit nennen es die Leute ebenso wie die Gebildeten, und sie setzen das Gut-Leben und das Sich-gut-Verhalten gleich mit dem Glückseligsein."[49] Ohne nun eine ausführliche Erörterung der Gegebenheit individueller Erfahrung der Glückseligkeit anzugehen, ist festzuhalten, *dass eine Grunddynamik menschlichen Lebens die Glückseligkeit ist.* Ein vertieftes Verständnis dieser Ur-Erfahrung des Strebens nach Glückseligkeit liegt für Aristoteles in einem tugendhaften Leben. Da aber eine Diskussion über die aristotelischen Tugenden weit über den Horizont der ursprünglichen Absicht dieser Anleitung und Ermutigung zu einer ganzheitlichen und an der Schöpfung orientierten Spiritualität gehen würde, muss ich mich auf diesen Begriff der *schöpfungsimmanenten Glückserfahrung* beschränken. *Ich habe meine persönliche Definition der gemeinten Glückserfahrung gefunden: Die innere Gestimmtheit im Ganzen.* Würde ich *mit dem Ganzen* sagen, so würde ich die menschlichen Erfahrungen von manchen Widerwärtigkeiten nicht ernst genug nehmen. Kaum ist jemand zu finden, der oder die mit dem Ganzen einverstanden wäre. Einverstanden-Sein: Genau das ist das andere Wort für diese Glückserfahrung, für diese innere Gestimmtheit. Es ist ein zwangloses Einverstanden-Sein mit allem, was ist, ohne dabei den Anspruch zu erheben, alles wäre wirklich in Ordnung. Es kann auch gar nicht sein, dass für einen Menschen alles – in seinem Leben – in Ordnung wäre. Nichtsdestotrotz mute ich schon jedem Menschen zu, dass es Momente im eigenen Leben gibt, in denen er das beglückende Gefühl hat, es würde ihm alles in der Welt gehören, *Momente, in denen das Leben trotz aller Ecken und Kanten von ihm eine Zustimmung verlangt und er in unglaublicher Vorbehaltlosigkeit sein Ja dazu gibt.* Eine solche Erfahrung beschreibt Peter Sloterdijk mit folgenden Worten: „Der Mensch ist, wie man sagt, nie mit sich selbst identisch, er steht immer in einem Gefälle zu sich, in einem Mehr oder Weniger, in einem Hinauf oder Hinunter, er ist von vertikalen Kräften berührt und

---

49 Aristoteles (2010): ibid. 1095 a 13. 15. S. 108

durchdrungen."[50] Menschen, die sich verlieben oder sich bereits verliebt haben, wissen ein großes Lied von diesem überwältigenden Gefühl des **Größer-Seins** zu singen! Sind sie grundsätzlich bei sich, so sind sie doch außer sich, über sich hinaus, um beim geliebten Menschen sein zu können. Um sich immer mehr kennenzulernen, um bei sich immer mehr zu sein, sind sie doch zum Größeren im geliebten Menschen stets herausgefordert; diesem Größeren, das sich im Geliebten manifestiert. Die Liebe wird deshalb zum Ort sowie zum Anlass der Selbstmanifestation einer größeren Wirklichkeit.

Umso wichtiger scheint mir deshalb eine sinngemäße Umwandlung des für den europäischen literarischen Zeitgeist berühmten Teiles des Gedichts von Hermann Hesse „Stufen": „… Und jedem Anfang wohnt ein Zauber inne, der uns beschützt und der uns hilft, zu leben…" (1977, 676) in den naturspirituellen Satz: *„Jedem Erscheinungsbild wohnt ein Zauber inne, der uns in eine Sphäre der Transzendenz lockt, beflügelt und unser Leben mit der Sinnfülle anreichert."* Hier ist jedoch die entscheidende Frage: Kann der Mensch über sich selbst hinaus „angelockt" werden? Will er über sich hinaus „abgeholt" werden? Es gilt, das Staunen, ja, das Sich-Wundern nicht zu verlernen. *Es ist im Raum des Staunens, dass sich uns viele Fragen kundtun und wir gerade im Versuch, neue Antworten zu erspähen, uns selbst überschreiten, um mit dem Sinnganzen verbunden zu sein.* Fazit: „Es gibt also etwas Größeres als unsere rein physische Realität."[51] Es bleibt allerdings die Frage zu beantworten: Wie versteht sich der Mensch? Ist sein gewachsenes Selbstverständnis eine Selbstverständlichkeit? *Schafft es der Mensch, ab und zu über seine sogenannten Selbstverständlichkeiten nachzudenken, um in ihnen bestimmte Augenblicke der Tiefendimension zu entdecken, die ihn zum Staunen bringen?*

---

50 Sloterdijk, Peter (2017): Nach Gott. Suhrkamp Verlag. Berlin. S. 210.
51 Nelson, Roger D. und Kindel, Georg (2018): Der Welt-Geist. Wie wir alle miteinander verbunden sind. S. 214.

Nach meinem Dafürhalten besteht das Mensch-Sein in gewisser Hinsicht vorrangig aus vier Grundvollzügen menschlichen Da-Seins: aus dem *Schauen,* dem *Staunen,* aus dem *Hören* und dem *Berührt-Sein.* Ich bin zutiefst davon überzeugt, dass unser In-der-Welt-Da-Sein Sinn-los wäre ohne diese vier Grundvollzüge bzw. Grunderfahrung. Bei dieser Behauptung rechne ich wohl mit einem Widerstand, der ausformuliert lauten könnte: „Und was ist mit dem Denken?" Oder: „Ist der Mensch nicht das *animal rationale* schlechthin, ein Denkender?" „**Animal rationale** ist eine lateinische Übersetzung des griechischen ‚*zoon logikon*' oder ‚*zoon logon echon*'. Mit diesem Ausdruck hob *Aristoteles* die Fähigkeit des Menschen zu denken als die wesentliche, ihn vom Tier unterscheidende Eigenschaft des Menschen hervor. Das genauere Verständnis hängt davon ab, wie Vernunft, Denken, Logos, Geist, Ratio und andere Begriffe definiert werden."[52] Oder: „Und was ist mit der Sprache, seiner Sprachfähigkeit? Ist der Mensch nicht ein Wesen der Mitteilung?" Was ist mit seiner Gefühlswelt? Mit seiner Liebesfähigkeit? Mit seiner Leidensfähigkeit? Was ist mit der Welt der Religion, die, obwohl nicht vernunftwidrig, dennoch ihre Wahrheit und unerlässliche existenzielle Bedeutung für den Menschen hat? Was ist denn überhaupt mit dem *homo faber,* dem *homo technicus,* mit dem herstellenden Menschen? Hat er nicht beständig astronomische Fortschritte in allen Bereichen der Naturwissenschaft und der Industrie bewiesen? Gehört es nicht zur Devise des Benediktinerordens, wenn der heilige Benedikt ihnen die integrative Grundeinstellung gibt: *ora et labora!* Bete und arbeite! Damit hat er den Dualismus aus dem Mönchsleben verbannt. Zu Recht! Selbst in unseren Tagen, wo die neoliberalistische Wirtschaft eine unheilvolle Ökonomisierung des Lebens für alle an der Wirtschaft Beteiligten darstellt, wird der Schrei nach einer Humanisierung der Arbeit immer lauter. Der Mensch arbeitet doch, um zu leben, und nicht, der Mensch lebt, um zu arbeiten! Kann es aber denn zu einer solchen wünschenswerten

---

52 https://de.wikipedia.org/wiki/Animal_rationale. 08.11.18

Vermenschlichung der Arbeit ohne Rücksicht auf die ganzheitliche Sicht auf den Menschen kommen? Folgende Worte des an der Princeton University lehrenden Roger D. Nelson laden uns alle zur ganzheitlichen Wahrnehmung der Wirklichkeit ein: „Es gibt Dinge zwischen Himmel und Erde, die sich unserer rationalen Erklärung entziehen. Jeder Mensch kennt solche Phänomene und Ereignisse und einige haben sie in ihrem Leben vielleicht schon selbst erlebt. Unser Verstand kann sie meist nicht erklären oder nachvollziehen, aber unsere Intuition sagt uns, dass es sie gibt. Wenn sich Ereignisse jeder Analyse entziehen, wenn die Wissenschaft nicht weiterweiß – und das ist weitaus häufiger der Fall, als Sie vielleicht vermuten würden –, so werden Phänomene oft als Einbildung, Humbug oder ‚esoterischer Schwachsinn' abgetan. Aber was ist, wenn es diese Phänomene tatsächlich gibt, wir sie aber mit unserem menschlichen Verstand einfach – noch – nicht erforschen oder deuten können?"[53]

Es stimmt schon, dass der Mensch ein Wesen des Verstandes ist, ein denkendes Wesen also. Ich stelle jedoch eine Gegenfrage: Was denkt denn der Mensch? Ist der menschliche Verstand nicht wie eine Datenverarbeitungsmaschine, welche *die inneren (Sinn-)Zusammenhänge* sucht und ordnet, um *das Erlebte und Erfahrene* dem Menschen verständnisvoller zu machen? Genügt es denn, bloß in Zusammenhängen zu denken, oder ist es genauso wichtig, wenn nicht sogar eminent wichtiger, einen Blick auf die Frage zu werfen, *was denn die Zusammenhänge zusammenhält? Wohnt dem Menschen nicht doch eine „unbewusste Geistigkeit" inne, die dafür sorgt, dass der Mensch in allem eine Lebendigkeit entdeckt, die ihn erahnen lässt, dass die Wirklichkeit eben eine potenzierte Wirklichkeit ist, in dem Sinn, dass sie transparent wird auf etwas anderes hin, welches die Dimension des unmittelbar Geschauten übersteigt?* Diese und ähnliche Fragen scheinen mir sehr wichtig zu sein und müssen keine eindeutigen Antworten beinhalten. Sie bleiben offen.

---

53 Nelson, Roger D., und Kindel, Georg (2018): Der Welt-Geist. Wie wir alle miteinander verbunden sind. S. 53–54.

Diese Offenheit bildet aber das Herzstück meines Anliegens in diesem Büchlein. Eine geschlossene Wirklichkeit entspricht erfahrungsgemäß nicht dem Wesen des Menschen in seiner Fähigkeit zur Selbsttranszendenz, in seiner Fähigkeit, beständig über sich selbst zu langen.

Taucht hier nicht die alte Frage der Erkenntnistheorie wieder auf, wenn sich die Philosophen damit beschäftigten, was denn die eigentliche Erkenntnisquelle sei? Ist die Erkenntnis eine reine Sache der Kognition oder bedient sich die Kognition des ihr Zugeleiteten, des Erfahrenen oder Erlebten, also? Welche Rolle spielt die Kognition im Kontext der Spiritualität? Christlich gesprochen wird gefragt, ob das Beten ein rein kognitiver Vollzug des Menschen ist oder vielmehr primär mit der Emotionalität zusammenhängt? Mit der Emotionalität ist die Betroffenheit, das Ergriffensein mitgemeint. Es möge mir niemand mit dem Vorwurf der Gefühlsduselei kommen, denn die Sinnträchtigkeit menschlicher Emotionen steht offenkundig außer Zweifel. Diese Überzeugung hat der Wiener Psychiater und Gründer der „Gesellschaft für Existenzanalyse und Logotherapie", Alfried Längle, folgendermaßen formuliert: „Wir spüren das alles zuerst emotional, und dann erst setzen wir uns denkerisch damit auseinander."[54] Unsere Gefühlswelt spielt nicht nur in der Spiritualität eine hervorragende Rolle. Sie ist darüber hinaus und im Allgemeinen für unseren Alltag unentbehrlich. Wem beispielsweise die Gefühlskälte vorgeworfen wird, der ist nicht am besten dran! Er oder sie lebt an seiner und der anderen Realität vorbei. Man kann es auch die Hartherzigkeit nennen, was natürlich an Unmenschlichkeit grenzt. Wie oft hören wir aber auch Menschen zu ihren nahestehenden Mitmenschen sagen: „Sei doch nicht so kopflastig!" Kopflastigkeit bedeutet jedoch unter anderem die Eindimensionalität der Betrachtung, die Überfixierung der Perspektive. Die Kopflastigkeit gleicht einem Dogmatismus,

---

54 Längle, Alfried, (2003): Emotion und Existenz. Facultas Verlags- und Buchhandels AG. Wien. S. 20

der keine anderen Optionen offen- und zulässt. Sehr arm wären wir schon allesamt dran, würden wir in einer Gesellschaft leben müssen, in der es lauter kopflastige Menschen gibt! Alfried Längle schreibt deshalb mit Nachdruck und befreiend: „Doch macht es einen erheblichen Unterschied aus, ob mir ein Gefühl als Hinweisschild an das Befinden und an Vergangenes anbindet, oder ob es mir als Wahrnehmung einer gegenwärtigen Situation die Entscheidungsgrundlage bietet und die Richtung für weiteres Leben weist. Die Trennung der beiden Gefühlsbereiche hat dafür fundamentale Bedeutung. Wer seine Entscheidungen von den Gefühlszuständen abhängig macht, ihnen stets die Priorität gibt und sie ungehindert auslebt, wird an einer erfüllten Existenz vorbeigehen. Er gerät auf einen ‚Egotrip', in welchem er sich schließlich selber genauso unerträglich wird wie dem anderen. Für die Entscheidungen und die Wahl künftigen Lebens halten wir das fühlende Schauen, das ‚Gespür für das Richtige' für die letzte und vertrauenswürdige Grundlage. Auf das Gespür sollten wir uns verlassen – oder wir leben ein fremdes Leben. Wir haben die Wahl. Doch die Konsequenzen haben uns."[55] Solche Konsequenzen hängen damit zusammen, wenn die drei operativen Grundbegriffe beim Untertitel des Buchtitels im Leben des bzw. der Einzelnen ausgeklammert werden. Der wahre Reichtum menschlichen Lebens besteht in der inneren Wahrnehmung der Fülle des Erlebten, welches sich der begrifflichen Ausformulierung widersetzt. Mit der „Ausformulierung" verhält es sich wie mit unserer Anwendung von Fotoapparaten, mit denen wir an bestimmten „Orten der inneren Ergriffenheit" gleich alles festhalten, handhaben wollen. Bei der Beobachtung solcher Situationen bildlich-materieller Handhabungen erinnere ich mich daran, dass wir Menschen durch und durch Sammler und Sammlerinnen geblieben sind. Gleichzeitig kommt mir die Auseinandersetzung Erich Fromms mit dieser Art des Menschseins in seinem weltberühmten Buch *Haben oder Sein* im Anliegen des vorliegenden

---

55 Längle, Alfried, Ebd. S. 24

Buches sehr entgegen. Eine Entscheidung, die unsere Existenz bereichert oder auch verarmt. Treffsicher artikuliert der Wiener Psychiater und Überlebende von vier Konzentrationslagern des NS-Regimes, Viktor E. Frankl, diese Erfahrungsdimension in seinem Buch *Der unbewusste Gott*: „Je umfassender der Sinn ist, umso weniger fasslich ist er. Wo es gar um den letzten Sinn geht, entzieht er sich zumindest einem bloß intellektuellen Zugriff vollends. Was un-wiss-bar ist, braucht aber nicht un-glaub-lich zu sein. Angesichts der Frage, ob alles einen, wenn auch verborgenen, Sinn hat oder aber die Welt ein einziger großer Unsinn ist, muss das Wissen das Feld räumen – es ist der Glaube, der da zu einer Entscheidung aufgerufen ist. Wo die Argumente, die für oder gegen einen letzten Sinn sprechen, einander die Waage halten, wirft der sinn-gläubige Mensch das ganze Gewicht seines Mensch-Seins, seiner Existenz, in die Waagschale und spricht sein ‚fiat', ‚Amen': ‚So sei es' – ich entscheide mich dafür, so zu handeln, ‚als ob' das Leben einen unendlichen, einen über unser endliches Fassungsvermögen hinausgehenden – einen ‚Über-Sinn' – hätte."[56] *Das „fiat" des Menschen ist seine aus der Situation innerer Ergriffenheit gegebene Zustimmung zu Unglaublichkeit und Unfasslichkeit der ihm begegnenden Wirklichkeit.* In solchen Augenblicken treffen das Schauen, das Eintauchen und das Aufhorchen oder Heraus-Horchen aufeinander. Mir scheint es, dass die vielbeklagte Glaubensmüdigkeit vieler Menschen in Westeuropa mit einer grundlegenden Unfähigkeit aufs Engste zusammenhängt, diese drei Grundformen menschlichen Lebensvollzugs zu leben. Ich kann es aber nicht nur als katholischer Priester-Seelsorger aus der Praxis heraus bestätigen, sondern genauso von meiner Erfahrung in der psychotherapeutischen Praxis, wo die mannigfaltigen *Beziehungsstörungen* wie auch die vielfältigen Formen der *Entfremdung* mit der gleichen *Unfähigkeit zum Schauen, Eintauchen und Aufhorchen* zu tun haben. Die Gefühlswelt der Patientin bzw.

---

56 Frankl, Viktor E. (1988): Der unbewusste Gott. Psychotherapie und Religion. 7. Auflage, Verlag Kösel. München. S. 118

des Patienten ist erheblich bei vielen schwerwiegenden Verletzungen im Leben der bzw. des in der Psychotherapie Ratsuchenden. Rationalisierungen führen meistens dazu, dass die eigentlichen Problemfelder, um die es geht und gehen sollte, umgangen werden. Ein großartiger Durchbruch ist es sowohl für die Patientin bzw. den Patienten als auch für die Psychotherapeutin bzw. den Psychotherapeuten, wenn die Gefühlswelt durchlässig wird. Das ist meistens der erwartete Augenblick eines Durchbruchs, eines Wendepunkts bei der Rückgewinnung der Lebens-, Arbeits-, Liebes- und Leidensfähigkeit. Das erleichtert immens die Aufarbeitung der aufgestauten Emotionen sowie die Inangriffnahme der als wichtig erkannten Lebensthemen der Patientin bzw. des Patienten. Die große Bedeutung der Empfindungsfähigkeit und der (Selbst-)Wahrnehmung beschränkt sich auf keinen Fall nur auf das Geschäft der Psychotherapie. Beides ist für das Überleben des Menschen überhaupt wie auch für die Optimierung seiner Lebensqualität von ungeheuerlicher Relevanz.

Wir besitzen die Fähigkeit, uns im Geschauten zu verlieren, unser größeres Selbst zu entdecken. *Soviel Macht kann das in der Banalität des Alltags Geschaute auf uns ausüben.* Wir sind auch Menschen, die andere Menschen in bestimmten Situationen und Haltungen „ertappen" und nach unserer Wahrnehmung meinen, sie seien in Gedanken „versunken". Manches Mal sagen wir sogar, sie seien „geistesabwesend". Sind sie es denn wirklich? Wenn es nach uns ginge, ja. Zur Betonung kommt noch das Adjektiv „total" dazu. Was hier geschieht, ist eine gewollte oder auch ungewollte „Versunkenheit". Es ist gewollt, wenn wir uns dafür entscheiden, etwas zu entdecken, uns mit etwas intensiv zu beschäftigen, *was uns dann dermaßen in Anspruch nimmt, dass wir auf uns und auf vieles mehr in unserer unmittelbaren Umgebung vergessen. Der Zeitfluss scheint zu einem Stillstand gekommen zu sein.* Wenn ungewollt, liegt die Versunkenheit in der „Plötzlichkeit" eines Naturphänomens, eines Gegenstands, eines Ereignisses oder auch einer Begegnung vor. Da spüren wir in der tiefsten Tiefe unseres Seelengrunds, *dass wir in der Vorbehaltlosigkeit des Augenblicks gemeint sind.* In den folgenden Abschnitten wird eine Analyse bestimmter Wörter in Angriff genommen, um die hohe Bedeutung der Sinnenhaftigkeit für die Lebenswirklichkeit des Menschen zu unterstreichen. *Das große Anliegen ist die aufmerksame Wahrnehmung, die Achtsamkeit, die oft eine gute Brücke zur Selbstachtsamkeit wird oder ist.* Ich halte sehr viel davon, *dass zum Wesen der Selbstachtsamkeit gehört, dass der Mensch nicht nur weiß, dass ihm vieles im Leben geschenkt wird, sondern darüber hinaus, dass er selber ein Geschenk ist.* Er hat überhaupt zu seinem Werden absolut nichts beigetragen; zur Entfaltung dieses Seins muss er jedoch in seiner Selbstverantwortlichkeit beitragen. Dazu gehört das Bewusstsein, von vielen guten Dingen und Menschen umgeben zu sein, über die man nicht verfügt. So gehört die Denkkategorie der Unverfügbarkeit zu einem therapeutischen Aspekt menschlicher Selbstachtsamkeit. Einmal bei einem Besuch bei einer ehemaligen Mitarbeiterin in einer meiner vielen ehemaligen Pfarren (es war am Montag, 18.November 2019, bei einem Frühstücksgespräch) machte die junge Frau eine Äußerung, die mich tief ergriffen hat, sodass ich sie darum bat, sie mir aufzuschreiben, weil sie inhaltlich zu meinem Hauptanliegen in diesem Buch gehört. Und wieder ging es bei dieser erbaulichen Begegnung um den „Sinn des Augenblicks", wie dieser zur Handbarkeit der Logotherapie gehört. Denn in der Tat macht uns das Leben in jedem Augenblick unseres Lebens beständig Mitteilungen, manche verschlüsselt, wieder andere leicht spür- und erkennbar. Bei den vielen Lebensthemen, über die wir uns ausführlich unterhielten, kamen wir auch bei den Lebensabschnitten dazu, wie sie zu gestalten *wären*. Die „Lebenswenden" bedeuteten für uns allerdings nicht bloß eine entwicklungspsychologische Realität. Wir sprachen bei diesem großen Thema auch über die unterschiedlichsten Lebensphasen, die unterschiedliche Menschen in unterschiedlichsten Schwierigkeitsgraden durchlaufen. Manches Mal bis an die Grenze der Verzweiflung! Manches Mal sind solche Situationen nichtsdestotrotz Anlässe zu unserer Potentialentfaltung. Was eine große und dennoch vernachlässigte praktikable Hilfe wäre, formulierte die junge Frau folgendermaßen: „Auch wenn Menschen traurig sind, dreht sich die Welt weiter! Die Natur wartet nicht, das Gras wächst weiter und die Blumen blühen."⁵⁷ *Es fällt mir sehr schwer, zu sagen, was genau diese Aussage mit mir gemacht hat, aber sie machte vieles mit mir!* Sie berührte mich sehr tief und löste etwas in mir aus, was meine Zustimmung „erzwang". *Sie ließ mich nicht mehr los!* In der Fachsprache pflegen die Psychotherapeuten und Psychotherapeutinnen solche Erfahrungen meistens mit den beiden Worten **Resonanz** und **Kongruenz** zu bezeichnen. Die Frage ist von besonderer Bedeutung: *Was räsoniert denn in einem Menschen im Angesicht dieses Bildes der Natur, die „nicht wartet", in der dennoch „das Gras weiter wächst und die Blumen blühen"*? Ob nun das Räsonieren oder die Kongruenz, auf etwas wird gestoßen, was mehr sein müsste als bloße Gefühle. *Das wachsende Gras in der nicht-wartenden Natur zusammen mit den blühenden Blumen findet ihre Übereinstimmung mit etwas im Innersten des Menschen Vorhandenen.* Diese existenzielle Erfahrung beschreibt Rudolf Taschner in der Sprache eines Naturwissenschaftlers. Einer Sprache, die jedoch nicht weniger im Kontext der entlastenden Wahrnehmung steht, wie im obigen Frühstücksgespräch. So schreibt er: „Angesichts des gigantischen Schauspiels der Natur, in dem der Einzelne wie ein belangloser, unerheblicher, nichtiger Statist seinen flüchtigen Auftritt absolviert, kann man bloß vor den atemberaubenden Naturereignissen, vom Urknall, den Sternexplosionen und den Schwarzen Löchern bis hin zum Flattern eines Schmetterlings, bis hin zu den biochemischen Reaktionen, auf denen das Leben fußt, in Bewunderung verharren."⁵⁸ Nun kommt die Quintessenz von diesem etwas Vorhandenen zum Tragen. Seine innere Logik (was im Verständnis des griechischen Wortes *Logos* „Sinn" bedeutet) ist die Rezeptivität, die Empfänglichkeit. Mir ist die therapeutische Dimension dieser Rezeptivität des im Innersten des Menschen **Vorhandenen**

---

57 Wohlmuth-Konrath, Margit, in einem Gespräch mit mir in der Anwesenheit ihrer Mutter, am 18.11.2019, in Großhöflein, Burgenland.
58 Taschner, Rudolf (2009): Woran glauben. 10 Angebote für aufgeklärte Menschen. Christian Brandstätter Verlag. Wien. S. 64.

ungemein wichtig! *Es gibt die Erfahrung zuhauf, dass Menschen, die einen guten Bezug zur Natur haben, Menschen, die gern in den Wald oder auf den Feldwegen gehen, meistens unfassbare Kraftzufuhr erleben und innerlich (aber auch in der häufigen Wiederholung äußerlich!) eine Art Verjüngung spüren. Dieser Kraftzufuhr geht ein Abfluss mancher verstauten Energien voraus.* Es muss schon etwas Einschneidendes bedeuten, dass manche Psychotherapeuten und Psychotherapeutinnen ihren Patienten und Patientinnen, je nach den inhaltlichen Entwicklungen der in die Praxis mitgebrachten Lebensthemen, einen einsamen Spaziergang in der Natur empfehlen. Als Psychotherapeut habe ich sehr oft eine staunenswerte Rückkoppelung von meinen Patienten und Patientinnen erhalten, die sich auf ein solches praktisches (verhaltenstherapeutisches!) Angebot eingelassen haben. Eine solche therapeutische Kraft der Natur wird vom Mathematiker und Naturwissenschaftler Rudolf Taschner im Kontext eines „natürlichen Glaubens" bestätigt: „Wer an die Natur glaubt, ist danach bestrebt, mit ihr in Harmonie zu leben. Dazu ist es nötig, sich der Natur gegenüber zu öffnen, gleichsam zu hören, was sie als ein ihr angemessenes Verhalten verlangt. Die erste und naheliegende Botschaft, welche die meisten von Mutter Natur vernehmen, lautet, dass man auf die Gesundheit, das körperliche Wohl, die sportliche Leistungsfähigkeit bedacht zu sein hat."[59] Wenn manches Mal verhaltenstherapeutisch (aber nicht nur!) von einem Tapetenwechsel im Kontext eines psychotherapeutischen Settings die Rede ist, so meint diese scheinbar „harmlose" Strategie nicht exklusiv einen Wechsel der geografischen Lokation, sondern darüber hinaus, dass der Patient bzw. die Patientin einen Wechsel in eine andere Umgebung braucht. Essenziell dabei ist die Einübung in eine neuartige Fremd- und Selbstwahrnehmung. Mit „Umgebung" ist selbstverständlich auch die *Landschaft* mitgemeint. Indem nämlich der Patient oder die Patientin durch eine andere landschaftliche Umgebung schlendert, ist die Wahrscheinlichkeit nicht gering zu schätzen, *dass es zu einem „Abfluss"*

---

59 Ebd., S. 48.

der „*aufgestauten*" *Gedanken kommt.* Wer möchte aber daran zweifeln, dass ein derartiger „Gedankenabfluss" zu einer wesentlichen **Leichtigkeit** führen kann? In dieser Leichtigkeit steckt allerdings ein großes Potential der Freiheit, der Selbstmächtigkeit, die im Laufe der psychischen Erkrankung und mitten drin verlorengegangen ist. Es muss sich jedoch nicht lediglich um psychisch erkrankte Menschen handeln. Wer es nämlich gewöhnt ist, in der freien Natur, sei dies nun auf einem frequentierten Feldweg oder mitten im Wald, joggen zu gehen oder auch ein einfaches Walking zu machen, wird selbst Zeuge oder Zeugin davon, wie viele Gedanken ungezwungen kommen und ohne Anstrengung wieder gehen. Es geschieht aber auch, dass wieder ohne sonderliche Kraftanstrengung der eine oder andere Gedanke hängenbleibt und den betreffenden Menschen bis nach Hause begleitet. Es gehört, über dieses Phänomen der geschenkten natürlichen Freiheit hinaus, zu meiner häufigen Erfahrung, *dass manche Gedanken geboren werden, die* **mich nach Hause** *begleiten und womöglich zu einem schriftstellerischen Werk anleiten.* Auch eine die Gesundheit fördernde Prophylaxe! Schreiben ist nach meiner Erfahrung ein eminenter Freiheitsvollzug. Eine solche körperliche Tätigkeit ist deshalb niemals rein körperlich, sondern aktiviert unsere Gehirnzellen zu einem wachen Zustand und erzeugt einen salutogenetischen (gesundheitsstiftenden) Effekt.

Auf der Grundlage dieses Naturgleichnisses greife ich ein Heilungskonzept der Logotherapie auf, wie ihr Begründer Viktor E. Frankl [1905–1997] es als weltberühmter Psychiater, Neurologe und Philosoph gelehrt und praktiziert hatte. Es handelt sich um einen der kognitiven und handlungsorientierten Schlüsselbegriffe im gesamten Lehrgebäude seiner Logotherapie und Existenzanalyse: *die Trotzmacht des Geistes.* Schon im Alltag sind wir es gewöhnt, zu hören: „Trotzdem". Oder „Dennoch". Worin liegt allerdings die therapeutische Wirksamkeit dieses Gedankenkonzeptes? Es geht prinzipiell um das Spannungsverhältnis des Menschen zwischen Schicksal und Freiheit. Frankl unterscheidet drei Kategorien des Schicksals, die eine beständige Herausforderung für die Freiheit des Menschen darstellen: das biologische Schicksal, das psychologische Schicksal und das soziologische Schicksal. Dieses dreifache Schicksal sah er im Sinnzusammenhang mit der Gestaltungsmöglichkeit durch die menschliche Freiheit. „Denn wer sein Schicksal für besiegelt hält, ist außerstande, es zu besiegen."[60] Genial finde ich Frankls Ansicht über das biologische Schicksal: „Das biologische Schicksal ist für die menschliche Freiheit das jeweils erst noch zu gestaltende Material."[61] Wenn ich nun aus der Wahrnehmung der „nicht-wartenden Natur", wie oben erörtert, sowie aus dem „Gras, das weiter wächst" und den „blühenden Blumen" ein natürliches therapeutisches Konzept mache, so geht es mir um die durch die Natur eröffnete Gestaltungsmöglichkeit für den Menschen gegenüber seinem Schicksal. *Ich verstehe aber auch das Angebot der Natur als eine Einladung zur Änderung der eigenen Einstellung.* Im folgenden Diktum Frankls wird noch einmal unterstrichen, worum es bei dem erwähnten plakativen Bild der Natur geht: *„Das Leben ist nicht etwas, es ist immer nur die Gelegenheit zu etwas."* Nun stellt sich die entscheidende Frage: Was genau ist diese „Gelegenheit zu etwas"? Mir kommt vor, dass es um die persönliche Einladung geht, *mitten in einer wie auch immer verstandenen diffizilen existenziellen Situation sich selbst als einen Teil des Ganzen zu begreifen.* Alsdann, weil das Gras nicht wartet, sondern weiterwächst, *beim Schicksal nicht steckenzubleiben,* sondern womöglich *an die verborgene Kraft zu denken,* die das Gras dazu bringt, kontinuierlich zu wachsen. Vielleicht ist dies auch ein wichtiger Hinweis auf die womöglich zugeschütteten Ressourcen im Leben eines jeden Menschen. Die „blühenden Blumen" könnten fürderhin auf den oft in bestimmten fordernden Lebenssituationen in Vergessenheit geratenen Geschenkcharakter des Lebens hinweisen. Genauso wichtig wäre die Interpretation der blühenden Blumen dahingehend, dass es doch Quellen der

---

60 Frankl, Viktor. E. (1998): Ärztliche Seelsorge. Grundlagen der Logotherapie und Existenzanalyse. Fischer Taschenbuch Verlag GmbH, Frankfurt am Main. S. 125.
61 Ebd., S.127.

Freude gibt, auch trotz ihrer Unverfügbarkeit; ja, gerade wegen ihrer Unverfügbarkeit. Das beim Wachsen „nicht-wartende Gras" und die „blühenden Blumen" typisieren in ihrer Zeichenhaftigkeit die innere Fähigkeit des Menschen zum Widerstand („Trotzmacht des Geistes"). In unseren Tagen heißt dieses notwendiger werdende geistige Potential *Resilienz*. Wie wohltuend wäre doch ein häufiger Spaziergang in der freien Natur, zumal im Wald, für viele Menschen! Ein österreichisches Volkslied, bei dem es heißt „Waldeslust, o wie einsam schlägt die Brust" bringt geradezu die Fruchtbarkeit der Einsamkeit mitten im Wald zum Ausdruck. Diese einsam schlagende Brust symbolisiert meiner Ansicht nach die sich einstellende Neuorientierung in der Ruhe des Waldes. Aus eigener Erfahrung weiß ich es: Was einem da geschenkt wird, ist unermesslich! Meistens unverhofft!

AUGENWEIDE

Die Konnotation der *Augenweide* beflügelt und sättigt zugleich. Man stellt sich ein Weideland vor, auf dem das Wachsen und das Blühen zu einem Verbleiben einladen. Niemals mehr werde ich einen liebenswürdigen Buben im Alter von 12 Jahren vergessen, der aus belastenden schulischen und familiären Gründen mit seiner Zustimmung zur Veränderungsnotwendigkeit in meine Psychotherapiepraxis gebracht worden ist. Nach mehreren Sitzungen leitete ich ihn durch eine hypnotherapeutische Maßnahme dazu an, seine echte Sehnsucht in Bildern darzustellen. Freude, Ergriffenheit und Betroffenheit waren meine Reaktion. Er zeichnete mitten auf einer waldlosen Wiese einen einzigen Baum, unter dem die Wiese wie gemäht aussah und darauf eine Matte, auf der er gelegen war. Gefragt, was das Bild für ihn bedeutete, gab er ohne Zögern zur Antwort: „In der Schule kann ich mich nicht konzentrieren, und zu Hause brauche ich auch meine Ruhe. Das ist mein Platz." Ab diesem Zeitpunkt wurde das Bild zu einem Wendepunkt bei der weiteren therapeutischen Begleitung. „Augenweide", wie ich sie in diesem Kapitel beschreiben möchte, hat mit einer solchen Geborgenheit zu tun.

Für manche Blumenliebhaberinnen und Blumenliebhaber könnte es sein, dass die Monotonie der Farbe auf einer Wiese überhaupt keine Rolle spielt. Viel wichtiger wäre ihnen die magische Kraft der Blumen auf einem bestimmten Feld. Für viele Menschen (die mir bekannt und vertraut sind) sind es oft Felder von Sonnenblumen in ihrer vollen Blüte. Wieder für andere könnten es Rosengärten sein. Auffallend ist bei einem „Rosenfest" in der „Arche" in einer burgenländischen Gemeinde, dass viele Menschen nicht allzu lange im Festzelt bleiben, sondern sich immer wieder bei den Rosenlabyrinthen in einem Gedränge befinden. So stark ist die Anziehungskraft der prachtvollen Rosen in ihrer Farbenfreundlichkeit! *Es genügte auch schon manches*

Mal, dass einzelne Rosenblüten bestimmte Menschen fesseln und geradezu durch diese Fesselung etwas Unaussprechliches in ihnen entfesseln. Zu solchen Menschentypen gehöre auch ich. Menschen, denen es im wahrsten Sinn des Wortes die Sprache verschlägt; bei denen jedes Wort zu viel des Guten wäre, weil das Geschaute und Erlebte, das in unserer Seelenlandschaft angekommen ist, eine Glücksfülle besitzt, welche die Grenze jeder Worthaftigkeit überschreitet. *Meistens verlangt das Erlebte nach einer Verinnerlichung, nach einer Einverleibung.* Die Affektdynamik des Betrachters oder der Betrachterin kommt zum Fließen oder sogar zum Überfließen. Mihaly Csikszentmihalyi hat solche Erfahrungen „Das Flow-Erlebnis"[62] genannt, obwohl sie nicht nur im Tun [gestalterisch] oder nur im Spiel [Interaktivität] geschehen. In der Einleitung zu diesem Buch schreibt Hans Aebli: „Die phänomenologische Analyse zeigt, dass sich im *flow*-Erlebnis die Grenzen von Subjekt und Welt verwischen, dass sich der Mensch im Tun vergisst, dass Weg und Ziel eins werden."[63] „Dass sich der Mensch im Tun vergisst" ist aber nicht so zu verstehen, als ob der Mensch nur *gestalten* kann, als ob sein Leben ausschließlich in der Aktivität bestünde. In der Sinnfrage, wie sie in der Logotherapie und Existenzanalyse beschrieben wird, gibt es auch durchaus eine „aktive Passivität", in der der Mensch nichts anderes tut, als intensiv wahrzunehmen: sich und seine Umgebung. *Sein Tun ist lediglich seine Aufnahmebereitschaft.* In dieser Situation erlebt er sich im Einklang mit seiner ihn umgebenden Wirklichkeit – und vor allem mit sich selbst. In Berührung mit sich selbst kann der Mensch jenseits aller Zerstreuungen zu einer befriedenden Erfahrung von Sinnerfüllung gelangen. In eine solche Berührung kommt der Mensch entweder durch Kontemplation oder Meditation, eine Übung der Stille, in der die innere Sammlung zur Kraftquelle

---

62 Csikszentmihalyi, Mihaly (1996): Das Flow-Erlebnis. Jenseits von Angst und Langeweile: im Tun aufgehen. 6. Auflage. Klett-Cotta. Stuttgart.
63 Aebli, Hans (1985): In: Mihaly Csikszentmihalyi, Das Flow-Erlebnis. Zur Einführung. S. 9

wird. Thomas Merton beschreibt diese Erfahrung im Zusammenhang mit dem mönchischen Leben der Disziplin folgendermaßen: „Wachsamkeit, Offenheit, Bereitschaft für Neues und Unerwartetes. Insbesondere geht es dabei um die Offenheit und Bereitschaft für das, was in einem Leben, in dem unsere Aufmerksamkeit durch andere Dinge zerstreut und abgelenkt wird, normalerweise nicht zu entdecken ist."[64] Dabei ist es genauso für den inneren Frieden [im biblischen umfassenden Sinn von Schalom!] des Menschen unerlässlich, dass er in der Offenheit lebt, gerade, indem er seinen Blick auf die Welt da draußen richtet, um ihre verborgene und manifeste Schönheit zu entdecken – und zu genießen. Diese Bereitschaft hat eine Erlebnisqualität, die für Viktor E. Frankl zu den drei Kategorien der Sinnerfahrung gehört. Er charakterisiert diese Sinnerfahrungsmöglichkeiten als „schöpferische Werte", „Erlebniswerte" und „Einstellungswerte". Da die „Einstellungswerte" [auch die tragische Trias genannt – Schuld, Leid und Tod] die Grenze der Aufgabe, die ich mir in diesem Büchlein gegeben habe, überschreiten, muss ich mich auf die „Erlebniswerte" beschränken. In einer Zeit, in der sich viele Menschen, bedingt durch die neoliberalistische Wirtschaft, auf der Grundlage ihrer Leistungen definieren, geht ihnen eben eine Dimension ihres Lebens verloren, die eine salutogenetische Selbstwirksamkeit besitzt und dadurch zu ihrer Lebenserfüllung beiträgt. *Es heißt, dass sich der Sinn menschlichen Lebens nicht im Schaffen erschöpfen kann.* Zum wahren Menschsein gehören ebenfalls die von Frankl bezeichneten „Erlebniswerte", welche die hohe Qualität der Selbsttranszendenz haben und dadurch darüber hinaus zu einer Art *Erfahrung des „Heiligen"* beitragen können. Bezüglich dieser Erfahrung des „Heiligen" schreibt Mircea Eliade Folgendes: „Die Welt lässt sich insofern als Welt, als Kosmos fassen, als sie sich als heilige Welt offenbart. Jede Welt ist das

---

64 Merton, Thomas (1992): Im Einklang mit sich und der Welt. Contemplation in der World of Action. Aus dem Amerikanischen und mit einer Einführung von Georg Tepe. Diogenes Verlag AG. Zürich. S. 137

Werk der Götter, denn sie ist entweder unmittelbar von den Göttern geschaffen oder von Menschen, die den exemplarischen Akt der Schöpfung rituell erneuerten, geweiht und damit ‚kosmisiert' worden. Anders gesagt, der religiöse Mensch kann nur in einer geheiligten Welt leben, weil nur eine solche Welt am Sein teilhat und wirklich existiert. Dieses religiöse Bedürfnis drückt einen unstillbaren ontologischen Durst aus. Der religiöse Mensch dürstet nach dem Sein."[65] Die Immanenz der Transzendenz ist allerdings nicht dem „religiösen Menschen" allein zugänglich. Die von Frankl beschriebenen „Erlebniswerte" haben in ihrer evozierenden Potenz zur Selbsttranszendenz menschlicher Existenz nicht ausschließlich eine prophylaktisch-therapeutische Relevanz, sondern kommen zugleich in die Nähe von dem, was ich in diesem Buch als die **Mystik der Sinne** charakterisiere. Diese emotionale Bewegung führt nicht selten zu einer Art Identitätsverschmelzung, womit gemeint ist, dass der Betrachter bzw. die Betrachterin und das Betrachtete (das Objekt) eins werden. Wo sich der Mensch in der Tiefe seines Seelengrunds im Einklang mit seiner unmittelbaren natürlichen Umgebung befindet, da spürt und „hört" er den leisen Klang seiner Seele und manches Mal formen sich aus der gefühlten Leichtigkeit Worte in ein „Loblied". Ein vergleichbarer Gedanke findet sich in folgenden Worten Viktor E. Frankls über die Erfahrung von den „Erlebniswerten": „Die Sinnfülle, die auch sie dem Menschenleben geben können, darf nicht unterschätzt werden. Sollte jemand daran zweifeln, dass der aktuelle Sinn eines bestimmten Augenblicks im menschlichen Dasein in bloßem Erleben erfüllt werden kann, also jenseits allen Tuns und Handelns, aller Wertverwirklichung durch Aktivität, dann sei er auf folgendes Gedankenexperiment verwiesen. Er stelle sich vor, dass ein musikalischer Mensch im Konzertsaal sitzt und an seinem Ohr soeben die eindrucksvollsten Takte seiner Lieblingssymphonie vorüberrauschen, so dass er nur

---

65 Eliade, Mircea (1990): Das Heilige und das Profane. Vom Wesen des Religiösen. Surkamp Taschenbuch. Frankfurt am Main. S. 59.

jenen Schauer empfindet, den man angesichts reinster Schönheit erlebt; er stelle sich nun vor, dass man diesem Menschen in einem solchen Moment die Frage vorlegen könnte, ob sein Leben einen Sinn habe; der so Befragte würde wohl antworten müssen, dass es schon dafürgestanden wäre zu leben, allein um jenen verzückten Augenblick zu erleben."[66] Nun handelt es sich aber keineswegs nur um das Gehörte, sondern ebenfalls um das erlebnishaft Geschaute, beispielsweise in den Bergen. Bekanntlich haben Berge eine besonders große magische Kraft für die vielen Menschen, die sie, sei es zum Wandern, Klettern oder auch für einige Tage zum Übernachten, aufsuchen. Nie fehlt das Mystische in den Bergen. Nie fehlen die Entspannung, die Ruhe und die Weite. Noch einmal in den Worten von Frankl: „Einmal mag die Forderung der Stunde an uns durch eine Tat erfüllbar sein, ein andermal durch unsere Hingabe an eine Erlebnismöglichkeit. Auch zur Freude kann der Mensch sonach ‚verpflichtet' sein. In diesem Sinne wäre einer, der da in der Straßenbahn sitzt und Zeuge eines prächtigen Sonnenuntergangs wird oder den Duft eben in Blüte stehender Akazien wahrnimmt und sich diesem möglichen Naturerleben nicht hingibt, sondern in seiner Zeitung weiterliest – er wäre in einem solchen Augenblick irgendwie ‚pflichtvergessen' zu nennen."[67] *Die Frage, um die es hier geht, ist, ob eine solche Erfahrung voller Ergriffenheit auf eine bestimmte Kultur einzuschränken ist, oder eine transkulturelle Erfahrung ist, die die Kapazität in sich enthält, eine positive Grundlage für den Glauben an die eine Menschheit zu bilden?* Wer kann und darf denn einem Menschen irgendwo in Afrika, in Süd- oder Lateinamerika, in Europa, in Asien oder in Nordamerika eine solche Naturerfahrung absprechen? Ist denn eine solche Sinn-Erfahrung nicht auf die Stufe der religiösen Erfahrung oder Gotteserfahrung zu stellen? Persönlich möchte ich diese Frage ohne weiteres bejahen! Da bin ich aber in einer guten

---

66 Frankl, Viktor E. (1998): Ärztliche Seelsorge. Grundlagen der Logotherapie und Existenzanalyse. S. 82.
67 Ebd., S. 83.

Gesellschaft, wenn Viktor E. Frankl eine derartige **Berggipfelerfahrung** in der Kategorie der Sinnerfüllung versteht. Er schreibt: „So entscheiden aber auch im Leben über dessen Sinnhaftigkeit die Gipfelpunkte, und ein einziger Augenblick kann rückwirkend dem ganzen Leben Sinn geben. Fragen wir einen Menschen, der, auf einer Hochtour begriffen, das Alpenglühen erlebt und von der ganzen Herrlichkeit der Natur so ergriffen ist, dass es ihm einfach kalt über den Rücken läuft– fragen wir doch einmal ihn, ob nach solchem Erleben sein Leben noch jemals gänzlich sinnlos werden kann."[68] Natürlich könnte die Nicht-Handhabung einer solchen Augenblicksfülle zu einer Art inneren Traurigkeit führen, da der Mensch, dem die Erfahrung gegönnt wird, wieder in den Alltag zurück muss. Gerade dieser Alltag könnte mit den vielen Dingen zusammenhängen, die Menschen besitzen und die sie davor blenden, dass sie zum Genuss der *Qualität der Augenblicksfülle* kommen. „Der kleine Buddha", wie ihn Claus Mikosch beschrieben hat, kannte den großen Unterschied zwischen einem glücklichen Gärtner und einem Schlossbesitzer. Zur Anschaulichkeit zitiere ich jenen Ausschnitt aus seinem Buch, der diese unterschiedliche Lebenseinstellung zwischen dem glücklichen Gärtner und dem traurigen Schlossbesitzer ausmacht:

„Wie schon bei seinem letzten Besuch blieb der kleine Buddha mehrere Wochen bei dem Gärtner. Tagsüber half er ihm bei der Arbeit: Er pflanzte neue Samen und Setzlinge, bewässerte Gräser und Sträucher, säuberte die Beete vom ewig wuchernden Unkraut und grub die Erde um. Die Arbeit machte ihm große Freude, denn der Garten war einer der besten Orte, um sich am Frühling zu erfreuen. Überall wuchsen farbenprächtige Blumen und Früchte heran, die Bäume bekamen neue Blätter und eine schier endlose Zahl Insekten tanzte unter der Sonne. Alles war in Bewegung und an jeder Ecke konnte man den konstanten Wandel des Lebens bestaunen. Manchmal überlegte der kleine Buddha, jemand wie der Schlossbesitzer täte gut daran, ebenfalls

---

68 Ebd., S. 82.

mehr Zeit im Garten zu verbringen – er würde mit eigenen Augen sehen, dass alles vergänglich ist und es keinen Sinn hat, an irgendetwas festzuhalten. Anstatt mit Angst in die Zukunft zu schauen, würde er lernen, die Gegenwart voll und ganz in sein Herz zu schließen."[69] Eigentlich eigenartig, dass wir Menschen uns unverbesserlich im Modus des Besitzens befinden und dabei auf die **Qualität des Seins** vergessen! Gerade diese Seins-Vergessenheit des Menschen ist vielen Menschen unserer Zeit zur Gewohnheit geworden, zumal in einer vom Geierkapitalismus bestimmten Gesellschaft, in der der Mensch zu funktionieren hat, oder er liefert sich der unangenehmen Erfahrung seiner aufgezwungenen Ersetzbarkeit aus. Ob man nun dieses Wirtschaftssystem „Geierkapitalismus" oder „Raubritterkapitalismus" nennt, es geht allemal darum, dass wir in einer Gesellschaftsordnung leben, in der es zu explosiven Verhältnissen gekommen ist, deren Ausgang nur katastrophal sein kann. Der Schweizer und ehemalige Sonderberichterstatter des Menschenrechtsrats der Vereinten Nationen für das Recht auf Nahrung, *Jean Ziegler*, charakterisiert die vom Kapitalismus aufgebaute Weltordnung folgendermaßen: „Als gesellschaftliche Organisationsform ist der Kapitalismus eng mit den jahrhundertealten Kämpfen zwischen feindlichen gesellschaftlichen Klassen verbunden."[70] Es ist geradezu im engen Zusammenhang mit einer solchen Weltordnung mit einer unaufhörlichen Kampfstimmung, dass das vorliegende Buch eine Anregung für einen Paradigmenwechsel im Zusammenleben der Menschen und Völker sein möchte. *Die jahrhundertealten Kämpfe zwischen feindlichen gesellschaftlichen Klassen* haben keinen Platz mehr in unserem 21. Jahrhundert mit einem fortschreitenden Bewusstsein dafür, dass alle Menschen in

---

69 Mikosch, Claus (2015): Der kleine Buddha und die Sache mit der Liebe. Herder. Freiburg im Breisgau. S. 46.
70 Ziegler, Jean (2018): Was ist so schlimm am Kapitalismus? Antworten auf die Fragen meiner Enkelin. Aus dem Französischen übertragen von Hainer Kober. C. Bertelsmann Verlag. München. S. 20.

einer Schicksalsgemeinschaft verwoben sind. Dieses Bewusstsein ist für den Sozialökologen Maik Hosang nicht bloß eine „Vision", sondern ein sich fortentwickelnder Prozess in unseren Tagen. Er stellt fest: „Erstmals im Verlauf der Menschheitsgeschichte gewinnt eine solche gemeinsame Vision gegenwärtig schemenhafte Konturen. Erstmals wird uns bewusst, dass wir alle im gleichen Boot sitzen und dass wir in einer Welt begrenzter Ressourcen nicht ständig mehr Energie und Rohstoffe verbrauchen können. Es wird deutlich, dass unser fossiles Zeitalter zu Ende geht und in Zukunft nur noch eines wachsen kann: die Intensität unserer Beziehungen, das Gefühl von Verantwortung, das Ausmaß an Selbsterkenntnis und das Verständnis unserer eigenen Eingebundenheit in den Prozess der Evolution des Lebendigen, der bis hierher auf unserem Planeten stattgefunden und uns hervorgebracht hat."[71] Eine neue Haltung, die zu einer Win-Win-Situation führt, ist deshalb unabdingbar geworden. Die Erfahrung des Wir-Zusammengehörigkeitsgefühls auf der Grundlage einer Bio-Philia, eine allgemeine natürliche Liebe zum Leben, eine Einstellung, die über alle Religionen, Politik, Wirtschaft und Kulturunterschiede hinausgeht. In diesem Sinnzusammenhang soll ein Buchtitel von Erich Fromm wie ein Imperativ gelten: Vom Haben zum Sein![72] Es versteht sich, dass sich der Mensch nur in einer gelungenen Kunst des Seins seiner wahren Größe gewahr werden kann. *In der Art seines Seins wächst ihm eine neue Qualität des Lebens zu, eine Qualität der Fülle.* Wer würde aber einer solchen Kunst des Seins eine religiöse Qualität absprechen? Diese Erfahrung der Fülle durch einen Rosengarten mit wunderschönen Blüten entspricht in etwa der Beschreibung der mystischen Erfahrung von Johannes Thiele: „Es verwandelt den mystisch ergriffenen Menschen total

---

71 Hosang, Maik (2016): Die Liebe ist ein Kind der Freiheit. Verlag Herder GmbH. Freiburg im Breisgau. S. 85–86.
72 Fromm, Erich (1996): Vom Haben zum Sein. Wege und Irrwege der Selbsterfahrung. Herausgegeben und mit einem Vor- und Nachwort versehen von Rainer Funk. Wilhelm Heyne Verlag. München.

in Ausdruck, in Ausdruck der Fülle. Aber gerade diese Fülle führt zum Nichtmehrsagbaren. Man kann dann eigentlich nur noch darüber schweigen."[73] Im Gewahr-Werden wird dem Menschen, der im Sinne von Erich Fromm gelernt hat, zu sein, vollbewusst, dass er ein Teil eines Ganzen ist. Eine derartige Wachheit gehört wesentlich zu der Absicht dieses Buches und kann sich als eine Kraftquelle für ein gesundes Leben erweisen. Zutreffend schreibt *Erich Fromm* deshalb über die besondere Qualität der geistigen Wachheit: „Bei dieser ist sich der Mensch seiner selbst und seiner menschlichen und natürlichen Umwelt gewahr. Er erkennt nicht mehr verschwommen, sondern klar die Oberfläche und die Wurzeln. Die Welt wird für ihn völlig wirklich; jedes Detail in seiner Gestalt und Struktur wird zu einer bedeutungsvollen Einheit. Es ist, als ob ein Schleier, den man ständig vor Augen hatte, plötzlich weggenommen wird."[74]

---

73 Thiele, Johannes (1988): Die Erotik Gottes. Menschen werden wir nur als Liebende. Kreuz Verlag. Stuttgart. S. 156.
74 Fromm, Erich (1996): Vom Haben zum Sein. S. 53

DIE ZEICHENHAFTIGKEIT (SAKRAMENT) DER ROSENBLÜTEN

[Foto von Frau Irma Stumpf im Auftrag von N. F. Mmagu]

Das Bild macht diese Art Verliebtheit in die Macht der Rosenblüten anschaulich. Ich habe bewusst zwecks Veranschaulichung ein persönliches Foto eingefügt, das mehr als ein bloßes Foto sein will. In der Unmittelbarkeit dieser Rosenblüten ist es schwierig, sich ihrer magischen, ja, magnetischen Kraft zu entziehen. Das Dunkelrot berührt in der Unausweichlichkeit Herz und Seele und *man spürt seinen Körper atmen, die Leichtigkeit des eigenen Körpers!* Das ist auf einer Seite die *botanische Ästhetik*. Diese Rosenblüten gehen jedoch über diese botanische Dimension hinaus. Sie sind für mich zum *Sakrament der Liebesbeziehung* geworden. Es geht mir hier überhaupt nicht um eine romantische

Liebesbeziehung. Es handelt sich um die Wirklichkeit der Liebe, die weit über die allgemeine Geschlechtlichkeit hinausgeht. „Das ist das, was schon die alten Griechen *erotische Liebe* nannten und was bereits in ihrer Vorstellung nicht ausschließlich zwischen einem Mann und einer Frau entstehen muss."[75] Auf diese umfassendere Bedeutung des Begriffes **Liebe** werde ich noch zu sprechen kommen. Im Vorgriff: Es ist eine Liebe, die sich der Handhabbarkeit des Menschen entzieht, und sei es nur in der freudigen Annahme.

Nun zu meiner Beziehung zum obigen Bild der Rosenblüten: Ein wunderbarer Freund hat nämlich die jungen Rosenpflänzchen knapp vor seinem plötzlichen Tod gepflanzt. Er pflegte sie mit einer bewundernswerten Selbsthingabe. Es war eine besondere Freudenquelle für ihn, die Rosenpflänzchen zu pflegen. Sie wuchsen entsprechend schnell und trieben wenige Monate nach seinem Tod Blüten – unvergleichlich wunderschöne Blüten! Für seine Frau war dieses Zeichen eindeutig: *Er wolle ihr immer wieder schöne Rosen schenken und sie an ihre gemeinsame Liebe erinnern.* Er wolle ihr seine Gegenwart kundtun und ihr dadurch ihre Angst vor der Einsamkeit nehmen. Von dieser schönen Liebe zwischen beiden konnte und durfte ich Zeuge sein. Es gab aber auch jenseits dieser ersichtlich harmonischen ehelichen Liebe eine ganz persönliche Note zu diesen Rosenblüten. Seine Frau wusste nämlich auch diese Blüten mit mir selbst in eine enge Verbindung zu bringen. Da die Rosenblüten gerade an meinem Geburtstag aufblühten, war ihr Glaube daran sehr fest, dass ihr verstorbener Mann mir ein Geburtstagsgeschenk machen wollte. In der Tat: Die Einladung seiner Frau, anlässlich meines Geburtstages zu ihr zum Mittagessen zu kommen, wäre völlig in seinem Sinn gewesen. Als wir beim Mittagstisch auf der Veranda saßen, fielen mir die frisch aufblühenden Blüten auf. *Laut seiner Frau waren am Vortag keine Blüten da.* So waren diese Rosenblüten ein doppeltes

---

75 Hüther, Gerald (2016): Die Freiheit ist ein Kind der Liebe. Verlag Herder GmbH. Freiburg am Breisgau. S. 40.

Geschenk: an seine noch trauernde Frau und an mich, der ich von seiner Frau zum Geburtstagsessen eingeladen worden bin. *Der Anblick sagt mir immer wieder von Neuem: „Rosenblüten der Unsterblichkeit".* Oder: *„Rosenblüten jenseits des Todeshorizontes".* Wir können nun wohl aus diesem „Sakrament der Rosenblüten" schlussfolgern: *Hinter der Ästhetik gibt es eine Wirklichkeit, die uns unbedingt angeht. Eine Wirklichkeit der Leichtigkeit. Eine Wirklichkeit, die uns spüren und glauben lässt, dass wir vom Universum, vom Leben umarmt werden.*

Irgendwie gefällt mir dieser Begriff des „Sakramentes der Rosenblüten". Wieso denn eigentlich? Es stimmt schon, dass das Internet, zumal das Facebook und Instagram, zu einem Großteil unvorstellbares Forum der Selbstdarstellung geworden ist. Die unterschiedlichsten Postings mit oft kitschigen Blumenrahmen mit der Person in der Mitte gehören nicht nur zur Tagesordnung. Die mögliche positive Seite solcher Blumeninszenierungen (Selbstdekoration meistens mit Rosenblüten) könnte auch sein, dass solche Menschen ihre unbändige Sehnsucht nach gefühlter und gelebter Zärtlichkeit zum Ausdruck bringen. Es könnte ja auch sein, dass sie der weitverbreiteten Rauheit des Lebens überdrüssig geworden sind. Und wenn es ein sanfter Protest nach dem Slogan der späten 60er-Jahre „Make love, not war!" wäre? Vielleicht hat ja auch die *esoterische Welle* nicht das ersehnte Glück gebracht, das sich viele Menschen in einer eindimensionalen kopflastigen Gesellschaft teils verzweifelt und teils aus Langeweile gesucht haben. Vielleicht sind wir mitten in einer auffälligen **Rückkehr zur Natur**, ohne dass man unbedingt zu den „Grünen" gehören muss, sondern allein aus dem Grund, *weil viele Menschen die Erfahrung verstärkt machen, dass sie inmitten der Natur zu sich selbst kommen leichter kommen können,* als in einer von Lärm und Konkurrenz übersäten und übersättigten Gesellschaft. Die Zuflucht in die Natur, sei es nun hinein in einen Wald, in dem die Einsamkeit und die Stille zur Heimat der Seele werden und der Mensch zu sich kommt und geradezu in diesem Zu-sich-Kommen sich selbst überschreitet; sei es aber auch auf einem einsamen sich windenden Feldweg, auf dem das Gehen zum eigentlichen Ziel wird. Was letztendlich für den Menschen-auf-dem-Weg zählt, ist, dass er ohne die üblichen Ablenkungen im Alltag auf dem Weg ist. Er ist auf dem Weg in der ungezwungenen Achtsamkeit seiner nicht gewohnten Umgebung. *In beiden Instanzen wird der sich bewegende Mensch von etwas bewegt, das er nicht handhaben kann.* Selbst wenn er es könnte, würde er es gar nicht tun, denn sonst würde es ja keinerlei Unterschied mehr geben zwischen dem angestrengten Alltag und dem [auf]gesuchten Zufluchtsort.

Das unten stehende Foto habe ich selbst geschossen. Und wie ich es meistens gewohnt war und bin, war es ein Schnappschuss am Dienstag, dem 01.Oktober 2019, gegen 07:30Uhr. Aufgewacht, spürte ich den inneren Drang, nach langer Zeit wieder einmal Walking und Jogging in der freien Natur zu betreiben. Und wieder einmal wurde mir glasklar: *Wir spüren alleweil den Sinn des Augenblickes. Wir spüren immer das, was uns im Innersten entspricht, was uns freut und erfüllt.* Die Entscheidung für oder dagegen ist immer eine andere Geschichte. Der Sinnanruf des Lebens, wie ihn die Logotherapie charakterisiert, ist immer gegeben. Mal leise, mal laut. Ich behaupte jedoch, dass er immer vernehmbar ist. Es ist aber unsere Herausforderung und liegt in unserer Selbstverantwortlichkeit, dass wir die richtige Antenne in der jeweiligen Situation und geradezu in der Einmaligkeit beziehungsweise in der Einzigartigkeit des Augenblickes hochziehen. *Vielleicht liegt es des Öfteren nicht an der Empfangsmöglichkeit, sondern vielmehr an unserer Empfangsbereitschaft.* Meine Empfangsbereitschaft beim Jogging am besagten Tag, frühmorgens, war gegeben. Ich konnte so gut wie gar nicht anders! Oder doch. Die Anziehungskraft war dermaßen überwältigend, dass ich mein Lauftempo augenblicklich unterbrechen musste. *Gerade dieses „Ich muss" war plötzlich da.* Im Nachhinein blieb und bleibt mir nur die Selbstbestätigung: Es hat sich gelohnt; es war ganz gut so.

IM SPIEGEL DER NATUR

[Foto von N. F. Mmagu, Steinhofpark Wien, 2019.]

Es war kein Sonnenaufgang mehr. Den erlebte ich bereits in meinem Schlafzimmer beim Aufstehen. Etwas, was irgendwie schon zu meinem Morgenritual gehört. Unersättlich ergötze ich mich an der Wucht des Sonnenaufgangs und jedes Mal neu! Meine Stimmung lässt mich auch gut erahnen, was im heiligen *Franz von Assisi* vorgegangen sein muss, dass der berühmte „Sonnengesang" in ihm ausbrach. *Franz von Assisi* erkannte in den Naturkräften die ihn überwältigende Erscheinung des Schöpfergottes, und seine angemessene Erwiderung wurde ein Lobpreis. „Herr, sei gelobt durch Bruder Sonne, er ist der Tag, der leuchtet für und für. Er ist dein Glanz und Ebenbild, o Herr." (GL 864) *Viel anders ergeht es mir nicht wirklich, jedes Mal, wenn ich die aufgehende Sonne erleben darf! Die* **Wärme**, *die mich in meinem Innersten durchströmt, lässt sich niemals in angemessenen Worten ausdrücken! Der*

Psalmenbeter schlägt diesbezüglich in dieselbe Kerbe, wenn er vor lauter Ergriffenheit in ein Loblied ausbricht:

„Die Himmel erzählen die Herrlichkeit Gottes und das Firmament kündet das Werk seiner Hände. Ein Tag sagt es dem andern, eine Nacht tut es der andern kund, ohne Rede und ohne Worte, ungehört bleibt ihre Stimme. Doch ihre Botschaft geht in die ganze Welt hinaus, ihre Kunde bis zu den Enden der Erde. Dort hat er der Sonne ein Zelt gebaut. Sie tritt aus ihrem Gemach hervor wie ein Bräutigam; sie frohlockt wie ein Held, ihre Bahn zu laufen. Am einen Ende des Himmels geht sie auf und läuft bis ans andere Ende; nichts kann sich vor ihrer Glut verbergen." (Ps 19,2–7)

Bevor ich auf die Parallele zu meiner morgendlichen Erfahrung beim Jogging eingehe, greife ich die anthropomorphe, die plötzliche menschliche Gestaltwerdung der Sonne nach dem unmittelbaren Erleben und Empfinden des Psalmenbeters auf. In der Bibel ist uns – selbst bei Jesus – das Bild des Bräutigams sehr vertraut. Der Bräutigam hat einen Symbolcharakter. Er ist zwar *der Erwartete* und nichtsdestotrotz *der Erscheinende*. Es war absolut unmöglich, der alles durchdringenden Kraft der Sonne in dieser frühmorgendlichen Zeit zu widerstehen. *Das Wechselbild von Helligkeit und Schatten steckte einfach an und regte zum Verweilen an.* Ich hatte jedoch ein anderes Ziel. Ich wollte mich in der erhabenen Einsamkeit des Parks bewegen. Da ich schon seit längerer Zeit die dringende Notwendigkeit spürte und in mir trug, durch die Bewegung mir eine gewisse Leichtigkeit zu verschaffen, war es selbstverständlich, dass ich meinen Lauf fortsetzen musste. Wie sollte ich aber einen solchen mich fesselnden Augenblick mitten in der Natur nutzen? *Carpe diem!* – Nutze den Tag (den Augenblick)! Das war der Gedanke, der mich in Ruhe versetzte. Ich habe gehandelt! Stehengeblieben bin ich, um das Foto zu schießen. Es blieb allerdings nicht allein beim Schießen dieses Fotos. Darüber hinaus dichtete es in meinem Kopf, was ich tief im Herzen empfand. „Ein Bild ist immer mehr als ein Bild", dachte ich mir laut. Ist es nicht eigentlich so mit dem Menschenleben, dass es im Allgemeinen aus zwei Gegensätzen besteht? So fing ich an zu sinnieren. Kann es denn wirklich immer nur das Dunkel geben? Den Schatten? Gesetzt, dass es bereits in dieser morgendlichen Stunde sehr heiß gewesen wäre, was ja auch hätte sein können, hätten die Schatten nicht eine Möglichkeit zum Sonnenschutz geboten? Ist denn eine Schattenseite immer nur negativ? *Es ist doch die Sonne, die Helle, die den Schatten fördert.* Ich weiß wohl, wie verdammt schwierig es sein kann, Menschen, die von einem erschütternden Schicksal getroffen worden sind, erklären zu meinen, es gäbe einen Sinn hinter ihrem zerquetschenden Schicksal! Sind denn manche Worte in ganz bedrückenden existenziellen Situationen nicht überflüssig? Ja, während meiner Studienzeit in Wien habe ich mich gefragt, wie ich eventuell als Priester-Seelsorger am effektivsten würde wirken können.

Bei der Suche nach einer Antwort entschied ich mich für die zweisemestrigen Vorlesungen in der Pastoralpsychologie. Die für uns Studentinnen und Studenten organisierten Spitalsbesuche hätten nicht aufschlussreicher sein können! Die unmittelbare Betroffenheit an den Betten mancher Schwerkranken war besonders für mich sehr lehrreich. *Innehalten, Hinhören, Schweigen und erbetene Berührung*: Diese vier, sie waren die uns beigebrachte adäquate Haltung in gesundheitlich prekären Situationen, in denen oft das intentionale Trostwort seine gewollte Trostqualität verliert. Es geht überhaupt nicht darum, dass wir vor einem einschneidenden Schicksalsschlag auf unsere Empathiefähigkeit verzichten und in unseren persönlichen Worten ganz verstummen. Der von einem solchen Schicksal betroffene Mensch würde alles andere brauchen, aber nur nicht unsere demonstrierte Ohnmacht. Immer verlangt unser Mitgefühl nach einem Ausdruck. Der muss jedoch nicht ausschließlich in Worten bestehen. Gespürte Nähe und Gestik gehören auch wesentlich zu unserem expressiven Da-Sein als Menschen! Kehren wir jedoch zu meiner morgendlichen bildlichen Wahrnehmung beim Jogging zurück.

Der Sinn meines Anliegens ist etwas anders gelagert. Aus dem obigen Bild, das bei meinem morgendlichen Jogging entstanden ist, geht die starke Widerspiegelung von Licht und Schatten hervor. *Ein Spiel von Schatten und Licht!* Wer würde nicht einsehen, dass die Schönheit, die Kraft dieses Bildes nicht gegeben wäre, würde es nur das Licht, die Helligkeit geben? Auf der einen Seite würde der Schatten längerfristig nach Kälte oder Monotonie neigen. Andererseits wäre irgendwie die Helle wünschenswert, dennoch wäre das Ganze nicht mehr reizvoll. Das **Magische** würde verschwinden! *Ist es aber nicht so, dass das menschliche Leben nicht wirklich ganz gut auskommt ohne das Magische?* Ein Moment, der meistens alle Worte redundant macht. Nun, ich verstehe das Magische als das Nichthandhabbare, das in der Unmittelbarkeit unserer Erfahrung Erlebte und nichtsdestotrotz Unverfügbare. Um es noch einmal zu unterstreichen, das ist mein Verständnis der in diesem Buch angepeilten **Mystik der Sinne**. Es handelt sich um das mir in der Unmittelbarkeit der Begegnung mit Naturphänomenen Widerfahrende und dabei mich überwältigend Umgreifende. Es wäre allerdings unmöglich zu dieser Ergreifung gekommen, wenn es nicht so etwas wie einen **Resonanzbogen in mir** gegeben hätte, einen Resonanzpunkt. Die Erklärung des deutschen Neurobiologen Joachim Bauer hilft uns besser verstehen, was mit diesem Resonanzpunkt gemeint ist. „Resonanz heißt: Etwas wird zum Schwingen oder Erklingen gebracht. Die Fähigkeit des Menschen zu emotionalem Verständnis und emotionaler Empathie beruht darauf, dass sozial verbindende Vorstellungen nicht nur untereinander ausgetauscht, sondern im Gehirn des jeweiligen Empfängers auch aktiviert und spürbar werden können. Es muss demnach ein System wirksam sein, das den Austausch von inneren Vorstellungen und Gefühlen bewerkstelligen und außerdem die ausgetauschten Vorstellungen im Empfänger zu einer Resonanz, also zum Erklingen, bringen kann."[76] Was erklang denn in mir, so ist zu fragen, bei meinem morgendlichen Jogging in dem Augenblick, in dem mich das Wechselspiel von Schatten und Licht fesselte, sodass ich stehenbleiben musste und

---

76 Bauer, Joachim (2016): Warum ich fühle, was du fühlst. Intuitive Kommunikation und das Geheimnis der Spiegelneurone. 25. Auflage, Wilhelm Heyne Verlag. München. S. 21.

mein Handy aus der Tasche nahm und fotografierte? *Was wird denn in Menschen in ähnlichen Situationen intensiven Erlebens zum Schwingen beziehungsweise zum Erklingen gebracht?* Gibt es vielleicht offensichtlich etwas rein Neurobiologisches, etwas Metabiologisches? Dieser Gedanke an den Resonanzpunkt im Menschen erinnert an die klugen Worte des weltberühmten Viktor E. Frankls, der davon überzeugt war, dass Gott der Partner unserer intimsten Gespräche ist. Aufgrund der Relevanz dieses Zitates werde ich es in der vollen Länge wiedergeben:

„Gott ist der Partner unserer intimsten Selbstgespräche. Das heißt praktisch: Wann immer wir ganz allein sind mit uns selbst, wann immer wir in letzter Einsamkeit und in letzter Ehrlichkeit Zwiesprache halten mit uns selbst, ist es legitim, den Partner solcher Selbstgespräche Gott zu nennen – ungeachtet dessen, ob wir uns nun für atheistisch oder gläubig halten. Diese Differenzierung wird eben im Rahmen einer operationalen Definition irrelevant. Unsere Definition verbleibt im Vorfeld der Aufgabelung in die theistische beziehungsweise in die atheistische Weltanschauung. Eine Differenz macht sich erst bemerkbar, sobald das eine Lager darauf besteht, dass es sich eben um Selbstgespräche und nichts als Selbstgespräche handelt, während das andere Lager zu wissen glaubt, dass der Mensch – mag er sich nun dessen bewusst sein oder nicht – eben ‚Zwie'-Sprache hält mit jemandem, und zwar jemand anderem als seinem Selbst. Aber ist es denn wirklich so wichtig, ob die ‚letzte Einsamkeit' eine bloße Schein-Einsamkeit ist oder nicht? Ist nicht vielmehr das einzig Wichtige, dass sie eben die ‚letzte Ehrlichkeit' zustande bringt? Denn sollte es Gott geben, so bin ich sowieso davon überzeugt, dass er es nicht weiter übelnehmen wird, wenn ihn jemand mit dem eigenen ‚Selbst' verwechselt und ihn daraufhin einfach umbenennt."[77]

Die Relevanz dieses Zitates betrifft nicht nur meine Erfahrungen beim Jogging und solche anderen noch, die andere Menschen machen. Es geht zusätzlich um das grundlegende Thema, das ich zu Beginn aufgegriffen habe: Gibt es um des Weltfriedens willen (!)

---

[77] Frankl, Viktor E. (1988): Der unbewusste Gott. Psychotherapie und Religion. 7. Auflage, Kösel-Verlag. München. S. 114–115.

etwas für alle Menschen Verbindendes ganz unabhängig von der Kultur, Religion, Politik und Rasse? Frankl spricht im obigen Zitat davon, dass die gemeinten „intimen Selbstgespräche" sowohl für Theisten als auch für Atheisten gelten. Solche Momente fehlen niemals im Leben eines Menschen! Wir kommunizieren ständig innerlich mit uns selbst. Nicht nur das. Wir leben mit den vielen Bildern der von uns wahrgenommenen Wirklichkeit, die sich tief in unserem Seelengrund abgebildet haben. Natürlich sind es nicht ausschließlich wunderschöne Abbildungen. Nichtsdestotrotz: Wären die negativen im Überhang, wäre es schon längst in uns geplatzt, wäre es schon längst um ungezählte Menschen geschehen! Der Resonanzpunkt muss demnach eine besondere Kraftquelle sein. Was innerlich räsoniert, führt nicht nur zur intuitiven Verschmelzung zwischen dem Menschen und dem von ihm Wahrgenommenen, sondern drängt sich nach außen zum Lobpreis mit manches Mal hörbaren Worten oder auch nur im Gefühl. Das uns spontan Überwältigende kann uns in seiner Erhabenheit zum unbeschreiblichen Glücksmoment führen. Es gehört aber zum Religiösen, dass es uns eine nicht funktionalistische und nicht funktionalisierbare Erfüllung verschafft.

Was der große katholische spirituelle Schriftsteller Henri J.M. Nouwen mit dem Buchtitel *Die Kraft seiner Gegenwart* über das „Leben aus der Eucharistie" geschrieben hat, wäre durchaus übertragbar auf das in diesem Buch von mir angepeilte Ziel einer Mystik der Sinne. Er schreibt: „Das Geheimnis der Liebe Gottes besteht darin, dass unsere brennenden Herzen und unsere aufnahmebereiten Ohren und Augen die Fähigkeit bekommen, ihn, den wir in der Intimität unserer Häuser kennengelernt haben, immer wieder neu zu entdecken, wie er sich uns in den Armen, den Kranken, den Hungrigen, den Gefangenen, den Flüchtlingen und allen verängstigten Menschen offenbart."[78]

---

78 Nouwen, Henri J. M. (1994): Die Kraft seiner Gegenwart. Leben aus der Eucharistie. Aus dem Amerikanischen übersetzt von Bernardin Schellenberg. Verlag Herder. Freiburg im Breisgau. S. 83.

Können wir aber nicht statt „wie er sich uns in den Armen, den Kranken, den Hungrigen, den Gefangenen, den Flüchtlingen und allen verängstigten Menschen offenbart" mit Recht und Fug sagen, „wie er sich uns in den vielfältigen Naturphänomenen offenbart"? Die unquantifizierbare Größe des Menschen– eines jeden Menschen! – steht gemäß der biblischen Kunde außer Zweifel (vgl. Gen 1,26–27; Ps 8,5–10). Wenn es gerade im Vers 10 des Psalms 8 heißt, „HERR, unser Herr, wie gewaltig ist dein Name auf der ganzen Erde!", so ist dieses Staunen über die Gewaltigkeit des göttlichen Namens, das will heißen, seiner spür- und erlebbaren Präsenz in der Schöpfung, nicht zu begrenzen auf den Menschen, unbeschadet seiner Gottebenbildlichkeit. *Die Psalmen 104 und 148 veranschaulichen durch ihre reichen Bilder die Intensität göttlicher Präsenz in der Schöpfung.* Sie sind ein „Lobpreis auf den HERRN, den König des Kosmos" beziehungsweise ein „Loblied auf den Schöpfer". *Immer geht es darum, dass die Gottfülle, seine Herrlichkeit, in unserer Welt spür- und erfahrbar ist.* Am 10. April 2017 postete ich auf Facebook mit einem selbstgemachten Foto vom Sonnenaufgang folgenden Text: „Wenn WIR– vor allem jedoch die gegenwärtige Weltpolitik – etwas vom SONNENAUFGANG lernten – SONNENENERGIE GENUG FÜR ALLE –, wäre der FRIEDE KEINE UTOPIE MEHR! Let's start IN THE URGENCY OF NOW!!!" Und am 28. März 2018 „musste" ich wieder posten: „This morning is meant for YOU! Just think of the UNIMAGINABLES IN ALL THEIR HIDDEN POTENTIALS – FOR YOU! And now for my German speaking FB-Friends: Dieser Sonnenaufgang will DEINEN Tag gesegnet haben und sein lassen! Verrichte DEINE Verpflichtungen IN GOTT!" Wie oft war diese meine zweifache Strategie: Fotografisch aufsaugen, was ich physisch nicht länger als den Augenblick haben kann, in dem ich es erlebe, und in eine Welt oft voller Traurigkeit ob der niederschmetternden Erfahrungen von Ungerechtigkeit, Ausgrenzung und Suprematsgehabe andere Sinnbezüge in ihrer trostvollen Kraft hinauszuposaunen. Dabei dachte ich immer wieder, es sei doch eine Art– meine Art – einer **Weltseelenpastoral**. *Wenn ich bestimmte Bilder der Naturphänomene* *gepostet habe und poste, war und bin ich von der tiefen Überzeugung getragen, dass ein Perspektivenwechsel in der Intensität unserer Weltwahrnehmung letztendlich nicht ohne große Bedeutung ist für das friedliche Zusammenleben der Menschen wie auch für die sinnvolle Gestaltung der Welt in der Selbstverantwortlichkeit.* Hat Papst Franziskus in seiner Enzyklika „Laudato Si" nicht zur Genüge eine „Kultur der Achtsamkeit" (vgl. Nr. 231) gegenüber der Schöpfung eingefordert? Oder wenn er beim dringend erforderlichen Umgang mit der Schöpfung den Schlüsselbegriff „Mysterium" in Verbindung mit der immanenten Transzendenz Gott bringt (vgl. Nr. 210), dann erblickt er darin die Notwendigkeit einer *Ethik der Pädagogik*, die den Menschen [allen Menschen!] helfen sollte, im Geist der Solidarität, der Verantwortung und des Mitgefühls zu wachsen.

Die Absicht dieses Buches entspricht durchaus der Grundintention dieser Umweltenzyklika, welche bei Millionen Menschen eine große Resonanz gefunden hat, ganz unabhängig von ihrem Religionsbekenntnis. *Demnach stellt die Schöpfungsspiritualität eine alle Menschen dieser Erde verpflichtende Friedensstrategie dar, denn es geht nicht mehr um Partikularinteressen, sondern um das Überleben der Generationen der Menschheitsfamilie.* Wenn dies kein verbindendes Anliegen wäre! Es ist in diesem Sinnzusammenhang, dass ich ein etwas längeres Zitat von *Thomas Merton* heranziehe. Er schreibt über das kontemplative Leben, das dem Gebetsleben gleichkommt:

„Im kontemplativen Leben ist es sehr wichtig, die Kontemplation nicht zu sehr zu betonen. Wenn wir ständig das Schwergewicht auf Dinge legen, die sich naturgemäß nur sehr selten erreichen lassen, übersehen wir leicht die echten Erfahrungen des Alltags, die Dinge, an denen wir uns wirklich freuen, die uns glücklich machen und für die wir Gott danken können. Die gewöhnlichen Dinge des Alltagslebens, der Glaube und die Liebe, mit denen wir unser normales menschliches Leben leben, liefern die Grundlage, auf denen sich jene höheren Dinge überhaupt erst aufbauen. Wenn kein Fundament gelegt ist, haben wir überhaupt nichts! Wie sollen wir die höheren göttlichen Dinge kosten, wenn wir nicht einmal in der Lage sind, uns an einigen einfachen Dingen zu erfreuen, die Gott uns als Geschenke auf den Weg gelegt hat. Erfreuen wir uns an

ihnen, dann werden wir auch imstande sein, zu selteneren Erfahrungen vorzudringen."[79]

Diese **Alltagsspiritualität** ist nach meinem Dafürhalten nicht ohne eine große Selbstwirksamkeit, wenn es auf der weltpolitischen Bühne darum geht, eine Ausschau nach nachhaltigen Verbindlichkeiten zu halten. *Eine Mystik der Sinne, wie ich in diesem Buch propagiere, könnte auch mit Treffsicherheit als eine „Ökumene des Lebens" charakterisiert werden.* Es handelt sich um die gleiche „Weltökumene des Lebens", wenn *Hans Küng* in seinem vielgelesenen Buch *Projekt Weltethos* die „Solidarität mit der Umwelt" von den religiösen, politischen und wirtschaftlichen Akteuren einfordert. Er schreibt: „Es muss für das nächste Jahrtausend ein Weg gefunden werden in eine Gemeinschaft der Menschen mit allen Kreaturen, in der auch deren Rechte und Integrität geachtet werden:
- weg von der Trennung zwischen dem Menschen und der übrigen Schöpfung,
- weg von der Herrschaft des Menschen über die Natur,
- weg von einem Lebensstil und aus wirtschaftlichen Produktionsweisen, die die Natur schwer schädigen,
- weg von einem Individualismus, der die Integrität der Schöpfung zugunsten privater Interessen verletzt.
- Notwendig ist eine naturfreundliche Weltordnung!"[80]

Um es im Kontext der Motivation des vorliegenden Buches ganz plakativ auszudrücken: Ein Plausibilitätskriterium einer echten Gottsuche – im Allgemeinen – und einer christlichen Spiritualität müsste die Liebe zur Schöpfung sein. Darin läge der effektivste Ansatz für eine nachhaltige Bewältigung des Klimawandels, unter dessen Gewicht bereits viele Länder stöhnend leiden.

---

79 Merton, Thomas (1992): Im Einklang mit sich und der Welt. Contemplation in a World of Action. Aus dem Amerikanischen und mit einer Einführung von Georg Tepe. Diogenes Taschenbuch. Zürich. S. 213.
80 Küng, Hans (1990): Projekt Weltethos. R. Piper GmbH & Co. KG, München. S. 95.

ÜBERSCHWANG DER SINNLICHKEIT

(Foto von Sabine A. Krammer; Sonnenaufgang mit Farbenspiel)

Bleiben wir jedoch bei diesem sinnenhaften Begriff der „Augenweide". Das konstante, ja, das aufdringliche Bild in diesem erlebnishaften Wort ist das Weideland; es ist das Weideland der gelassenen Heiterkeit oder der heiteren Gemütsruhe. Der Mensch kommt zu sich selbst, indem er sich innerlich gesammelt fühlt. Diese Art **Selbst-Erlebnis** hat etwas mit der Weite des Weidelands zu tun. Eine solche erlebte Weite des Weidelands korrespondiert mit der Expansivkraft der Seele. Sie zeigt sich in der Dichte des Erlebnisses als die **Heimat der Seele**. *Heimat ist aber dann wirklich nur dann Heimat, wenn das Paradoxon eines ihrer Charakteristika erkennbar ist: dass sich der Mensch in der gegebenen räumlichen Eingrenzung dennoch in der Grenzenlosigkeit seines geistigen Wesens erfährt.* Die hier gemeinte **Grenzenlosigkeit** ist keineswegs eine Art Diktatur der Freiheit, sondern ganz im Gegenteil. Es handelt sich um eine genuine Grenzüberschreitung *trotz* der Erfahrung der Grenzen. Wer gern Bergwandern geht, wird immer wieder Zeugin oder Zeuge von der Macht jener gelassenen Heiterkeit, die von einem Weideland ausgeht. Da laden manche Plätzchen **plötzlich** zum Bleiben ein. Es **überwältigt** die Wanderin oder den Wanderer das Gefühl der Selbstvergessenheit. *Das Geschaute prägt sich uns ein und wird zu einer fröhlichen Farbe unserer Seele.* Natürlich können Menschen auch in den Bergen einem starken Wind und einem Bodennebel ausgeliefert sein. Obwohl nicht wirklich lustig, entsteht dessen ungeachtet eine Aura des sanften Geheimnisses, eine Atmosphäre der Mystik inmitten solcher äußerlichen Unbehaglichkeit. Bei einem günstigeren Wetter ist es aber eine völlig andere Erfahrung. *Im vollen Schweiß des Aufstiegs erleben Menschen bei ihrer Ankunft in den Bergen nicht nur das Wohlgefühl, es geschafft zu haben, sondern die Durchlässigkeit jeder Faser am Körper sowie die entspannte Gelassenheit des Geistes. Alle Poren der Haut scheinen wie Orgelpfeifen, die ihre lautlosen Melodien gen Himmel schicken. Die Streicheleinheiten der Windbrise werden zu einer spirituellen Erfahrung der Unmittelbarkeit, die den ganzen Menschen meint. Es ist nicht selten, dass sich Menschen unterwegs in den Bergen in ihrem Ur-Gewollt-Sein erleben.* Eine spirituelle Erfahrung einer Freiheit ohne einen verkrampften Kampf um die eigene Daseinsberechtigung. Alles scheint zu einem Stillstand gekommen zu sein. *Henri Boulad* drückt diese urpersönliche Erfahrung inmitten der Berglandschaft so aus: „Ich weiß nicht, ob es Ihnen zu manchen Stunden wie mir ergeht, dass Sie vor einem bestimmten Naturpanorama von einer seltsamen Sehnsucht erfasst werden. Angesichts dieser besonderen Schönheit verspüren Sie das Verlangen nach Teilnahme an diesem Leben – und vor allem nach Dauer. Sie weigern sich, an den nahenden Abschied zu denken, Sie möchten dieses Stück Gottesschöpfung mit beiden Armen umgreifen und festhalten können."[81] Das ist ein unbeschreiblicher

---

[81] Boulad, Henri (2005): Der Mystische Leib. Kosmischer Zugang zur Eucharistie. Übersetzt aus dem Französischen und herausgegeben von Hidda Westenberger. 5. Auflage, Otto Müller Verlag. Salzburg. S. 10.

Augenblick mit einem hervorragenden existenziellen Gewicht. *Allein der Augenblick ist das, was zählt und Gewicht hat.* Im Wort Gewicht klingt so etwas wie eine **Naturmystik** an. *Ohne Worte erklärt sich der Mensch mit allem einverstanden.* Er ist gesammelt und gibt seine Zustimmung – unaufgefordert. Dieses Einverstanden-Sein ist ein innerer Vorgang, der verbunden ist mit einem unangestrengten Drang nach Eins-Sein. Dieser Vorgang des aufnahmebereiten Herzens wird von *Boulad* sehr plakativ beschrieben: „Ich will diese Augenweide ganz in mich aufnehmen können, damit sie ein Teil von mir selber werde, für immer mit mir vereint. Wo gründet ein solches Verlangen? Ich meditiere, und es wird mir bewusst, dass die Natur die Verlängerung meiner Glieder ist und die Ausdehnung meines Herzens, meines Gemütes und meiner Sinne. Ich fühle, dass ich grundsätzlich eines Wesens mit ihr bin, und solange ich sie nicht vollständig assimiliert habe, empfinde ich Unvollkommenheit, also ein Unbehagen. Ich fühle sogar eine Leere in mir, die sich vergrößert, je bewusster mir wird, dass mir dieses Integrationsvermögen fehlt."[82] Der Trappistenmönch *Thomas Merton* findet ähnliche Worte für die wunderschöne Beschreibung dieser Selbst-Erfahrung: „Im Einklang mit sich und der Welt."[83] Das Weideland wird zu einer Objekt-Erinnerung an die besondere Fähigkeit des Geistigen im Menschen gegeben: *Gebunden in der Ungebundenheit.* Ist diese Erfahrung aber nicht die eigentliche Erfahrung der Freiheit? Das Bild des Weidelands, zu dem uns das Sprichwort von „Augenweide" geführt hat, enthält das eigentliche Verständnis menschlicher Freiheit. Es ist meines Erachtens schier unmöglich, die menschliche Freiheit zu bedenken ohne Fähigkeit zum Staunen. *Ich bin davon überzeugt, dass der Mensch am authentischsten ist, wenn und wo er im Staunen ist.* Denn: Ist das Staunen nicht ein solcher Augenblick,

---

82 *Ebd.*, S. 10–11.
83 Merton, Thomas (1992): Im Einklang mit sich und der Welt. Contemplation in a World of Action. Aus dem Amerikanischen und mit einer Einführung von Georg Tepe. Diogenes Taschenbuch. Zürich.

in dem der Mensch ganz bei der Sache ist? Ein Augenblick, in dem er von sich selbst loskommt? Gehört es aber nicht zur eigentlichen Authentizität des Menschen, wenn er von sich selbst loskommt? *Unbeschreiblich und unglaublich fesselnd schön ist, wenn sich der **Mensch im Kosmos** eingebettet fühlt und von einer kosmischen Kraft beschützt und getragen weiß.* Wenn er nicht um sich selbst kreist? „Und von uns selbst loskommen tun wir doch eigentlich immer nur, wenn wir uns einer bestimmten Sache oder einem anderen Menschen hingeben."[84] Das kann die Macht der Bilder schaffen. Es kann schon sein, dass gerade auf diesem Gebiet die Künstlerinnen und Künstler mit ihren Bildern, die sie bei vielen Ausstellungen zeigen, zu Geburtshelferinnen und Geburtshelfern werden. **Hebammen der Freiheit!** Eine Freiheit, die in sich die Fähigkeit und die Notwendigkeit birgt, die engen Grenzen des Alltäglichen, das heißt, der Gewohnheiten zu durchbrechen; in den Bildern einen neuen Horizont des Denkmöglichen erschlossen erhalten zu haben.

Folgendes Bekenntnis gehört zu meinem Wachstumsprozess, bei dem ich ernstlich hoffen darf, dass er noch nicht am Ende angekommen ist. Als ich nämlich im Jahr 1983 nach Österreich gekommen bin, habe ich weder zur Malerei noch zu Gemälden eine persönliche Beziehung gehabt. Sie waren nicht meine Welt in meinem Heimatland (Erstheimatland!) Nigeria. Als mich eines Tages ein Freund im Priesterseminar dazu einlud, mit ihm zu einer Kunstausstellung zu gehen, konnte ich mir nicht wirklich sehr viel darunter vorstellen. Meine einzige Motivation mit ihm hinzugehen war lediglich sein persönliches Interesse an mir. Ich spürte seine Begeisterung darüber, mich irgendwie in eine **neue Welt** in dieser mich fesselnden Metropole Wien einweihen zu wollen. Offensichtlich spürte er immer schon meine Wissbegierde. Es war auch in der Tat meine zusätzliche Motivation, mit ihm hinzugehen. „Es könnte ja nicht schaden", dachte ich mir laut.

---

84 Oster, Bischof Stefan und Seewald, Peter (2016): Gott ohne Volk? Die Kirche und die Krise des Glaubens. Droemer Verlag. München. S. 213.

Angekommen in jenem wunderschönen Saal der Ausstellung in einem atmenden Altgebäude imponierten mir viel weniger die Bilder als vielmehr die Gebäudearchitektur. So schlenderte ich von einem Raum in den anderen und blieb keine zwei bis drei Minuten bei den „wunderschönen" Bildern. Das alles hat sich längst bei mir im Laufe meines nun über drei Jahrzehnte dauernden Lebens in Österreich eingeprägt! Ich lernte, den Worten unterschiedlicher Hauptredner bzw. Hauptrednerinnen zu lauschen und zwischen den Zeilen ihrer Ansprachen die historischen, lebensgeschichtlichen und künstlerischen Sinngehalte herauszuhören. Es dauerte zirka über zehn Jahre, bis ich eine persönliche innere Brücke zu Bildern habe aufbauen können. Seit diesem meinem persönlichen Angekommen-Sein bei den Ausstellungsbildern habe ich einen wohltuenden Zugang zu meiner Erfahrung der Selbsttranszendenz sowie zu einer natürlichen Erfahrung der Wirklichkeit der Transzendenz, zur Gotteserfahrung in den Bildern.

Heute gehören solche Ausstellungen zu meinem katholischen Verständnis der Spiritualität. Es mag schon sein, dass es „gute" und „schlechte" Kunst gibt, wie ich immer wieder von manchen Kunstbewanderten in meinem Bekanntenkreis bzw. Freundeskreis zu hören bekam. Ich bin aber auch darüber sehr glücklich, dass ich mich von solchen Beurteilungen habe befreien können. *Mir geht es seit vielen Jahren immer weniger um die ästhetische Qualität als vielmehr um die Erschließung von unterschiedlichen Perspektiven der Wirklichkeit.* Es ist immer wieder ein faszinierendes Phänomen, bei Ausstellungen zu beobachten, wie Menschen in ihrer Unterschiedlichkeit bei unterschiedlichen Bildern in der Betrachtung bestimmter Bilder selbstversunken sind. Es sind meiner Ansicht nach Augenblicke der Selbsttranszendenz. Nun ist die Frage sehr spannend: *Wohin aber mit dieser Selbsttranszendenz? Wo überschreitet sich der Mensch hin, der sich vor bestimmten Bildern an der Wand vergisst? Ist es nicht so, dass sich Schauen und Staunen vermischen zu einer Sinnausrichtung? Dass in Schauen und Staunen eine Gegenwart aufleuchtet, die den Menschen tief in seinem Seelengrund berührt?* Es muss jedoch etwas Größeres sein als das in der Unmittelbarkeit Geschaute. Ich verstehe diese selbstwirksame Qualität eines Gemäldes als eine kunstbasierte Transzendenz. Ein Atheist oder eine Atheistin, ein Agnostiker oder eine Agnostikerin, ein spiritueller Mensch, der nicht unbedingt ein Christ oder eine Christin sein muss, kann dieser Art der Transzendenzerfahrung unterschiedliche Namen geben. Es hätte seine Berechtigung! Für einen Christen oder eine Christin ist die Transzendenz jedoch nichts Freischwebendes, und nicht weniger etwas Anonymes. Transzendenz meint die Gotteserfahrung. Es ist äußerst selten, dass sich eine Künstlerin oder ein Künstler mit seinem Bild identifiziert, es sei denn, dass sie sich bzw. er sich porträtiert hat. Im Grunde genommen muss die Künstlerin oder der Künstler *von der Wirklichkeit* – imaginiert oder real – *nehmen*, um das, was sie bzw. er genommen hat, darstellen zu können. In der Transzendenzerfahrung verhält es sich aber viel anders. Wenn die Transzendenz für einen religiös-gläubigen Menschen mit der Gotteserfahrung ident ist, so lässt sich Gott in seinen Werken finden. Natürlich ist die gemeinte Identifikation keine Verschmelzung, sondern vielmehr eine „souveräne Immanenz". Mit dem Begriff der „souveränen Immanenz" der Transzendenz meine ich, dass, obschon Gott in seiner Schöpfung (Gottes Gemälde, bildlich gesprochen), also in seinen Werken, gegenwärtig ist, er jedoch nicht in ihr bzw. in ihnen gänzlich aufgeht. *Das Spannungsverhältnis bleibt! Und das macht die christlich-katholische Spiritualität, ja, Mystik der Sinne aus.* Geradezu in diesem Sinnzusammenhang fällt mir die Bibelpassage beim Propheten Jesaja ein, wo diese „souveräne Immanenz" Gottes mit Nachdruck zum Tragen kommt: „Meine Gedanken sind nicht eure Gedanken und eure Wege sind nicht meine Wege – Spruch des HERRN. So hoch der Himmel über der Erde ist, so hoch erhaben sind meine Wege über eure Wege und meine Gedanken über eure Gedanken. Denn wie der Regen und der Schnee vom Himmel fällt und nicht dorthin zurückkehrt, ohne die Erde zu tränken und sie zum Keimen und Sprossen zu bringen, dass sie dem Sämann Samen gibt und Brot zum Essen, so ist es auch mit dem Wort, das meinen Mund verlässt. Es kehrt nicht leer zu mir zurück, ohne zu bewirken, was ich will, und das zu erreichen, wozu ich es ausgesandt habe." (Jes 55,8-11)

Dieser Begriff aus dem Alltag ist sehr bestimmend für das Ziel dieses Büchleins, das Sie in der Hand halten – und hoffentlich mit Freude lesen. Denn es will Sie zu einem Experiment der Selbstwerdung auf den einfachen Feldwegen des Lebens einladen. Wie wichtig sind doch solche Feldwege in einer Zeit, in der sich das Leben der meisten Menschen wie auf den Autobahnen abspielt, auf denen die verkehrspolizeilichen Geschwindigkeitsbegrenzungen zumeist ignoriert werden! Auf den Autobahnen des Lebens lassen die meisten Menschen mit ihren von Karosserie und Motor her gepanzerten Autos nicht zu, dass andere sie überholen. Darum ist auch die Überholspur äußerst selten frei. Genau das Gegenteil passiert einer bzw. einem auf den Feldwegen. Wer sich für einen Feldweg entscheidet, fährt notwendigerweise langsam, aber nicht wirklich, weil es eine Geschwindigkeitsbeschränkung gibt, sondern vielmehr, weil er oder sie für eine andere Wahrnehmung bereit ist. *Wer sich für die Benutzung eines Feldweges entscheidet, sehnt sich nach anderen Erfahrungen und wird mit der konkreten Erfahrung der Selbstheilungskraft der ruhigen Natur konfrontiert.* Er oder sie kann gar nicht anders, als sich auf der Fahrt inmitten der Kontemplation zu befinden. *Thomas Merton* beschreibt diese Erfahrung wie folgt: „Besser wäre es, im Garten an einer Blume zu riechen oder dergleichen zu tun, als mit einer vermeintlichen Erfahrung auf einer hochgeschraubten geistlichen Ebene leben zu wollen. Besser wäre es, sich aufrichtig am Licht der Sonne oder an leicht verdaulicher Lektüre zu erfreuen, als den Anspruch zu erheben, mit etwas in Kontakt zu stehen, mit dem man letztlich doch nicht in Berührung ist. Im kontemplativen Leben ist es sehr wichtig, die Kontemplation nicht zu sehr zu betonen. Wenn wir ständig das Schwergewicht auf Dinge legen, die sich naturgemäß nur sehr selten erreichen lassen, übersehen wir leicht die echten Erfahrungen des Alltags, die Dinge, an denen wir uns wirklich freuen, die uns glücklich machen und für die wir Gott danken können. Die gewöhnlichen Dinge des Alltagslebens, der Glauben und die Liebe, mit denen wir unser normales menschliches Leben leben, liefern die Grundlagen, auf denen sich jene höheren Dinge überhaupt erst aufbauen."[85] *Ich bin schon seit längerer Zeit zu der erfreulichen Erkenntnis gekommen, dass die [christliche] Spiritualität nicht wirklich darin besteht, eine hohe Kunst des Menschenunmöglichen mit größter Anstrengung zu erlernen, sondern vielmehr hat sie damit zu tun, zu erlernen, im Alltag den Blick für das „Unwahrscheinliche" und „Unglaubliche" zu schärfen und darin eine Freudenquelle zu entdecken.* Der Vielfalt sind hier keine Grenzen gesetzt!

Der Baum ist ein fast in allen Kulturen vorkommendes Symbol für das Leben. Nicht umsonst heißt es auch in Bezug auf die Genealogie „Familienbaum" oder „Stammbaum". Je nachdem, wie weit zurück eine betreffende Familie ihre Ursprünge verfolgen möchte, kann der **Familienbaum** skizzenhaft dargestellt werden oder auch nach der Größe der Familie in einer benötigten Ausführlichkeit. Nun gibt es in natura bestimmte Bäume, die zum Nachdenken stimmen. Sie werden zu Symbolen der Erinnerung; Erinnerung an unsere Ursprünge. Ich muss aber betonen, dass das nicht für jeden Menschen gleich ist. Unsere Fähigkeit der Wahrnehmung ist unterschiedlich. Genauso unterschiedlich sind auch unsere Interessen. Daran ist auch überhaupt nichts auszusetzen! Hervorheben will ich nur die Tatsache, dass es zwischen Sehen und Sehen einen guten Unterschied gibt. Manche Menschen haben das Lebensgeschenk, dass sie tiefer schauen können als andere; dass sie sich von Dingen leichter berühren lassen können als andere. Ihr Mitgefühl [wenn ich so ausdrücken kann und darf] ist relativ oder besonders gut ausgebaut. In der Natur sind sie üblicherweise sehr durchlässig für bestimmte Erfahrungen, wohingegen andere überhaupt nichts in dem Ausmaß „merken" würden. Es spricht allerdings nichts dagegen, dass sich in einem Menschen irgendwann die Fähigkeit der Achtsamkeit entwickeln könnte, ja, kann. Was Not tut, ist die Fähigkeit zum Staunen; die Fähigkeit, im sogenannten Naturgesetzlichen das Wunder der Natürlichkeit

---

85 Merton, Thomas (1992): Im Einklang mit sich und mit der Welt. Contemplation in a World of Action. Diogenes Taschenbuch Verlag. Zürich. S. 212-213.

zu schauen. Dabei wird der Natürlichkeit kein Abbruch getan. Sie bleibt zwar in ihrer Natürlichkeit, wird allerdings im gleichen Atemzug zum Tor des Metaphysischen. Andersherum: Die Sinnlichkeit enthält und enthüllt den schaufähigen Augen den Keim des Übersinnlichen. Als ich im Jahr 2008 auf Besuch in Deutschland war, konnte ich bei einem Schlendern durch einen Park nicht umhin bei dem Baum stehenzubleiben, den ich unten abgebildet habe. Er passt zu jener Wirklichkeitserfahrung, die ich in diesem Buch als Mystik der Sinne charakterisiere. *Im Schauen ist immer mehr zu sehen!*

[Foto: Ndubueze Fabian Mmagu, Husun, Deutschland, 2008.]

GAUMENFREUDE – EINE NAHRUNG FÜR DIE AUGEN

„Die Augen essen noch vor dem Mund." Dieser Spruch stammt aus der Volksweisheit der Igbos im Südosten Nigerias. Es ist ein Volk, dessen Sprache sehr musikalisch und bildreich ist; eine beschreibende Sprache. Beispielsweise, mystisch ausgesprochen, heißt es: „Ich höre die Bäume sprechen." Gemeint ist, dass etwas Besonderes in der Luft liegt (wie auch sprichwörtlich in Österreich gesagt wird). Die „sprechenden Bäume" stehen für einen Hinweis auf die unmittelbare Notwendigkeit der Wachsamkeit. Auch eine Art Vertrautheit mit der **Mystik der Sinne**.

Die Empiristen haben schon eine grundlegende Wahrheit in der Erkenntnistheorie gut erkannt. Alle Empiristen befanden sich in der Opposition zum Rationalismus, zu einem a priori-Erkennen. Für sie ist die Erkenntnis ein Faktenwissen. Sie ist eine Sinnen-Erfahrung. Es galt und gilt der Vorrang der Sinne vor dem Intellekt. *„Nihil est in intellectu, quod non prius fuerit in sensu"* (*Nichts ist im Intellekt, was nicht vorher in den Sinnen war*) ist das klassische Diktum von *Thomas von Aquin*, und da hatte er schon im Mittelalter allen Empiristinnen und Empiristen der beginnenden Neuzeit, zumal Leibniz, wie auch im 20. Jahrhundert das Wort geredet. Es bedeutet aber auch etwas Besonderes für diese Art der Erkenntnis, wenn der große französische Mathematiker *Blaise Pascal* in seinem Traktat *Pensée* meinte, das Herz habe seine Gründe, die dem schärfsten Verstand nicht zugänglich seien. Später wird wieder der französische Weltsegler und Schriftsteller *Antoine de Saint-Exupéry* in seinem *Der Kleine Prinz* sagen: „Man sieht nur mit dem Herzen gut. Das Wesentliche ist für die Augen unsichtbar."[86]

---

[86] De Saint-Exupery, Antoine (1992): Der Kleine Prinz. Mit Illustrationen des Autors. Ins Deutsche übertragen von Grete und Josef Leitgeb. Verlags-AG. Die Arche. Zürich. S. 72.

Selbst wenn er hier das Herz anspricht im Gegenteil zu der Überzeugung der Empiristinnen und Empiristen, so trifft er genauso ins Schwarze, wenn dabei darunter zu verstehen ist, dass der Rationalismus nicht für alle Lebensbereiche und Erkenntnisse geeignet ist. Der Mensch braucht das Gefühl, um richtig Mensch zu sein. Er hat Empfindungen, die ihm helfen, mit allen Lebewesen verbunden zu sein, vor allem, um mit sich selbst in enger Berührung zu sein.

In diesem Buch geht es um den inneren Zusammenhang von Schauen – Eintauchen– Aufhorchen. Es ist nämlich für unser Leben und letztendlich für das Zusammenleben der Menschen nicht unerheblich, wie es mit unserer Wahrnehmungsfähigkeit, unserer Betroffenheit bzw. Ergriffenheit, und schlussendlich mit unserer Hörfähigkeit bzw. mit unserem Da-zwischen-Sein bestellt ist. Schon im Alltag ist es auffallend, dass beispielsweise Kinder, wenn sie von etwas fasziniert sind und das Ding ihren Eltern zeigen wollen, nicht einfach sagen „Sieh doch!", sondern vielmehr „Schau doch mal!". Gerade dieses „Schauen" ist mit einer Faszination verwoben. Es verlangt nach der ganzen Aufmerksamkeit und nimmt die ganze Person des Kindes in Anspruch. Gerade in der Situation sehnt sich das Kind nach Anteilnahme, nach Einheit im Geschauten. So ähnlich verhält es sich auch mit dem, was man den Alleranfang der Philosophie nennt: das Staunen. Etwas versetzt uns ins Staunen. Es heißt, dass dieses Etwas von uns unterschieden ist und die Macht (Anziehungskraft) in sich enthält, uns in seine Sphäre zu holen. Beim Staunen geht es um eine Art zweidimensionale Ausrichtung: Was den Menschen in Staunen versetzt, besitzt eine nicht in Worte zu fassende Lebendigkeit. Andererseits ist das Staunen-Können eines Menschen ein Zeichen seiner inneren Lebendigkeit. Das Staunen ist ein Zeichen der Lebendigkeit schlechthin. Was uns in Staunen versetzt, holt uns aus der Vertrautheit unserer Alltäglichkeit heraus und eröffnet uns den Raum für Transzendenz. Franz Lackner und Clemens Sedmak erkennen die Notwendigkeit des Staunens nicht bloß im Bereich des Glaubens, sondern zugleich hinsichtlich einer Liebesbeziehung:

„Wenn du etwas Neues machen möchtest, staune täglich wenigstens einmal und setze wenigstens einmal am Tag einen anderen Menschen in Erstaunen. Das hält lebendig, das lässt wachsen. Staunen ist ein Zeichen der Lebendigkeit […] Die Kunst besteht darin, sich an den Bruchstellen des Lebens trotz Ungewissheit auf das Wagnis des Lebens und des Glaubens einzulassen. Das Leben ist ein Wagnis und das Leben in der Liebe und im Glauben ist vertrauensvolle Ungewissheit: Wir können ja auch einen schönen Zusammenhang herstellen zwischen dem Staunen und der Liebe; es ist ein Zeichen lebendiger Liebe, den geliebten Menschen zu überraschen und sich vom geliebten Menschen überraschen zu lassen. Diesen Gedanken kann man schließlich auch auf den Glauben übertragen; es ist Zeichen eines lebendigen Glaubens, sich von Gott überraschen zu lassen."[87]

Tiefenpsychologisch-psychotherapeutisch ausgedrückt besitzt das Staunen, welches uns in den Raum der Transzendenz bringt, zugleich ein hohes Potential für die Festigung der Persönlichkeit oder aber auch für die Heilung einer Persönlichkeitsstörung. Das schafft das Staunen, da es bewirkt, *dass der Mensch den Raum seiner Selbstbezüglichkeit verlässt*. Er füllt alsdann den leer gewordenen Raum mit neuen Lebensinhalten, die vor der positiven Leere keine Chance hatten, in sein Leben *einzuströmen*. Mit diesem Begriff des Einströmens ist angedeutet, *dass wir das gesamte Menschenleben wie einen fließenden Fluss begreifen sollen*. Es ist in der Tat äußerst schwierig, dass der fließende Fluss schmutzig wird. Im Gegenteil: Das Wasser, das nicht fließt, wird schnell zu einem Tümpel, von dem nichts Schönes herauskommt. Logo: Ein Fluss muss einfach fließen! Ein Bild, das uns nun in das Ineinander von Glauben und Staunen führt.

---

87 Lackner, Franz, und Sedmak, Clemens (2018): Kaum zu glauben. Annäherung an Grundworte christlichen Lebens. Tyrolia-Verlag. Innsbruck. S. 134.

DIE UNTRENNBARE ZUSAMMENGEHÖRIGKEIT VON GLAUBEN UND STAUNEN

Meine Erfahrungen in Europa in den vergangenen 37 Jahren würden mir diese pauschalierte Kritik erlauben: Dass der überall beobachtbare Schwund der Praxis des christlichen Glaubens (zumindest aus der Sicht der in der Seelsorge engagierten Hauptamtlichen in der Kirche) damit zu tun haben könnte, *dass die Kunst der ganzheitlichen Wahrnehmung vielen Menschen fehlt.* Das logische Denken scheint alles in den Hintergrund gestellt zu haben. Es ist auch wirklich kein Wunder, bedenkt man doch die ganze Geschichte der Aufklärung, besonders den gewaltigen Einfluss der Philosophie Immanuel Kants. Eine Überbetonung des Verstandes scheint aber auch nicht ohne schwere Folgen geblieben zu sein. Allein schon die zwei psychotherapeutischen Schulmethoden **Katathym Imaginative Psychotherapie** (ein Symbolisierungsprozess) und **Körperzentrierte Psychotherapie** liefern den Beweis dafür, dass es längst mit der Einseitigkeit des Verstandesgebrauchs zu einer „emotionalen Implosion" gekommen ist, was in der weiteren Folge für das Beziehungsgeschehen unter den Menschen eine fatale Auswirkung hat. Die Betonung der Wahrnehmung des inneren Bilderlebnisses sowie die Notwendigkeit des körperlichen Empfindens, die Notwendigkeit also von dem, was sich *im Körper tut*, ist keine Irrationalität, sondern ist um das Grundanliegen bemüht, den ganzen Menschen in den Blick zu bekommen. Auch wenn im folgenden Zitat die Unterscheidung zwischen Körperlichkeit und Leiblichkeit vorgenommen wird, so handelt es sich um die ganzheitliche Sicht über den Menschen. In seinem für mich faszinierenden Buch *Leiblichkeit* schreibt Friedrich Weinreb, was im Zusammenhang mit dem Hauptanliegen dieses Büchleins zu sehen ist:

„*Der Leib atmet die Welt ein, atmet Gott ein. Denn Gott erschafft aus sich die Welt. Und das Wort ist Gott. Das Benennen, das Namengeben ist die Freude, Gott in uns zu haben. Wie also atmen wir? Was löst die Welt in uns aus? Wir denken durch die Welt an uns, an andere, an Luft, Berge, Wasser, an Tiere, an Leben, an Tod, an Unrecht, an Freude, an Glück, an Zeitlichkeit und Ewigkeit. Wir benennen, ohne uns dessen bewusst zu sein, beim Atmen alles in der Welt. Dieses Benennen bildet unser Leben; wir finden daraus den Sinn der Dinge, der Eltern, der Geschwister, der Sippe, der Stadt, des Landes, der Welt, der Religionen, der Wissenschaften, der Kulturen, der Bücher, der Zeitungen, der Schulen. Alles aus der Welt kommt in uns hinein. So entsteht, was man eine Weltanschauung, eine Weltsicht nennt, ein religiöses Gefühl oder der sogenannte Atheismus; man ist liberal, tolerant, fundamentalistisch, verrückt oder weise. Und das kann sich alles auch ändern."*[88]

Gerade diese Unterscheidung zwischen Körper und Leib ist nicht unwesentlich. Körperlichkeit ist ein viel enger gefasster Begriff als die Leiblichkeit. Leiblichkeit ist im Geist des deutschen Philosophen Martin Heidegger in seinem weltberühmten Buch *Sein und Zeit* ein fundamentales „Existential" des Menschen in seinem So-Sein in der Welt.[89] In gewisser Hinsicht wäre dieser Begriff mit *Helligkeit und Durchsichtigkeit* zu umschreiben. Was bedeutet, dass der Mensch durch seine Leiblichkeit dermaßen in der Welt ist, dass ihn buchstäblich alles in der Welt tangiert und er selbst die ihn umgebende Welt in der *Selbstüberschreitung* ganzheitlich *wahrnimmt*. In der Selbstüberschreitung erkennen wir, wie wir vom Ganzen umfangen sind und das Ganze in seinen inneren Zusammenhängen uns *unbedingt* angeht. Hier in dieser erfahrbaren Gegenseitigkeit spielen Welt- und Menschenbild zusammen, die sogar naturwissenschaftlich in die Quantenphysik Eingang gefunden hat und dem Menschen hilft, im Kontext des Zusammenlebens besser zu überleben. Dazu schreiben Hans-Peter

---

88 Weinreb, Friedrich (1999): Leiblichkeit. Unser Körper und seine Organe als Ausdruck des ewigen Menschen. Thauros Verlag. Weiler im Allgäu. S. 37–38
89 Vgl. Heidegger, Martin (1986): Sein und Zeit. Max Niemeyer Verlag. 16. Auflage, Tübingen. Besonders 4. Kap., S. 113ff.

Dürr und Marianne Oesterreicher in ihrem gemeinsamen Buch *Wir erleben mehr als wir begreifen*:

„*Die wesentlichen Konsequenzen der neuen Betrachtungen sollten für alle, auch den Nichtphysiker, sein, dass wir Wahrnehmungen zulassen, die von einer allgemeineren Art sind als die, an die wir uns durch unsere objektive Sprechweise gewöhnt haben. Auf was es ankommt, ist, darauf aufmerksam zu machen, dass wir so, wie wir die Welt betrachten, mit enorm vielen Vorurteilen an sie herantreten, ohne zu wissen, dass wir diese Vorurteile haben. Aber diese Vorurteile sind nicht einfach willkürlich. Sie haben sich entwickelt, weil sie lebensdienlich sind. Das heißt, es ist in den meisten Fällen zweckmäßig und hoch vernünftig, eine solche Auswahl zu treffen. Es ist aber unvernünftig, zu glauben, es gäbe nichts anderes als das. Und insbesondere, wenn ich die Welt verstehen möchte und nicht nur einfach in ihr überleben will, ist es ein guter Hinweis, nicht nur das ernst zu nehmen, was für unser Überleben wichtig ist. Vergessen wir also einmal das Greifen und Begreifen!*"[90]

Mit dem „Greifen" und „Begreifen" verhält es sich aber nicht so im Glauben! Er ist ein ganzheitlicher Vollzug menschlicher Existenz und hat damit zu tun, *dass man bereit ist, sich auf etwas einzulassen, was nicht mehr im Bereich der Berechnung und der unmittelbaren Begrifflichkeit liegt*. Es gehört zum Wesen der Spiritualität, dass ihr Objekt die Objekthaftigkeit verliert und dadurch unserer menschlichen Verfügbarkeit entzogen ist – und bleibt. Andernfalls würde uns etwas Wesentliches fehlen – das beständige Suchen und Staunen. Eher würde der Begriff der **Ergriffenheit** passen als der der Begrifflichkeit, was nicht mehr weit von der Handhabung entfernt ist. Mit dieser Ergriffenheit hängt zugleich das Staunen aufs Engste zusammen. *Etwas „lockt" uns aus unserer engen Mitte heraus und öffnet uns den Blick für das Noch-nicht-Vertraute.* Ein solches Staunen kann zu einem Lobpreis führen, wie dieser im klassischen Lied von Beethoven „Die Himmel rühmen" vorkommt.

---

90 Dürr, Nans-Peter und Oesterreicher, Marianne (2015): Wir erleben mehr als wir begreifen. Quantenphysik und Lebensfragen. Überarbeitete Neuausgabe. Verlag Herder GmbH, Freiburg im Breisgau. S. 38.

Vielleicht wäre es gut, sich immer wieder hinzusetzen, um sich der Transzendenzdynamik dieser Komposition zu öffnen. Zur Erinnerung gebe ich den Text in seiner vollen Länge wieder: „Die Himmel rühmen des Ewigen Ehre, Ihr Schall pflanzt seinen Namen fort. Ihn rühmt der Erdkreis, ihn preisen die Meere, vernimm, o Mensch, ihr göttlich Wort. Wer trägt der Himmel unzählbare Sterne? Wer führt die Sonn' aus ihrem Zelt? Sie kommt und leuchtet und lacht uns von ferne, und läuft den Weg gleich wie ein Held.

Vernimm's, und siehe die Wunder der Werke. Die die Natur dir aufgestellt! Verkündigt Weisheit und Ordnung und Stärke dir nicht den Herrn, den Herrn der Welt? Kannst du der Wesen unzählbare Heere, den kleinsten Staub fühllos beschaun? Durch wen ist alles? O gib ihm die Ehre! Mir, ruft der Herr, sollst du vertraun.

Mein ist die Kraft, mein ist Himmel und Erde; An meinen Werken kennst du mich. Ich bin's, und werde sein, der ich sein werde, Dein Gott und Vater ewiglich. Ich bin dein Schöpfer, bin Weisheit und Güte, ein Gott der Ordnung und dein Heil; Ich bin's! Mich liebe von ganzem Gemüte, und nimm an meiner Gnade teil."

Gern übernehme ich die Entstehungsgeschichte dieses großartigen Liedes aus „WIKIPAEDIA":

„Die Himmel rühmen des Ewigen Ehre ist der Textbeginn einer Dichtung von Christian Fürchte Gott Gellert. Der Titel lautet *Die Ehre Gottes aus der Natur*. Das Gedicht erschien erstmals 1757 in Gellerts Sammlung *Geistliche Oden und Lieder*. Unter demselben Titel liegt der Text auch in einer Vertonung von Ludwig van Beethoven (Opus 48,4) für Singstimme und Klavier vor. Es handelt sich um die Nr. 4 des Liederzyklus *Sechs Lieder von Gellert*, den Beethoven 1803 komponierte. Durch die Bearbeitung von Joseph Dantonello für vierstimmigen gemischten Chor, Orgel und Orchester ist sie eines der bekanntesten geistlichen Lieder geworden. Gellerts Text nimmt in den ersten zwei Strophen Ps 19,2–6 LUT auf, um dann in der Weise der *Natürlichen Theologie* von der Größe und den Wundern der Schöpfung auf die Größe und Anbetungswürdigkeit des Schöpfers zu schließen: Beethoven vertonte nur die ersten beiden Strophen von Gellerts Gedicht. In verschiedenen Bearbeitungen wurden weitere Strophen angefügt, die sich zum Teil frei an Gellerts restliche Dichtung anlehnen."[91] Das vorliegende Büchlein möchte sich auch als eine Lyrik der Mystik verstanden wissen. *Eine Mystik aus der natürlichen Theologie, die den Menschen des digitalen Zeitalters einen persönlichen Zugang zu Gott erschließen möchte.* Der oben erwähnte Psalm Davids (Ps 19,2–6) führt den zur Betrachtung fähigen und bereiten Menschen zu einer persönlichen Wahrnehmung der göttlichen Immanenz inmitten der Welt, die sich aus jüdischer, christlicher und islamischer Sicht als die Schöpfung Gottes versteht. Es geht also auf keinen Fall lediglich um die staunenswerten Gestirne am Himmel. Es geht um die Gottfähigkeit der Schöpfung, deren Teil der Mensch ist. Als ich einem Freund davon erzählte, wie ein Mensch über drei Ecken ein persönliches Gespräch über **Gott und die Welt** führen wollte, hatte dieser sofort mit einem verständnisvollen Blick, einer **körperlichen Zustimmung** bemerkt: „Viele Menschen suchen. Sie suchen nach dem, was trägt." Suchen nach dem, was trägt, das ist offensichtlich der Hunger vieler Menschen, ganz unabhängig vom Alter. Wieder einmal „holte" ich mir eine Art „Bestätigung" meiner Überzeugung davon, dass sich priesterliche Seelsorge nicht und niemals auf das eigene Pfarrgebiet beschränken soll und darf. Viel positiver formuliert heißt es, dass echte priesterliche Seelsorge ein Weltdienst ist. Im gleichen Atemzug jedoch ein Menschendienst, was nichts anderes bedeutet als ein Dienst an dem konkreten Menschen vor mir, an dem konkreten Menschen, dem ich in aller Vorurteilslosigkeit begegnet bin oder eher begegnen sollte. Ich habe die beglückende Erfahrung zum wiederholten Mal machen dürfen, dass in solchen vorbehaltslosen Begegnungen Menschen anfangen können, zu einem Geschenk

---

91 *https://de.wikipedia.org/wiki/Die_Himmel_r%C3%BChmen. Abgerufen am 08.11.18*

der Gotteserfahrung zu werden. Um alle möglichen Missverständnisse allerdings zu vermeiden: Ich sage nicht, dass sie die Gottesbegegnung ersetzen können; ich sage – und weiß mich in der biblischen Tradition verankert –, dass die Inkarnation Gottes im Menschen Jesus von Nazareth ein neues Verständnis von Welt und Mensch gebracht hat. Mit der Menschwerdung Gottes können wir gar nicht anders, als jeden Menschen als Anlass zur Gotteserfahrung zu sehen. So ist es berechtigt, von der **Mystik der menschlichen Begegnung** zu sprechen.

Der Hauptschlüssel zu derartigen Gotteserfahrungen in der Unmittelbarkeit zwischenmenschlicher Begegnungen ist allein die Achtsamkeit. Das andere Wort dafür lautet Mitgefühl. Mitgefühl schenkt unseren Mitmenschen das unmittelbare Gefühl der Geborgenheit und der Zugehörigkeit. Eine neue geistige Heimat wird geschaffen, und im Kontext der entstandenen geistigen Heimat verliert die Angst ihre Macht. Oft geht es um die Angst vor der Selbstveräußerung. Ein Brunnengespräch kann stattfinden, wie dieses zwischen Jesus und der Samariterin am Jakobsbrunnen der Fall war. (Joh 4) Vielleicht ist es gerade das, was der auferstandene Jesus Christus meinte und wollte, als er seine elf Apostel beauftragte, in die ganze Welt hinaus zu gehen, um alle Menschen zu seinen Jüngerinnen und Jüngern zu machen. (vgl. Mt 28,18–20) Aus der Sicht Jesu würde sich die neue Gotteserfahrung durch die unmittelbare Begegnung seiner Apostel (später seiner Jüngerinnen und Jünger) ereignen. *In ihren Denkungsarten, im Reden und Handeln sollen die Menschen den Gott Jesu Christi kennenlernen.*

Dieses Büchlein ist von der Vision und der Mission getragen, solche *Suchenden nach dem Tragfähigen* an meiner ureigenen Art, christliche Spiritualität *umfassender* zu leben, teilnehmen zu lassen. *Es handelt sich um die Fülle,* wie dies Jesus im Bild gemeint hat: „Ich bin gekommen, damit sie [die Menschen] das Leben haben, und es in Fülle haben." (Joh 10,10) Wer würde denn behaupten können, dass es ihm bei allem, was er tut, nicht um diese Lebensfülle geht? Vielleicht ist es aber schon ein wichtiger Hinweis auf eine solche ersehnte Lebensfülle, wenn wir ein paar Redewendungen kurz betrachten:

- „Er oder sie ist im siebten Himmel."
- „Er oder sie hat einen sechsten Sinn."

Gibt es denn wirklich den siebten Himmel oder den sechsten Sinn? Diese Redewendungen unterstreichen eine Wirklichkeitsdimension, die dem menschlichen Verstand allein nicht zugänglich ist. Die Zahl „7" bezeichnet in der religiösen Welt und Sprache die „Fülle". Man versteht in diesem Sinnzusammenhang die Beschränkung der Sakramente des Heils bzw. der Heilung in der katholischen Kirche auf „7". Es sind sieben Knotenpunkte menschlichen Lebens, in denen der Raum für die Gnade Gottes, für sein Heils- bzw. Heilungsangebot wichtig ist. Alle sieben Sakramente unterstreichen ausnahmsweise die Notwendigkeit der Rückbindung menschlichen Lebens an Gott, den Schöpfer des Alls. Sie unterstreichen die Notwendigkeit der Schaffung des Bewusstseins, *dass es Gott als Schöpfer ist, der dem Leben des Menschen Bestand verleiht und in seiner „gesollten" vollen Entfaltung stärkt.*

WENN ES SICH IN UNS DICHTET

Ich gehe davon aus, dass es nicht nur mir so ergeht bei dem, was ich in diesem Abschnitt erläutern werde. Immer wieder passieren mir Erfahrungen, die mir die Sprache verschlagen, und obwohl sie mir die Sprache verschlagen, schaffen sie es dennoch, dass bestimmte gebrochene Worte in mir entstehen, die sich zu kurzen oder auch langen Sätzen ausfalten. Selbst wenn ich also keine Worte finde, befinde ich mich nichtsdestotrotz in einem Wortfluss. Das ist mein persönliches Verständnis von der Dichtung. Darum meine Frage: Wie kann es sich in uns dichten? Ist es nicht der Mensch, der das Subjekt der Dichtung ist? Er kann doch nicht passiv sein. „Wenn es sich in uns dichtet" enthält eine Komponente der Passivität. Der Mensch ist aber alles andere als passiv, wenn es um die Dichtung geht. Er erlebt, reflektiert und bringt auf dem Papier das Erlebte – innerlich oder äußerlich – zum Wort. Gerade die Expressivität gehört wesentlich zum Menschsein. Wie kommt es also, dass sein Tun im Passivum ausgedrückt wird? Meine Erfahrung mit der Dichtung sagt mir, dass nicht alle innenorientierten oder außengeleiteten Erfahrungen zum Gedicht werden. Vielleicht eine Binsenwahrheit, könnte jemand meinen. Oder doch nicht! Es sind immer nur bestimmte Erfahrungen, die mich zum Schreiben „zwingen". Ohne mich nun in der Psychopathologie verlieren zu wollen, würde ich schon eine gewisse Parallele zu „Gedankenzwängen" im Bereich der erwähnten Psychopathologie sehen. Der psychisch erkrankte Mensch wird zu bestimmten Handlungen „getrieben". Es würde nichtsdestotrotz auf eine verallgemeinerte Pathologisierung der Kunst hinauslaufen, würde das Kunstschaffen eines psychisch erkrankten Menschen nicht die gebührende Wertschätzung finden. Es mag schon eigenartig anmuten, Kunst und die psychotische Erkrankung zu vergleichen, wie dies Viktor E. Frankl gemacht hat. Das folgende Zitat hebt allerdings den besonderen Sinngehalt hinter dem kurzen Satz „Wenn sich in uns dichtet" hervor. Frankl schreibt in seinem Buch *Die Psychotherapie in der Praxis*: „Es fragt sich nun, ob die moderne Kunst mit den Produktionen (ich sage absichtlich nicht mit den „Schöpfungen") wirklich geisteskranker Menschen etwas gemeinsam hat, und was diesen gemeinsamen Nenner darstellen mag. Darauf wäre zu antworten, dass sich so mancher Geisteskranke in gewissem Sinn in einer ähnlichen Situation befinden mag wie der moderne Künstler: der Kranke fühlt sich überwältigt vom Erlebnis ‚nie gelebter Welten', und diesem Merkwürdigen und Fürchterlichen gegenüber, das ihm da widerfährt, ringt er um den sprachlichen Ausdruck, und in diesem Kampf kommt er nicht aus mit den Worten der alltäglichen Sprache, und so bildet er denn neue Worte, und diese Wortneubildungen, diese sogenannten Neologismen, sind ein uns Psychiatern geläufiges Symptom bei bestimmten Psychosen. Nun, ähnlich der moderne Künstler, der einer Fülle an Problematik – nicht mehr und nicht weniger als der Problematik unserer Zeit! – gegenübersteht, der sich die überlieferten Formen nicht gewachsen zeigen; was Wunder, wenn er nach neuen Formen greift? Der gemeinsame Nenner, den wir gesucht haben, liegt also in der Ausdrucksnot, der Ausdruckskrise, in der sich beide, sowohl der Geisteskranke als auch der zeitgenössische Künstler, gleichermaßen befinden."[92]

Nun haben wir das Wort, um das es mir bei dem kurzen Satz des „inneren Zwangs" geht: „Wenn es in uns dichtet". Es ist das Wort „Ausdrucksnot" oder „Ausdruckskrise". Geradezu diese innere Erfahrung ist sowohl dem psychotisch Erkrankten als auch dem Künstler eigen. Frankl illustriert mit dem Beispiel einer Kranken, der die Frage über „die Prinzipien oder das Programm ihres Schaffens" gestellt worden ist. Ihre Antwort verblüfft und ist gleichzeitig aufschlussreich: „Prinzipien habe ich keine – das heißt, besser gesagt, vielleicht das eine: äußerste Aufrichtigkeit! Ich male, weil es mich dazu drängt, weil ich malen muss, weil ich zeitweilig besessen bin."Wieder ein anderes Mal gab sie zur

---

[92] Frankl, Viktor E. (1995): Die Psychotherapie in der Praxis. 3. Auflage, Piper Verlag, München. S. 255–256.

Antwort: „Ich weiß auch nicht, warum und wozu ich male – ich weiß nur, dass ich malen muss – deshalb tu ich's."[93] In dieser Gegenüberstellung der Tätigkeit eines psychotisch erkrankten Menschen und eines zeitgenössischen Künstlers liegt die Wahrheit meiner Erfahrung mit der Dichtung. „Wenn sich in uns dichtet" und weil es in uns dichtet, sind wir im Stande, diejenigen Worte zum Ausdruck zu bringen, die von unserer Erfahrung der Weltwirklichkeit herrührend sich in unserer Seelenlandschaft abgebildet haben. *Zuerst kommen die Bilder, dann die Worte!* Andersherum: *Immer verwandeln sich unsere prägenden Erfahrungsbilder in Worte, die nach Ausdruck drängen. Solche Erfahrungen, die von der Bildhaftigkeit in die Worthaftigkeit übersetzt werden, sind meines Erachtens äußerst religiös.* Es ereignet sich in ihnen nicht allein die Erfahrung der Selbsttranszendenz, sondern wir können solche Verdichtungen von Bild und Wort als eine Erfahrung der *Transzendenz* charakterisieren. Die Kontingenz, das also, was nicht sein könnte, wird zu einer „Himmelsleiter"[94]. Es eröffnet sich eine Erfahrung, die über das Gegebene weit hinausgeht. Diese Art der Erfahrung verstehe ich auch als eine **natürliche Spiritualität**. *Gedichte oder Lyrik sind Worte, die uns in der Weltwirklichkeitserfahrung über das Erfahrene weit hinausführen.* Es kommen nun solche Gedichte, die aus meiner eigenen Feder stammen und die zusätzlich ein Stück meiner Art Spiritualität zu leben darstellen. Wo mir ein Bild sinnvoll erschien, habe ich es auch zwecks Anschaulichkeit hinzugefügt. Alle diese Bilder wurden von mir persönlich geschossen. Sie machten etwas Ergreifendes mit mir.

---

93 Ebd., S. 257.
94 Genesis 28,10-18: Es handelt sich bei dieser Bildsprache um die Erfahrung von Jakob, nachdem er das Erbteil seines Bruders mit Hilfe der Mutter Rebekka erfolgreich erschlichen hat. Mitten in der aus der familiären Auseinandersetzung resultierenden Flucht hatte er einen Traum von einer Treppe, die auf der Erde stand und deren Spitze bis zum Himmel reichte. Er machte die Erfahrung der Transzendenz, und die Geborgenheit wurde ihm auf seinem weiteren Weg zuteil.

AM HORIZONT

(MO, 16.02.2017; 06:25 Uhr)
Am Horizont steht nun die aufgekommene Sonne
Über allen Dächern, Türmen und Bergen erhaben
Begrüßt und segnet alle, ob nun noch in ihren Betten
Auf den Straßen des Lebens oder auf den Arbeitsplätzen.

Wärme und Hoffnung bringt sie ungefragt in
So manche erkalteten Herzen und Verhältnisse
Lässt tauen und abfließen in spürbarer Kraft,
Was der Sehnsucht nach gelingendem Leben Gift ist.

Der Menschenblick freut sich im Versteck
Scheut die Schmelzkraft der Verwandlung
Durch den Strahl der Sonne.

Doch sichtbar bleibt am breiten Horizont die Sonne
Und lockt des Menschen Freiheit an
Aus der lauen Gewohnheit des Alltags
Ein beseeltes kraftvolles Neues zu wagen.

[Foto: Ndubueze Fabian Mmagu]

BRUNNEN IM WALDE

O du Mensch aller Menschenkinder dieser Erde!
Vom Staunen über dich kann und will ich nicht wegkommen
In den vielen Menschengesichtern trägst du *das eine* Menschengesicht
In dir allein begegnen und vereinen sich alle Gegensätze deiner Welt.

Weilend im Hause der Vergänglichkeit wohnt *in dir selber* die Unvergänglichkeit
Das Leid der Hölle und die Freude des Himmels finden *in dir allein* ihren Platz
Die Wut der Zerstörung und der Erfindergeist des Guten vermählen sich *in dir* Dir sind die dunkelste Finsternis und die hellsten Sonnenstrahlen nicht fremd und fern.
Die Unruhe ist der Treibstock an deinem Rücken *auf deinem Weg* zum Lebensglück
Kaum bist du an einem Ort angekommen, erschallt die Stimme der Sehnsucht *in dir*
Aufbruch ist das Siegel deines Herzens auf deinen vielen Wegen deines Weltendaseins
Wage es aber, O Mensch, an der Kraftstelle *in dir* den Atem für deine Wanderschaft neu zu holen!

[Foto: Ndubueze Fabian Mmagu]

DIE VOGELPERSPEKTIVE

Der Blick ist der Entscheidungsträger unseres Lebens
In unserer Wahrnehmung von Welt und Menschen
Wenn unser Blickwinkel Worte und Welten schafft
Und Frieden und Krieg in unserem Herzen ihr Nest finden.

Unsere Meinungen und Überzeugungen haben ihre Standorte
Von denen nur wir das Schauen und das Sehen lernen und üben
Die vielen Seiten und Farben des einen verborgenen Lebens
Wenn unsere Seitenblicke die geschaute Wirklichkeit als die Wahrheit vorgeben.

Wir sehen, was sie nicht sehen und sie sehen, was wir nicht sehen.
Ihre Behauptungen prallen unvermeidlich an unseren Behauptungen ab
Das von uns Erkannte verbirgt sich ihrem Erkennen auf ihrem Standpunkt
Und aus dem Streit der Erkenntnis wird die Wirklichkeit zu einer neuen Herausforderung.

Aus der Vogelperspektive wird die weitverbreitete Enge zur Weite des Lebens
Die schnelle Wahrnehmung verwandelt sich in eine selektive Betrachtung
Das Geschaute aus der Vogelperspektive entfaltet behutsam lebendig verborgene Farben
Und die Monotonie der Meinungen wird in der Gelassenheit der Unterscheidung überwunden.

FELS IN DER BRANDUNG

Ich suche, wie alle, die suchen
Und frage, wie alle, die fragen
Wer gibt mir eine Antwort?

Ich zweifle, wie alle, die zweifeln
Und verstumme, wie alle, die verstummen
Wer gibt mir eine Sprache?
Meine Ohnmacht ist ihre Ohnmacht
Ausharren ist unsere Schicksalsgemeinschaft

Wer kennt unter uns einen Hoffnungsschimmer?
Wo alles wackelt und mit Sicherheit bröckelt
Und die Sprache keine Antwort und keine Hoffnung kennt
Bleibt das DU mein Fels in der Brandung.

HINAUFSCHAUEN

Schaut hinauf, immer weiter hinauf!
Lasst herumschweifend Raum für den freien Blick!
Bleibt ja nicht allzu lange Zeit im „schönen" Tal!
Hinauf müsst ihr gehen und schauen können.
Der Aufblick mag jetzt betrübt und lähmend sein
Oder euch die Kraft im Augenblick fehlen
Von allen Seiten seht ihr euch im „schönen" Tal.

Lasst euch aber vom Geschauten immer anziehen!
Ganz oben hängt das Übersinnliche im Irdischen
Der Tote mit dem hängenden Kopf kann nicht tot sein.
Von ihm wirst du aus der Erlahmung des Alltags aufgezogen
Am Gipfel werden Angst und Kraftlosigkeit deine Vergangenheit sein
Im Verweilen in berührter Selbstvergessenheit wird deine Freiheit neu geboren.

[Foto: Michael P., Männerbergtour, Steiermark 2007]

HELLE STREIFEN AM HORIZONT

Aufwachen ohne die Weckuhr zu einem neuen Tag
Mit Wärme und Hoffnung tief und frisch im Herzen
Wo der Kopf die Mühe hat, sich die vielen Gedanken geordnet zu geben
Schon warten die Taten auf den Willen der Umsetzung.

Der Blick nach außen wird zögerlich begrüßt
Von einem Wind, der dem neuen Tag den Kampf ankündigt
Oben am Himmel wollen nicht weichen die trüben Wolken
Und wollen hienieden in Windeseile die aufkommende Hoffnung im Winde zerstreuen.

Doch die Hoffnung auf den neuen Tag regt sich tief im Herzen
Sucht mit neuem Blick in trüben Wolken nach dem Bleibenden
Sie lässt sich nicht zerstreuen und lernt das Schauen in alle Richtungen
Und mitten in den trüben Wolken entdeckt sie helle Streifen für den neuen Tag.

(Foto: Sabine A. Krammer; Sonnenaufgang. Die zarte Macht.)

Als ich dieses Foto beim Aufstehen durch das Fenster meines Schlafzimmers geschossen habe, war der erste Gedanke, der mir kam, die Frage nach der Wahrheit. „Wie groß ist die Wahrheit?" Doch um nach der Größe der Wahrheit fragen zu können, muss man zuvorderst die eigentliche Frage nach der Wahrheit stellen. *Wenn ich allerdings diese Frage stelle, kann ich unmöglich neutral bleiben! Sie wird zur Frage nach der Wahrheit meines Lebens.* Um sie jedoch richtig zu stellen, kann ich gar nicht anders als sie im Gesamtkontext der Weltwirklichkeit, in der ich eingebettet bin, zu stellen. Ist diese Art Fragestellung aber nicht die Frage nach dem Sinn *des* Lebens, die Frage nach dem Sinn *meines* Lebens? Ich kann hier unmöglich in der Allgemeinheit bleiben! Aus meiner Sicht wäre dies der fatale Fehler, den Pontius Pilatus gemacht hat, als er Jesus fragte, was die Wahrheit sei. (vgl. Joh 18,38b) Bezeichnend ist die Antwort Jesu auf die Frage des Pilatus „Also bist du ein König?". *Jesu Verhältnis zur Wahrheit kann unmöglich ein neutrales sein!* Es geht Jesus um das personale Sein, das eine Beziehungsqualität hat. „Ich bin dazu geboren und dazu in die Welt gekommen, dass ich für die Wahrheit Zeugnis ablege. Jeder, der aus der Wahrheit ist, hört auf meine Stimme." (Joh 18,37e) Ich möchte diese Selbstdefinition Jesu in seinem Verhältnis zur Wahrheit dahingehend verstehen, dass der Ort für die tragfähige Erkenntnis der Wahrheit der Alltag ist. Darum geht es mir aber in diesem Buch. Der Alltag ist mit all seinen Sinnangeboten der Ort meiner (unserer) existenziellen Bewährung. Ich ziehe wieder Thomas Merton zu Rat:

„Die Wahrheit des Sonnenscheins, die Wahrheit des Regens, die Wahrheit der frischen Luft, die Wahrheit des Windes in den Bäumen, das sind alles echte Wahrheiten. Und sie stehen uns immer offen. Wir sollten uns ihnen aussetzen, so dass sie uns wirklich helfen können, denn das sind sehr zugängliche Weisen der Wahrheit, und wenn wir uns selber erlauben, mit diesen Formen der Wahrheit, die uns zugänglich sind, beschenkt zu werden, statt sie als bloß natürlich abzulehnen, herabzusetzen und zu verachten, werden wir besser imstande sein, auch an höheren Formen der Wahrheit Anteil zu bekommen, wenn sie uns auf unserem Weg begegnen."[95]

Mitten im Alltag des zu gestaltenden Lebens begegnen wir der Wirklichkeit dieser Welt in ihrer Vielfalt, die verschiedene Gesichter hat und zeigt. Gerade die vielen Gesichter der Wirklichkeit zu entdecken, ist die Herausforderung, vor die wir uns beständig gestellt wissen. Was wir dabei sehen, ist oft nicht wirklich das, was wir sehen. Was wir zu sehen meinen, ist vielleicht oder sogar mit Sicherheit viel mehr, als wir in der Tat sehen.

(Foto von Sabine A. Krammer. Sonnenaufgang; blaues Farbenspiel am Himmel.)

---

[95] Merton, Thomas (1992): Im Einklang mit sich und der Welt. Contemplation in a World of Action. Aus dem Amerikanischen und mit einer Einführung von Georg Tepe. Diogenes Taschenbuch. Zürich. S. 213.

MITTEN IM TRUGBILD DER UNVERGÄNGLICHKEIT

Der Gang durch den Friedhof war nicht beschwerlich aber
bedächtig für die staunende Seele
Vereinzelt und im Cluster stehen die vielen Bäume in der
traurigen Anmut des Herbstes
Des Menschen Verstand künden sie was zu glauben und
anzunehmen ihm schwer fällt
Die dereinstige dunkelgrüne Üppigkeit weicht den fallenden
Blättern im stillen Wind ungewollter Vergänglichkeit
Der Blick und der Verstand finden in der Widersprüchlichkeit
keine Brücke der Versöhnung mehr
Das Ringen und Kämpfen um Macht und Ansehen wollen
draußen im Alltag nicht allein bleiben
Das Trugbild von Gleichheit und Gerechtigkeit findet seine
Fortsetzung am Ort ungewollten ewigen Friedens
Am Friedhof bauen sich vergängliche Menschen aus
Edelsteinen Tempel der Unvergänglichkeit
Eingemeißelt haben sie sich Rang und ruhmreiche Namen in
die toten Steine der Vergänglichkeit der Nachwelt
Auf dem Richterstuhl sitzend wartet schon geduldig und
unbestechlich die Zeit auf das Verfallsdatum
Aber die Bäume auf dem Ort des gerechten Friedens stehen
fest verwurzelt und unbeeindruckt
Und künden leise den *Weisen* mit der Bereitschaft zum Verlust
die Hoffnung auf eine Neuwerdung.

VON GOTT ANGEBLICKT

Mitten in der großen Masse ohne Unterschied
Schaue ich im Vorbeigehen die Masse mit gleichen Gesichtern an.
Der Schauende wird von allen Massengesichtern angeschaut.
Ich, das eine Gesicht, werde von der Gleich-Gültigkeit aller Passanten wahrgenommen.

Schauen ist in der Masse wirklich kein Schauen in gleichgültiger Richtung.
Mitten in der Masse trifft mich unter den vielen gleichgültigen Gesichtern ein Gesicht.
Im Schauen bleibt ein Gesicht unverwandt *das eine* Gesicht.
Nun bleiben zwei Gesichter die Gesichter mit gleich-gültiger Geltung.

Das angeblickte Gesicht blickt mich in ungewollter Gelassenheit an.
Ich bin am Gesicht einmalig in der Einmaligkeit seines Gesichtes.
Mitten in der großen Masse werde ich angeblickt
Von einem Gesicht über die ganze Masse hinweg
Von ihm angeblickt, kann ich sein auf meinem Weg.
Gott blickt mich in der Masse *über die Masse hinweg* an.

FRÜHLING DER SEELE

Der lange Winter ist zu Ende
Die unerträgliche Kälte weicht der Wärme der neuen Zeit
Das Eis bricht auseinander und zerschmilzt unter der Hitze der Sonne
Und fließt unaufhaltsam ab in die kahlen und leblosen Niederungen

Das tot Geglaubte erfährt von den Bergen her ohne Mühe eine Bewässerung
Die kahle Landschaft bricht in einen leisen symphonischen Jubel der Farbenfaszination auf
Die Todestrübung der Seele wird ohne Anstrengung vom Sonnenstrahl angestachelt
Und die Freude über die Helligkeit der Welt wird zur neuen Heimat einer beladenen Seele
Das Verborgene und Vergrabene lichtet sich schon, bricht auf und trägt das Unerträgliche mit neuer Kraft.

(Foto von Sabine A. Krammer; die Faszination der Zärtlichkeit einer Orchidee.)

Die Orchidee ist für mich, seit ich erst in Österreich die Liebe zu den Blumen entdeckt habe, zu einem besonderen *Symbol von Kraft und Zärtlichkeit* geworden. In der Normalität und Häufigkeit der Rose als „Blume der Liebe" habe ich aus teils eigenem Vorurteil und teils aus eigenem Gefühl der Selbstautonomie die Orchidee entdeckt und sie ausschließlich Menschen geschenkt – oft ohne besondere „Anlässe" –, die mich in der Kraft und Zärtlichkeit ihres Wesens tief berührt haben. Dazu gehört meine tiefste Überzeugung im Angesicht der Übersozialisierung des Zusammenlebens der Menschen sowohl in den kleinen als auch in den großen Gemeinden, dass die Normalität nicht selten ein Gift ist gegen die Selbstwerdung des Individuums. Ich habe diesen Gedanken sowohl auf die Mikro- als auch auf die Makroebene der Interaktion unter den Menschen übertragen und mir gesagt, dass nur jene Menschen, die außerhalb des allgemein akzeptierten Raumes der Normalität ihre Gedanken, ihre Wortschätze und ihre Aktivitäten entwickeln, im Stand sein können, ihre Welt, die oft auf positive Veränderungen darbend wartet, zu beeinflussen. Ich habe in der Orchidee die nötige „Soft Power" entdeckt, die so notwendig wäre, um die gemeinsame Welt aus anderen Perspektiven zu gestalten. **Kraft und Zärtlichkeit sind nämlich keine Gegensätze!** Ganz im Gegenteil! Es ist die Zärtlichkeit, die uns einen anderen Zugang zur Wirklichkeit verschafft, weil sie kraftvoll ist. Sie hat nichts gemein mit der Unkultur des Biedermeierstils und mit der Schmeichelei. Es gehört zu ihrem Wesen, dass sie viele Dinge viel anders sieht und zuordnet. *Isabella Guanzini* trifft ins Schwarze mit ihrer Charakterisierung der Zärtlichkeit: „Unter dem Blick der Zärtlichkeit erhellen sich die Menschen und die Dinge in ihrer Einfachheit, ohne Masken, ohne harte Schale. Die Wirklichkeit zeigt sich, wie sie ist, in ihrem Schwanken zwischen Stärke und Schwäche, zwischen Stabilität und Unsicherheit, Beständigkeit und Vorläufigkeit, zwischen Verschlossenheit und Hingabe, Anwesenheit und

Abwesenheit."[96] Die Zärtlichkeit darf niemals zur Normalität verkommen! Das Kraftvolle erhebt sich immer von Neuem aus dem Boden des Unerwarteten. Das ist die Kraft, die mir in jeder Orchidee aufleuchtet. Mein Staunen über ihre Schönheit hat sich in ein Gedicht verwandelt, das die Brücke zu ihrer mystischen Natur bildet.

DER BRÜCKENSCHLAG

Über die Gebrechlichkeit und Gebrochenheit des Lebens
bauen die Menschen feste Brücken
Und in Gedanken, Worten und Gesten lauert laut und leise
hartnäckig die Sehnsucht in der Brust
Entschlossen schweift sie mit Adlers Flügeln in die nahe Ferne um
Und kehrt getragen vom Erlebten erfüllt und enttäuscht nach
Hause zurück.

Es muss uns allen wohl die Sehnsucht unversehrt erhalten bleiben
Die uns die gewollten und gewachsenen Grenzen mit
Lebensflügeln überschreiten hilft
Auf der ewigen Suche nach der verlorenen Landschaft unserer
Seelen Heimat
Wo unsere gewählten Lebensweisen zur Unerfülltheit der
Selbstbestimmung geworden sind.

---

[96] Guanzini, Isabella (2019): Zärtlichkeit. Eine Philosophie der sanften Macht. Aus dem Italienischen übersetzt von Grit Fröhlich und Ruth Karzel. Verlag C.H.Beck oHG. München. S. 209–210.

Die Sehnsucht braucht ihre Übersetzungsbrücke im Erzählten
und Gehörten
Wenn sie auf den vielen neuen Brücken der vielen Menschen
ihre Lebensbrücke erblickt und gleich erkennt
Die Religion mag tausendmal von der Unverfügbarkeit der
Gnade reden und singen
Doch die Sehnsucht baut sich aus menschlichen Stimmen und
Antlitzen ihre Brücke der Erfüllung.
Für ihre Erfüllung sucht sie sich in gewohnter Beharrlichkeit
den Namen aller Namen
Wie wohl verleiht sie ihr in allen Bildern und Verunstaltungen
den Namen LIEBE
Sie lädt uns auf allen krummen Wegen und Kreuzungen stets
ein zu ihrem Dennoch-Gesang Und auf die Antwort ihres
Rufes warten stets unsere Freiheit und Verantwortung.

DAS AUGE DER VERGÄNGLICHKEIT

Ungefragt treten wir hilflos und ausgeliefert die große Reise an
Wir werden behutsam und entschieden begleitet von den
Händen des Lebens
Auf dem Weg des zärtlichen Lebens mit einem offenen Ende
Für unsere Freud und zu unserem Leid schmieden sie alle
voller Fürsorge ihre Pläne
Und treffen in der Hoffnung Entscheidungen für unser Leben,
das zur Entscheidung geboren ist.
Was in der Zeit begonnen hat, trägt das Siegel der
Vergänglichkeit
Der Druck der fließenden Zeit zwingt zu Selbstwerdung
durch Entscheidung
In der zerrinnenden Zeit verliert sich die Unschuld des Anfangs

Und es erwacht der Mensch zum Bewusstsein seines
schuldigen Endes.
Verwildert sind die Steine, die die Schwachen und Mächtigen
im Schoß der Erde halten Verwachsen stehen sie in der Blüte,
die Bäume und das Gestrüpp vereint auf den Erdhügeln Die
den Humus-Menschen aus der kollektiven Fäulnis der Tiefe
unaufhörlich aufsaugen

Der Blick des noch Lebenden erschaudert und bleibt am
Erschauten nicht spurlos hängen
Und erkennt im Kopfschütteln die gefeierte Sinnlosigkeit von
Besitz, Macht und Ruhm.
Die Illusion will tröstend Schutz und ewige Heimat den
Menschen gewähren
Im Denken wird aus unserem Heute der Morgen und aus dem
Morgen unserer Vergangenheit
Ewiges Leben
Das Menschenleben hienieden ist beständig ein Vergehen und
eine Neuwerdung
Geboren aus der Verschmelzung der Stoffe und aufgelöst in die
Elemente hinein
Wähnt sich auch der Mensch in der Zeit mit Verstand und
Fantasie unsterblich
So sieht doch das Auge der Vergänglichkeit, was ihn ängstigt
und unerbittlich sein Erbe bleibt.

*[Dieses Gedicht entstand aus einem Filmabend „Orte der Ruhe in Wien,
Friedhöfe: Sankt Marx und Judenfriedhof", 13.05.2017]*

DER TAG DER ERFÜLLUNG

Die lange Nacht ist nun vorüber
Die Nacht des Schlafes und des ungewollten Todes
Die Nacht, in der alles für alle Menschen still gestanden hat
Und ich mit allem, was ich bin, der toten Welt übergeben worden bin.

Ich bin da und mühelos vom toten Schlaf erwacht
Der neue Tag begrüßt mein Leben mit seinen Möglichkeiten
Die aufgehende Sonne umfängt ungefragt mein ganzes Leben
Aus dem toten langen Schlaf mit einem Fluss ungeahnter Wärme
Nun bin ich wieder da ohne Sprache mit einer Hoffnung auf eine neue Sprache.

Der Dank regt mit Wohltat sich tief im Herzen
Im Überschwang des Glücksgefühls mit kargen Worten auf den Lippen
Im sprachlosen Dank legt sich mein neues Leben
Des neuen Tags in die wartenden Hände des Schöpfers
Der mich ohne Worte mit seiner heilenden Liebe umgibt.

So ist dieser neue Tag ein Tag der Liebe und neuer Erkenntnis
Übersät mit Urvertrauen und Hoffnung in den Hunger des neuen Tages hinein
Bereit ist das Herz aufzubrechen und die vielen Wege zu gehen
Auf denen das Geschick dieser Welt sich mit den vielen Menschen laut und leise verbindet.

(Foto von Sabine A. Krammer; Farbenkonzert der Abenddämmerung.)

DIE GLUT DER LIEBE

Möge uns Menschen auch die aufgehende Sonne stark blenden
Und möge ihre Strahlkraft aus der nahen Himmelsferne
Wie unauflösbarer Nebel für unsere schwachen Augen aussehen
Ihr Ziel hienieden ist UNSER HERZ, von Wärme und
Freude umspült und verwandelt.

Noch will unser Kopf in der Verflochtenheit von Ketten der
Ereignisse
Das Machtwort über Angst und Enttäuschung klangvoll und
bestimmend reden
Noch hängen die Wolkenmassen über den Dächern, Dörfern
und Städten vieler Seelen
Doch unausweichlich wartet die aufgehende Sonne auf des
Herzens Sehnsucht in der Tiefe.

Aufwachen müssen wir einmal aus dem Schlaf der Träume und Ängste
Da der neue Tag will seinen Weg mit gesenktem Kopf einschlagen
Ausweichen soll von uns, was den Blick und die Gedanken trübt und bedrückt
Der Sehnsucht Heimat wird immer sein die Glut der Liebe im offenen Horizont.

(Foto von Sabine A. Krammer; eine Stadt in der Strahlkraft des Sonnenaufgangs.)

(Foto von Ndubueze Fabian Mmagu; die Wucht des Feuerballs des Sonnenaufgangs.)

DIE HEILSBRINGER

Das Erscheinungsbild ist kein Schein
Es ist stets inszenierte Wirklichkeit
Die Heilsbringer lieben die Bühne, brauchen sie
Ihre Wahrheit ist das Publikum, das ‚Man'
Laut und überdeutlich sprechen sie aus und an
Was die Massenseele heimlich empfindet und leise be-spricht.
Es muss kommen des Volkes Held und Heilsbringer
Um die verlorene Zeit und die verheißene Menschheit
Gegen den Menschen neu zu schaffen.

DIE KERNSPALTUNG DER MENSCHHEIT

Explosive Spannungen und Spaltungen im Dauerzustand
Wohin und wieweit ungewollt der Blick reicht
Was die Sehnsucht der vielen in der Trauer ernsthaft begeht
Wird vom Kalkül des Welt-Systems und des Kapitals zunichte gemacht.

In den Köpfen und Herzen soll zusammenwachsen, was zusammengehört
Mensch-Sein ist unsere Schicksalsgemeinschaft und Herausforderung
In Windeseile rücken die Baumeister und Baumeisterinnen ohne viele Worte zusammen
Und fügen entschieden und beherzt zusammen, was für den Frieden zusammengehört.

Ich hatte in der toten lebendigen Nacht einen glücklich
sonderbaren Traum
Leise und vernehmbar sind die vielen Stimmen und
Bewegungsgeräusche
Die sich in meiner Traumwelt melden aus einer spürbar
lichtlosen Ferne
Versammelt und vereint brennen Jung und Alt voller Wut und
enttäuschter Hoffnung nach dem Frieden für alle.
Schuldig sind sie geworden in ihrer unschuldigen
Friedenssehnsucht ohne Friedensschritte
In ihren wilden Träumen wollen sie sich ohne Verabredung auf
einer Friedensbrücke treffen
Enttäuschung und gespürte Ohnmacht nehmen sie in spürbarer
Traurigkeit zur Kenntnis
Und suchen weiter mit gesenkten Köpfen im Fahrwasser der
Hoffnung Menschen mit Friedensträumen.

DIE ZUKUNFT WAR GESTERN

Als viele lustvoll zweifelten und in Selbstzufriedenheit nicht
taten, was zu tun des Lebens Ruf war,
Als wir uns zusammenschlossen gegen den Zweifel der Zweifler
und taten in voller Herzensblüte und Ruhe der Vernunft,
Was das Leben uns im Verlangen nach dem Vollzug
kompromisslos aufdiktierte,
Als der Traum der vielen durch die Bündelung von kleinen
Schritten der Solidarität
Zur Existenzfreude der vielen Freudlosen und Vergessenen in
der Ferne geworden ist,
Da wurde in der gemeinsamen Grenzüberschreitung das
scheinbar Unmögliche möglich.

Gestern begann die Zukunft in den gestreuten Samen auf dem
Acker des Vertrauens
Und lässt ihr Licht an vielen Gesichtern in der Gestalt der
Gegenwart prachtvoll aufleuchten.
Sie trägt den Namen „Hoffnung" für eine hoffnungslos
geglaubte Generation in einer hoffnungslosen Umwelt.
Gestern war die Geburt hoffnungsvoller Zukunft für Kinder
in Nimo (Südost-Nigeria) und Umgebung
Und wartet nach zwölf Jahren erfreulicher Erfolgsgeschichte
auf IHRE Unterstützung für eine Zukunft voller Zuversicht.

Ausgestreute Samen wackeliger Hoffnung laden ein zum
gemeinsamen Fest realer Hoffnung!
Die Freundschaftsbrücke steht fest auf österreichischem,
deutschem und italienischem Fundament.
Globalisierung wollte in der Begegnung auf Augenhöhe ein
menschliches Antlitz haben
Will nicht in der Anonymität des Wohlstands die Wolken der
Traurigkeit übersehen
Und erkennt ohne Aufforderung und Demütigung den
Augenblick des solidarischen Handelns.

DIE ZEIT IM LOT

(zum Sturz von Robert Mugabe, dem Präsidenten von Zimbabwe, 21.11.2017)

Der Spruch ist des Volkes Weisheit, dass die Zeit alle Wunden heilt
Wer es glaubt, wird selig und wer es nicht glaubt, bewahrt die Vernunft der Sehnsucht.
Die Geschichte spielt nicht auf Zeit, aber sie wird in der Zeit gemacht.
Die Zeit ist die Hüterin der Geschichte mit einem unberechenbaren Einbruch und einem offenen Ausgang.
Mögen sich auch manche Tyrannen die Herren der Geschichte in ihrer Machttrunkenheit wähnen
Immer trägt die Zeit in ihrem Schoß unerwartet und in allen Richtungen den starken Wind der Veränderung
Und schreibt mit der halbleeren Tinte des Volkes ohne die Mächtigen eine neue Geschichte der Hoffnung.
Zimbabwe begrüßt Afrika auf der Straße gewagter und überfälliger Veränderungen.

DUNKLE BRILLEN

Die neueste Uniform für das Volk
Ist allerorts leicht erkennbar
Viele tragen sie öffentlich mit Stolz
Andere insgeheim mit dem gleichen Stolz.

Die dunklen Brillen sind günstig zu haben
Sie werden auf dem offenen Markt
Allgemeiner Meinung und Meinungslosigkeit angeboten
Auch keiner ohne Kaufkraft bleibt ohne Solidarität.

Die Jahreszeiten bleiben gleich hinter den dunklen Brillen
Gleich vertont haben die Tagzeiten den gewünschten Gleichklang
Alle Lieder werden mit Begeisterung und Gleichmut angestimmt
Denn die Botschaft ist gleich verbindlich und heißt
Xenophobie im muslimischen Kaftan.
Menschen hinter den dunklen Brillen
Sie finden sich in einem Generationenvertrag von Angst und Verzweiflung
Begegnen sich in einer fortschreitenden Geschichte von Scheitern und Enttäuschung
Und wollen ihre neue Lebensgeschichte mit den Tinten von Hass und Gewalt schreiben.

Menschen hinter den dunklen Brillen zu allen Jahreszeiten
Brauchen neue Klarsichtbrillen für ein neues Selbst- und Weltbild
In der Vielschichtigkeit einer Schicksalsgemeinschaft der einen Welt
Wo die Entscheidung gilt zwischen Untergang oder Überleben
in der Gemeinsamkeit.

ICH WÜNSCHE DIR EINEN VOGEL

Ich möchte so gern, dass du einen Vogel hast – für dich allein
Der den ganzen Tag über seine Melodie anstimmt und
fortsingt in die Traurigkeit seiner fremden Umgebung hinein
Der als ungeladener Gast deinen neuen Tag freudig begrüßt
symphonisch besingt und Sinn und Herz auf das Kommende einstimmt
Einen Vogel, der jeden Schritt, den du in die Ruhe des Waldes setzt
Sanft und unauffällig begleitend besingt und dich dadurch beschwingt
Mit deinem Vogel sind Leichtigkeit und Hoffnung dein Zeichen am Horizont

Ich wünsche dir einen Vogel in deinen beiden Händen
Dessen Gebrechlichkeit und Schutzbedürftigkeit du mit der letzten Zärtlichkeit deines Herzens und deiner Augen beschützt und hegst
Einen Vogel wünsche ich dir, der dir mit Vertrauen in die Augen blickt
Und hinter deiner Macht die Kraft deiner Liebe spürt und abzwitschert.
Ich wünsche dir einen Singvogel, der es versteht, unbeirrt in seiner Schuld
Unterschiedliche Töne tief in deinem Herzen weiter zu singen
Wenn alle Freudenlieder deiner Um- und Innenwelt zu verklingen scheinen.

IM SOG DES MORGENROTES

Es kann schon sein, dass das Leben für dich ansteht und ohne Sinn erscheint
Deine Hoffnungsschleifen werden sich manches Mal nicht weiter entwickeln wollen
Mag schon die Erfahrung grad dir nicht allzu selten beschert worden sein
Dass das Geschaute als viel verschwommen und gar im Dunkel eingetaucht ist
Du wirst manches Mal manche Tage verfluchen und manche umarmen wollen
Vielleicht sind dir da auch Menschen, die dir verhasst sind, im Spiegelbild der Gegenwart
Du wirst manche Begegnungen als Energieverschwendung erleben und gekonnt meiden
Das Eine mögest du dir niemals vermiesen: den steten Blick auf *das Morgenrot deines Herzens*
Welches unglaublich und unerwartet in deiner Seelenlandschaft einen neuen Horizont aufsteigen lässt.

(Foto von Sabine A. Krammer; die Urkraft des Sonnenaufgangs.)

KOMM!

„Komm!"
Höre ich einmal mehrmals
Eine Stimme rufen.
Mal deutlich und entschieden
Wieder verschwommen und unverbindlich.

„Bin ich denn gemeint?"
Höre ich mich leise fragen
In der Unsicherheit meiner Achtsamkeit
Mitten in der Masse, von der ich ein Teil geworden bin.

Erwartungsvoll schaue ich um mich herum
Werfe lächelnd einen Blick unweit von mir
Auf jede und jeden mit einem unverwandten Gesicht
Das mein Alleinsein in der Masse verstärkt.

„Komm!"
Das muss schon *eine andere Stimme* sein!
Aus der Tiefe in die Tiefe gerufen
In die Masse ohne das Gehör für das Wesentliche
Wo das Selbst sich unermüdlich vergebens sucht.

„Komm!"
Ruft beharrlich die leise Stimme.
Und will, dass ich gemeint sein soll
Bei der unverschleierten Suche nach meinem Selbst
In der gesichtslosen Masse mit den vielen stimmlosen Gesichtern.

„Komm!"
Es ist Zeit, in sich hineinzuhorchen!
Die Angewöhnung mit Mut abzustreifen
Vom Standpunkt aufzubrechen auf ein neues Ufer
Ohne Scheu vor einer neuen Wir-Bildung.

ICH komme von mir zu DIR!
Und verlasse meinen alten Platz
Ich finde ihn im Vertrauen neu in DIR
Ich komme ohne mich und finde mich neu in meinem GOTT.

SELTSAME BERÜHRUNGEN

Ich wollte weg, musste einfach weg.
Weg von allem und allen, vom Besitz und von mir.
Ja, weg von mir, der ich mich gefangen nehme.
Ich bin gefangen von meinen Worten und Gedanken.
Gefangen von lieben Menschen um mich,
Die sich in ihren Gedanken und vom Gesollten verfangen haben.

Es zieht mich hinaus, weit hinaus von hier, weg, weit weg
Hinaus nach einem Ziel, das ich selbst bin und sein werde
Hinaus in die Welt ohne sichtbare Grenzen
Hinaus ins Weite ohne Anfang und ohne Ende.

Die Sehnsucht wird mein Weg und meine Begleiterin sein.
Hinaus und hinauf, immer weiter und weiter
Ich lasse mich hinter mir, alles und alle zugleich
Dort oben wird es sein, ganz oben
Anziehend und abstoßend zugleich ist der Gipfel.

Die Hoffnung und die Freude lassen nicht müde werden.
Der Lebensgipfel will stetig erklommen werden
Ganz oben wird mein Platz sein ohne mein altes Selbst.
Auf dem Gipfel wird das Leben neu geboren, ganz neu und mühelos.

Seltsame Berührungen am seltenen Gipfel des Lebens
Verschmelzung zwischen Erde und Himmel wird mein
Geschenk sein
Ich bin neu und frei, ganz frei.

SELTSAMES LEBEN

Es ist zum Irrewerden seltsam
Alles ist seltsam mit seltsamen Menschen in einer seltsamen
Welt
Beklemmend in allen Fasern ist es in der Welt seltsam
geworden
Der Blick erstarrt und erblindet am Geschauten.

Es ist mit unerträglicher Erschütterung seltsam geworden unter
den Menschen
Keine/Keiner stellt die Fragen, die seltsam nicht mehr gestellt
werden sollen
Unglaublich ist die Wirklichkeit der neuen
Zusammengehörigkeit in der Sprachlosigkeit
All überall gefährliche Selbstverständlichkeiten in einer
beklemmend seltsam gewordenen Welt.

Bei Mensch, Vieh und Natur lösen sich die Unterschiede auf –
in einem seltsamen TOD
Seltsam sind die Menschen in ihrer seltsamen Geisteshaltung in
einer geistvollen Zeit
Seltsam sind die Menschen im Angesicht der Todeskultur in
einer seltsam gewordenen Welt
Es bleiben Welt und Mensch seltsam in einer
selbstverschuldeten Ohnmacht.

Wer sich mutig wähnt und anders denkt, macht sich schuldig
beim seltsamen Kollektiv
Das Regelwerk ist die seltsame Solidarität gegen das
Weltgemeinwohl
Es gehen Kopf und Herz entzweit ihren Weg in der
Wahrnehmung der Ereignisse
*Seltsam, wirklich seltsam ist der Gang der Geschichte im Kreislauf der
Zerstörung.*

SPURENWECHSEL

Ich gehe meinen Weg auf den vielen Wegen im Leben
Sie gehen, wie ich gehe auf ihren Wegen mit den vielen
Weggabelungen
Ich sehe sie in der Eile und Langsamkeit ihrer Zielsetzungen
Ich sehe, dass sie mich nicht sehen, der ich sie längst gesehen habe.

Gedankenverlorenheit und Gedankenlosigkeit spielen sich
unzensiert auf den Straßen
Die Zuschauer/innen lassen sich kaum von den Beteiligten
unterscheiden
Mit einem leisen oder lauten Lachen im Herzen und am Gesicht
Stellen sie sich die Frage, die ihnen das Leben immer stellt:
Quo vadis?

Fragen an die anonyme Masse haben wohl keine Antworten!
Die Fragenden verlieren die bloße Neugierde auf den vielen
Straßen des Lebens
Und hören aus der Herzenstiefe die vielen Fragen des Lebens
an die vielen Menschen
*O Mensch! Wisse, dass die vielen Fragen des Lebens in der
Selbstverantwortung ihre Antworten finden.*

VERLASSEN UND VERGESSEN

Ich war wirklich nicht da, aber man erzählte mir davon
Als ich in ihrem Willen und Körper entstanden bin
Waren sie alle von größter Freude und Hoffnung erfüllt
Mit dem Fluss der Zeit erhielt ihre Hoffnung mein Gesicht
Aufgesogen wurde die Freude über meine Gegenwart von ihrer Zukunftssorge.

Mit mir in der Unschuld meiner Gegenwart im Mittelpunkt
Wuchs die Familie stetig und feierte zu aller Stunde ihre vielen Feste
Gesucht und gefeiert von allen wurde das Kind der Sehnsucht
Für das liebende Herz der Eltern und Verwandten gibt es Grenzen und Unerlaubtes nicht.
Großwerden geschieht nicht ohne Entscheidung und Einsamkeit der Entfremdung.
Die Erinnerung ist der Ort meiner Freude und der Grausamkeit der Entzweiung
Einsamkeit wird zum Fluch einer schönen Kindheit hinter den schönen Mauern ohne die Feste
Verträumt sind die Träume der schönen Kindheit einer ewigen Geborgenheit und Liebe
Eingemauert durch die Einsamkeit erwacht und wächst die Sehnsucht nach dem Garten des Friedens
Steht auch der Gottesmann verlassen vor meinem verlassenen Sarg, wird der ewige Frieden mich nicht vergessen.

DIE AUSSAAT

Der Blick will nicht zum Ende kommen
Kahle und üppige Landschaften, wohin der Blick fällt
Verwachsene Felder und Wälder warten auf die Jäte
Bestellt wird, was Herz und Verstand möglich ist.

Das Dorfleben ist ein fruchtbares Ackerland
Parzelliert wird in vertrauten fixen Vorstellungen
Die Aussaat vollzieht sich zumeist ohne den Bauern
Fruchtbar ist, was alle für richtig sehen und halten.

Auf seinem Weg bleiben und ausharren muss der
Grundbesitzer
Lächeln mit Widerstand will stets geübt und gelebt sein
Die Ernte im Selbststand wird in der Zeit in die Scheune
eingebracht
Die wahre Erntezeit will ohne Verbissenheit in Stille gefeiert werden.

Sich freuen müssen die Menschen können über ihre
Lebensernte!
Am Ende der vielen krummen Wege vieler Meinungen und
Beziehungen
Wo gesät, voller Erwartung gesät wird ohne die gemeinten
Menschen
Die wahre Ernte ist allein die Frucht unserer Lebensarbeit und
Willenskraft.

IRGENDWO

Die Stunde hat geschlagen
Aufgewacht bin ich wie so viele
Zu einem neuen Tag aller Tage
Es ist Ostermorgen von Gott gewollt und uns geschenkt.

Der Blick durch das enge Fenster
Will nicht eingeengt und aufgehalten werden
Schweift über Häuser und Wolken in die Ferne
Und erblickt vergnügt die hellen Farben der aufgehenden Sonne.

Freudige Hoffnung ist ein nahes fernes Gut
Oft dem trüben Blick auf das Nahe verborgen
Doch irgendwo in dieser Welt feiert sie ihre Ankunft
Und lässt am Horizont und unter den Menschen weite Kreise ziehen.

ANGESPÜLT AN DEN STRAND

[2015. „Es wurden erneut menschliche Leichen vom Mittelmeer an Land angespült."]

Immer wieder will mein Blick auf das Meer nicht von Staunen und Verstummung wegkommen
Wo Menschen in Abenteuerunlust und mit geballter zittriger Muskelkraft zum Überleben
Mit feierlicher Kühnheit die Navigation gegen die todbringenden hohen Wellen aufnehmen
Und in unvorstellbar souveräner Freiheit setzen sie in Freude und Scheinsicherheit ihre Füße auf den Strand der Hoffnung.

„An den Strand angespült": war das Ende der „Nachricht"
ohne die Nachricht für die Menschen!
Betroffenheit von den Nicht-Betroffenen bleibt weit
und breit unter der Masse unerwünscht Allein auf diese
sekundenschnelle „Nachricht" auf Distanz zum Selbstschutz
kommt es an.
Wir lassen uns nicht betroffen machen von Ereignissen, die
weit weg von unseren Grenzen geschehen!

Weggespült von der Flut der Heimatlosigkeit und
Menschenverachtung ihrer Heimat
Geworfen in die Hoffnungslosigkeit einer Reise ohne die Sonne am
Horizont und ein sichtbares Ziel
Und ausgesetzt in den ungesicherten Frachtschiffen auf
offenem Meer mit weit geöffnetem Maul
Tragen sie nicht-gelebte Hoffnungen tief im Herzen auf dem
ungewollten Weg in den Abgrund.

Ich hasse eure Nachrichten ohne Betroffenheit von den „angespülten"
Menschenleichen!
Eure Sprache ist die Quelle meiner ungewollten Wut und
depressiven Ohnmacht
Die erkaltete Welt schafft durch ihre Sprache den Massenfriedhof der
Menschlichkeit
Und trägt im stimmlosen Gang die angespülten
Menschenleichen in die dauerhafte Vergessenheit.

Hört doch endlich auf, ihr Satten, mit eurem lauten Fest der
Angst und Gleichgültigkeit!
Bleibt stehen, ihr Menschenkinder, vor den angespülten
gesichtslosen Menschenleichenmassen Und erkennt den
Menschen, der in der Unmenschlichkeit sein Gesicht verloren
hat
Heimat ist keine Heimat mehr, wo bedrohte Menschen heimatlos
gemacht werden.

BROT ODER VERSTAND

Der Aufstand der Lämmer findet nicht statt, kann nicht stattfinden!
Aufschreien wollen und können sie nicht – nicht mehr
Sie bekommen auf Anordnung gestillt alle Grundbedürfnisse
Ihre Zufriedenheit ist die große Freude des Philosophenkönigs
Der als Steuermann Ort und Zeit der Bedürfnisse der kleinen Leute
Mit der Präzision seiner Weisheit und großväterlichen Güte bestimmt und lenkt.

Die Gleich-Stellung *aller* ist das Leben der schweigsamen Lämmer unter dem Philosophenkönig
Wer im Stall aus der Seelenwut zu denken und Fragen zu stellen versucht
Erlebt die Selbstgefährdung als ein Schicksal mit einem Todesschuss ohne Zögern
Die Schlachtbank ist der Aufnahmeplatz aufmüpfiger Lämmer des Philosophenkönigs
Brot für den Tag muss für das Denken, für Bildung und Selbstbestimmung herhalten.
Der Verstand ist Irrweg und Feind des Volkes in den Augen des Philosophenkönigs.

DER TOD DER TOTEN

Verstummt dastehend hätten sie mich noch gern unter sich
Betrübt können sie nicht glauben, dass ich gegangen bin – für immer!
Verstehen wollen sie nicht, dass sich mein Leben der Befristung gebeugt hat
Ihre Liebe bekunden sie mir unter Tränen in ihrer Vorstellung von der Liebe.

In ihrem großen Schmerz weinen sie Tränen über meinen Tod
Sie klagen mit stummen Worten über das Unerwartete in ihrer Erwartung
Im Maßschnitt der Welt erzählen sie von ihrer Hoffnung unter der Hoffnung
Auf die Grenzenlosigkeit eines begrenzten Lebens jenseits ihrer Willenskraft.

Aus dem Totenreich will ich meine Stimme unter den Lebenden erheben
Und ganz leise ein Wort unter den vielen Worten über das Leben sprechen
Ich werde als Toter den Lebenden vom Leben im toten Leben erzählen
Die Erkenntnis wird ihr Trost sein: *Wirklich tot ist nur, wer nie gelebt und geliebt hat.*

DIE LEHRE VON DER LEERE

Ich sehe nah und fern viele Menschen in ihrer Sehnsucht
Von allen Seiten sind sie von Vertröstungen umgeben
Aber den Trost nach den Vertröstungen haben sie im Herzen nicht.

Menschen wollen dem Grund ihrer Existenz auf den Grund gehen
Sie meinen oft auf dem Boden des Lebens fest zu stehen
Aber tief im Herzen fehlt ihnen der Grund ihrer Gründe zum Leben.

Menschen entwickeln und rühmen sich ihrer Schaffenskraft
Sie bauen Riesenhäuser aus Ziegel und Beton und nennen sie Heimat
Aber immer sind sie unterwegs auf der Suche nach einer Beheimatung.

DIE WECKSTUNDE

Aufgewacht aus der Tiefe der dunklen Nacht ungewollter Stille
Begrüße ich in der Hoffnung den jungen Tag bei der aufgehenden Sonne
Und stelle die eine Frage der vielen Fragen der vielen Menschen:
Was macht wohl der neue Tag mit mir und ich mit ihm?

Unter den vielen Menschen aus der langen Nacht aller Nächte
Wartet das neue Leben des neuen Tages in seiner geplanten
Ungewissheit
Auf die eine Antwort vieler Antworten ohne die vielen
Menschen mit ihren vielen Fragen
Und harrt auf meine Freiheit und Verantwortung in den vielen
Stunden des jungen Tages.
Entkleidet in der dunklen stillen Nacht der ungewollten
Unschuld
Aufgebrochen auf eine nächtliche Reise der Träume ohne
Besitz und Ruhm
Wird mich der neue Tag mit seinem neuen Gewand der
Sehnsüchte bekleiden
*Und schickt mich fort zur Tat meiner Freiheit und Verantwortung für
den neuen Tag.*

Es mögen uns allen mit der Zeit viele Wege zu vielen
Menschen vorauseilen
Viele Gedanken und Entscheidungen mögen auch uns zum
gemeinsamen Ziel zusammenführen
Unsere Begegnungen enden in der Wahrnehmung des
Gesollten an Wegkreuzungen
*Und wir setzen unsere Schritte zum Selbstsein mit dem Blick auf die
kommende Nacht.*

OPTION FÜR EINEN GOTT DER FÜLLE

Alle obigen Gedichte haben ein gemeinsames Ziel in ihrer unterschiedlichen Gedankenausrichtung: *gestillten und ungestillten Hunger nach dem Leben in seiner Fülle. Eine Fülle, die nicht außerhalb unseres Alltags liegt und dennoch manches Mal oder sogar sehr oft übersehen wird. Die versäumte Wahrnehmung und Selbstverantwortung machen unser und der anderen Leid aus.* Das Gespür für das Mitgefühl für sich selbst wie auch für die von uns oft als Fremde titulierten anderen wird zum Garten der unerkannten und verkannten Blüte der Lebensfülle. Davon bin ich ein guter Zeuge. Zeuge mannigfaltiger beglückender Lebensfülle und gleichzeitig Zeuge mehrfach versäumter Sinnangebote mitten im Alltag, die zu Frust und Gewalt führten. *Dieses Buch ist darum ein Plädoyer für eine Entscheidung für die Offenheit für das Leben. Sein Reichtum ist unermesslich und wird uns oft ohne Leistung zuteil.*

Nach mehr als drei Jahrzehnten in der katholischen Priester-Seelsorge kann ich mich immer noch nicht des Eindrucks erwehren, dass die althergebrachte katholische Seelsorge, verbunden mit ihrem Gottesbild in der Verkündigung, fortschreitend die meisten Menschen in Europa nicht mehr erreicht. Der Eindruck sitzt fest in mir, dass die meisten Menschen [und bitte schön nicht nur bei den jüngeren Generationen, über die nicht selten in ihrer „Glaubenslosigkeit" geschimpft wird, wobei der Begriff des „Glaubens" meistens undifferenziert bleibt!] zu der aufklärerischen Aufforderung Immanuel Kants völlig erwacht sind, sich der selbstverschuldeten Unmündigkeit zu entledigen. *Mir scheint es so zu sein, dass das Christentum [in welcher Couleur auch immer!] in einer Art postrationalistischen wie auch postnationalistischen Gesellschaft seinen weiterhin unveränderten und unverwechselbaren Auftrag zu erfüllen hat, den es von seinem Meister erhalten hat.* Zur Erinnerung: „Da trat Jesus auf sie zu und sagte zu ihnen: Mir ist alle Vollmacht gegeben im Himmel und auf der Erde. Darum geht und macht alle Völker zu meinen Jüngern; tauft sie auf den Namen des Vaters und des Sohnes und des Heiligen Geistes und lehrt sie, alles zu befolgen, was ich euch geboten habe. Und siehe, ich bin mit euch alle Tage bis zum Ende der Welt." (Mt. 28,18-20) *Gerade diese in Europa gefährdete Sendung macht aber das Wesen der Kirche aus. Sie hat missionarisch zu sein! Wie müsste jedoch diese obligate Mission vonstattengehen?* Offensichtlich hatten jedoch seine Apostel diesen Auftrag nicht gänzlich verstanden. Den Beweis dafür lieferten sie im ersten Kapitel der Apostelgeschichte unmittelbar vor der Himmelfahrt (Rückkehr in die Fülle der Herrlichkeit seines Vaters. Anm. NFM). *Sie blieben ihren alten Vorstellungen verhaftet!* Sie schienen tatsächlich die Ernsthaftigkeit des Anbruchs des Neuen nicht begriffen zu haben. (Jes. 43,19) *Tief in ihrer Seele schien die Denkkategorie von Macht und Ansehen weiterhin verankert zu sein. (Lk 22,24-27; 14,7-14)* So fragten sie den auferweckten Jesus, den Christus Gottes: „Herr, stellst du in dieser Zeit das Reich für Israel wieder her?" (Apg. 1,6b) Wie zu erwarten, blieb die Antwort Jesu bezüglich der Einstellungsänderung nicht aus. Er sagte fast mit einem Hauch von Enttäuschung und Zorn zu ihnen: „Euch steht es nicht zu, Zeiten und Fristen zu erfahren, die der Vater in seiner Macht festgesetzt hat. Aber ihr werdet Kraft empfangen, wenn der Heilige Geist auf euch herabkommen wird; und ihr werdet meine Zeugen sein in Jerusalem und in ganz Judäa und Samarien und bis an die Grenzen der Erde." (Apg. 1,7b-8) *Das aus meiner Sicht Verblüffende ist eigentlich, dass die Apostel ihren Meister immer noch nicht ganz verstanden haben, selbst mit all den Begegnungen nach seiner Auferstehung!* Wer will, kann sie der Begriffsstutzigkeit bezichtigen. Meines Erachtens steckt jedoch ein hochpotenzierter theologischer und seelsorglicher Sinngehalt in ihrer offenkundigen Naivität und Verbohrtheit. *Sie machen nämlich sehr anschaulich, wie schwierig es ist, das Göttliche und das Irdische zusammenzudenken. Sie helfen uns verstehen, welcher Anstrengung es bedarf, um mit der eigentlichen Wirklichkeit Gottes in persönliche Berührung kommen zu können.* Ich begreife sie in ihrer Entlastungsfunktion für uns Heutigen, zumal in der katholischen Seelsorge des 21. Jahrhunderts, wenn es darum geht, dass wir uns ernstlich fragen, wie es mit unserem Gottesbild bestellt ist. Die Erfahrungen lehrten und lehren zur

Genüge, dass ein Gottesbild in der Rückgewandtheit die vielen „anonymen" Gottsuchenden nicht [mehr] erreichen kann. Die christliche Verkündigung, zumal von der katholischen Kirche, braucht besonders in diesem 21. Jahrhundert neben der instrumentalisierten Vernunft andere Glaubwürdigkeitsfaktoren, damit sie solche Menschen auf der Gottsuche zum selbstverantworteten christlichen Glauben anleiten kann. Dabei bin ich felsenfest davon überzeugt, dass die Natürlichkeit – und wer will, nennt sie die Echtheit – etwas ist, was in den meisten Menschen räsoniert. Einmal mehr: dieses Bewusstsein ist die Motivation für das Unterfangen des vorliegenden Buches.

Nicht jedoch von den unbeholfenen Aposteln können wir etwas Wichtiges für unsere Glaubenspraxis lernen. Die Worte des auferweckten Herrn sind gleichzeitig sehr aufschlussreich. Seine Ermahnung an seine Apostel zur Einstellungsänderung ist auch für uns Heutigen nicht verklungen. Unsere Vorstellungen und Denkkategorien haben unweigerlich etwas mit unserer Seelsorgeart zu tun. Sie haben fundamental mit unserem Gottesbild zu tun! Wenn der Gott in meinem Kopf, in meiner Seele und in meinem Herzen geradezu derjenige Gott ist, um den es uns in der Kirche und in der Seelsorge geht, dann haben die Worte des Auferweckten einen Verpflichtungscharakter. Sie verpflichten uns nämlich dazu, dass wir beständig unser Gottesbild hinterfragen und womöglich korrigieren. Die bewusst gesetzte Selbstkorrektur wird in den Augen der vielen Kirchendistanzierten zu einem möglichen Glaubwürdigkeitsfaktor. Offensichtlich gestaltet sich diese fehlende Glaubwürdigkeit so, dass die Akzeptanz eigener Grenzen ein Indiz dafür ist, dass sich die Kirche zur Bereitschaft bekennt, sich zu öffnen und im Geist dieser Offenheit zu lernen. Lernen heißt aber Wachsen– nach innen und nach außen.

Das persönliche Glaubensbekenntnis des katholischen Priesters Thomas Frings, der bereits mit seinem 2017 erschienen Buch „Aus, Amen, Ende? So kann ich nicht mehr Pfarrer sein" seinen ganzen Frust in der Seelsorge zum Ausdruck brachte und dadurch aufhorchen ließ, und sein Bekenntnis in seinem neuesten Buch „Gott funktioniert nicht". Deswegen glaube ich an ihn hat gerade mit der Auseinandersetzung mit infantilen Gottesbildern in Glauben und Seelsorge zu tun. Er schreibt beispielsweise: „In einer aus Gottes Willen hervorgegangenen Schöpfung erkenne ich als ein glaubender Mensch immer wieder Spuren seiner Gegenwart, jedoch nicht zur Gänze den, der diese Spuren hinterlassen hat."[97] Nicht um weniger geht es in diesem Buch. Es geht sogar um mehr. Denn auf der Grundlage der Spuren göttlicher Gegenwart liegt es mir sehr am Herzen, den weiten Bogen zu einer plausiblen **Theologie einer politischen Spiritualität** zu schlagen. Dieser Versuch ist umso dringlicher, je mehr uns bewusst wird, dass die Religion vermehrt zu einem Schuldfaktor im gegenwärtigen **Diskurs über Krieg und Frieden** geworden ist. Tatsache ist, dass an vielen Orten unserer globalisierten Welt unentwegt ein Blutbad im Namen der Religion angerichtet wird. *Die Religionskriege der langen Vergangenheit in Europa toben weitverbreitet anderswo unerbittlich.* ***Der Ruf nach einem Paradigmenwechsel wird immer lauter. Bedauerlicherweise gegen die Religion!***

Ich erinnere im engen Zusammenhang mit meiner in diesem Buch aufgestellten These einer politischen Spiritualität an die Frage und die Stellungnahme des großen Denkers des 20. Jahrhunderts, Albert Einstein, in seiner Diskussion mit Sigmund Freud, dem Begründer der Psychoanalyse, über den Krieg und über die Möglichkeit seiner Ausrottung. So schreibt er an Sigmund Freud am 31. Juli 1932: „Gibt es einen Weg, die Menschen von dem Verhängnis des Krieges zu befreien? Die Einsicht, dass diese Frage durch die Fortschritte der Technik zu einer Existenzfrage für die zivilisierte Menschheit geworden ist, ist ziemlich allgemein durchgedrungen, und trotzdem sind die heißen Bemühungen um ihre Lösung bisher in erschreckendem Maße gescheitert."[98]

---

97 Frings, Thomas (2019): Gott funktioniert nicht. Deswegen glaube ich an ihn. S. 33.
98 Einstein, Albert, und Freud, Sigmund (1972): Warum Krieg? Ein Briefwechsel. Mit einem Essay von Isaac Asimov. Diogenes Verlag AG. Zürich. S. 15.

Gerade wegen dieses „erschreckenden Maßes des Scheiterns" in der Weltfriedensfrage ziehe ich die Einstellung des Dalai Lama heran, um die Notwendigkeit der Parallele zu der in diesem Buch angepeilten politischen Spiritualität hervorzuheben: „Ich spreche von der Revolution des Mitgefühls nicht als Buddhist, Dalai Lama oder Tibeter, sondern als Mensch. Und auch ihr seid Menschen, egal ob ihr Amerikaner, Europäer, Asiaten oder Afrikaner seid oder einer bestimmten Religion oder Volksgruppe angehört. Das alles ist zweitrangig. Lasst euch davon nicht beeinflussen. Wenn ich sage: ‚Ich bin Mönch', ‚Ich bin Buddhist' oder ‚Ich bin Tibeter', sind das lediglich untergeordnete Realitäten in meinem Menschsein. Erkennt das Offensichtliche, begreift, dass wir alle zur gleichen Familie der Menschen gehören! Unsere Differenzen beruhen auf sekundären Gründen. Lasst uns Beziehungen schaffen, die durch Nähe, Vertrauen und gegenseitiges Verständnis gekennzeichnet sind, ohne uns von unterschiedlichen Kulturen, Philosophien, Religionen oder Glaubenssätzen beschränken zu lassen. Die Grundlage ist einzig und allein das Menschsein. Und sie bleibt es bis zum Tod. Alles andere ist zufällig und Veränderungen unterworfen."[99] Die zusätzliche Frage zu dieser Frage des allgemeinen Menschseins aller Menschen dieser Welt ist jedoch nicht weniger grundlegend. Ich habe es in diesem vorliegenden Buch unternommen, nach dem zu fragen, was das allgemeine Menschsein *verbindlich* ausmacht. Es müsste, wie die Erörterungen in diesem Buch zeigen, eine glaubwürdige Grundbedingung sein, die einer grundlegenden existenziellen Erfahrung aller Menschen wesentlich entspricht. Das ist aus meiner Sicht – und Erfahrung – die Fähigkeit zum Staunen. Aus ihm habe ich die Mystik der Sinne gemacht und in der letzten Konsequenz einen Versuch einer politischen Spiritualität. An diesem Punkt wiederhole ich mein Posting auf Facebook am 4. Februar

---

[99] Stril-Rever, Sofia (2019): Der neue Appell des Dalai Lama an die Welt. Seid Rebellen des Friedens. Mit Sofia Stril-Rever. Aus dem Französischen übersetzt von Ingrid Ickler. Benevento Verlag. Salzburg. S. 42.

2016: „Die (UNSERE) Welt aus den Fugen (Peter Scholl-Latour): Ich habe VIELE Fragen, aber keine Gedankenschleifen! Das einzig Notwendige ist zu tun: individuell und kollektiv sich aus der selbstverschuldeten Unmündigkeit zu befreien – I. Kant. Nicht der Verstand macht dies möglich, denn auch der große europäische Geist Kant konnte sich NICHT von der Ausrottungsideologie des NS-Regimes befreien! DARUM: auf zur Logik des Herzens (Blaise Pascal)!!! UNSERE EINE WELT KANN BESSER WERDEN!" Man sieht: Auch vier Jahre nach diesem Posting will diese Sehnsucht in mir nicht verstummen! Die Frage nach dem, was die Menschen dieser nunmehr sogenannten Globaldorfgemeinschaft zusammenhält, will und kann nicht verstummen und ist dringender denn je.

DIE ÄSTHETISCHE TRAURIGKEIT, ORT DER GOTTESERFAHRUNG

Meine Erfahrung in bestimmten Augenblicken, in **erfüllten Augenblicken**, ja, in **Augenblicken der Fülle**, könnte auch die Erfahrung einiger oder sogar vieler Menschen sein. Was ist aber diese Erfahrung? *Es ist nicht selten, dass ich mich ertappe, wenn ich inmitten der Natur – oft in den Bergen bei Schönwetter – von einer unsichtbaren und dennoch spürbaren Kraft umhüllt und gefesselt bin und nichtsdestoweniger mich von dieser beseligenden Kraft verabschieden muss, mich von dieser unbeschreiblichen Aura loslösen muss.* Ich bezeichne eine derartige Erfahrung als eine **ästhetische Traurigkeit**. Mag schon widersprüchlich klingen und erscheinen. Dessen ungeachtet liegt geradezu in dieser scheinbaren Widersprüchlichkeit die Quintessenz dessen, was ich unter dem Begriff der natürlichen Spiritualität in diesem Buch beabsichtige. *Die besagte „ästhetische Traurigkeit" ist meines Erachtens das Spiegelbild einer transzendentalen Erfahrung, in der der Mensch im Sinnesgenuss des Schönen die Erfahrung der Vergänglichkeit und gleichzeitig des Bleibenden macht.* **Die Erfahrung des Schönen** *beflügelt uns, ob nun in unserem Gegenübertreten zur Natur oder in der Begegnung mit den Mitmenschen.* Die Ernüchterung stellt sich jedoch gerade in dem Augenblick ein, in dem uns gänzlich bewusst wird, dass wir das Schöne überhaupt nicht behalten können. *Es ist eine Leihgabe des Augenblicks!* Nachdem aber der Mensch trotz aller Beteuerungen seiner zivilisatorischen Errungenschaften ein Sammler geblieben ist, wird er in dieser Grundtendenz der Sammlung in dem Augenblick „aufgestört", in dem ihn das Bewusstsein überkommt, dass er sich von der Szene zu verabschieden hat. So lässt sich sagen, dass im Schönen der Moment der Traurigkeit verborgen liegt. Es lässt sich in diesem Sinnzusammenhang behaupten, *dass die Traurigkeit eine Anleitung zur lebendigen Spiritualität sein kann.* Wir haben ein verblüffendes Beispiel in der Bibel für eine solche auf der Traurigkeit basierende [christliche] Spiritualität.

Um eine solche Traurigkeit muss es dem Apostel Paulus gegangen sein, als er von seinem Wegbegleiter und „echten Sohn aus dem Glauben" (Tit 1,4) die offenbar weitverbreitete negative Stimmung in seiner Gemeinde von Korinth erfahren hat. Paulus macht eine für unser heutiges Empfinden ungewöhnlich harte Äußerung gegenüber dieser Grundstimmung seiner Gemeindemitglieder: „Dass ich euch aber mit meinem Brief traurig gemacht habe, tut mir nicht leid." (2 Kor 7,8a) Woher kam diese seine reuelose Dreistigkeit? In unseren Tagen würden die meisten Menschen diese paulinische Aussage mit „unerhört", „skandalös", „unbarmherzig", und dergleichen quittieren. Es würde bis an die Grenze einer nachhaltigen Selbststigmatisierung mit Taktlosigkeit und Mangel an Mitgefühl gehen. Das große Tor zum Kirchenaustritt wäre weit geöffnet! *Paulus war offenbar nicht nur ein großartiger Philosoph und Theologe, sondern zugleich in seiner Argumentationsweise ein gewiefter Psychologe, der in seinem Eifer für die Sache seines gekreuzigten und auferweckten Herrn, Jesus Christus, keineswegs vor der Härte zurückscheute, wenn und weil es ihm darum gegangen war, die Menschen zur inneren Erfahrung des Heils zu führen.* Wie konnte er sich sonst über die verbreitete Traurigkeit seiner Gemeindemitglieder freuen? Es wäre sicherlich in unseren Tagen nicht nur ein großes Phantom in Seelsorge und Verkündigung, sondern das Philisterhafteste überhaupt und somit eine selbstverständliche Einladung zum Exodus aus der Kirche. Hören wir aber die ungewöhnliche Argumentationsweise des Völkerapostels wegen seiner Freude über die Traurigkeit seiner Gemeindemitglieder:

„Wenn es mir auch eine Weile leid tat – ich sehe ja, dass dieser Brief euch, wenn auch nur für kurze Zeit, traurig gemacht hat –: jetzt freue ich mich, nicht weil ihr traurig geworden seid, sondern weil die Traurigkeit euch zur Sinnesänderung geführt hat. Denn es war eine gottgewollte Traurigkeit; so ist euch durch uns kein Nachteil erwachsen. Die gottgewollte Traurigkeit verursacht nämlich Sinnesänderung zum Heil, die nicht bereut zu werden braucht; die weltliche Traurigkeit aber führt zum Tod. Wie groß war doch der Eifer, zu dem euch diese gottgewollte Traurigkeit geführt hat, wie aufrichtig eure Entschuldigung, euer Unwille, eure

Furcht, eure Sehnsucht, wie wirksam eure Anstrengung und am Ende die Bestrafung! In jeder Hinsicht hat es sich gezeigt, dass ihr in dieser Sache unschuldig seid. Wenn ich euch also geschrieben habe, so tat ich es nicht, um den zu treffen, der Unrecht getan hatte, auch nicht, um dem Recht zu verschaffen, der Unrecht erlitten hatte, sondern ich tat es, damit euer Eifer für uns sichtbar werde vor euch und vor Gott. Deswegen sind wir jetzt getröstet." (2 Kor 7,8b-13)

Es ist klar, dass es Paulus bei der Freude über die Traurigkeit seiner Gemeinde um etwas Höheres und Tieferes ging, das sich in einem einzigen Begriff zusammenfassen lässt: *Sinnesänderung.* Ein Grundwort in der gesamten Bibel, zumal bei Jesus als eine Grundorientierung in seinem ersten öffentlichen Auftritt: Umkehr (griech. Μετάνοια). Wortwörtlich heißt die Botschaft Jesu im Markusevangelium: „Die Zeit ist erfüllt, das Reich Gottes ist nahe. Kehrt um und glaubt an das Evangelium!" (Mk 1,15*)*. **Es gibt eine erfüllte Zeit.** *Eine Zeit, in der nur der Augenblick zählt.* Eine Zeit, in der es nur auf das Handeln ankommt. Es ist eine Zeit, in der es – nach dem Grundanliegen des vorliegenden Buches – zu einer Zeitunterbrechung kommt und nur noch die Zeitintensität zählt. Indes beinhaltet eine solche Zeitintensität, in der die Selbsterfahrung zur Erfahrung der Selbsttranszendenz wird und dadurch zur Erfahrung der Transzendenz, das Menschlichste im Menschen. *In der Selbst-Überschreitung liegt die Realmöglichkeit der Gotteserfahrung [***Transzendenz-Erfahrung***].* Was diese Erfahrung mit der vom Apostel Paulus erwähnten „gottgewollten Traurigkeit" auf sich hat, lässt sich gut erahnen. Gerade in dieser Traurigkeit der Seele liegt etwas, was das unmittelbare Vorhandensein der Weltwirklichkeit übersteigt. Ähnlich verhält es sich mit der von mir beschriebenen Erfahrung der Ambivalenz vom Schönen und Loslassen-Müssen. Es lässt sich offensichtlich nicht schwer sagen: *Ich muss das Schöne in seiner Schönheit sein lassen, während ich intuitiv eingeladen bin, in der sich manifestierenden Schönheit eine mir unverfügbare Faszination anzunehmen.* Schönheit ist kein Besitz mit Gewalt! So ist die Schönheit der Natur in all ihrer Diversität (!) ein meinem Zugriff unverfügbares Geschenk. Die verlierbare sichtbare Schönheit ruft in mir eine Wende des Blicks hervor.

Sie lässt in mir die Sehnsucht nach etwas Größerem entstehen und fordert mich zugleich zu einer *Selbst-Verpflichtung gegenüber diesem Größeren* heraus. Das mich in meiner Erfahrung Ergreifende und mich in meinem Wesen umgreifende Schöne fordert mich zu einer persönlichen Stellungnahme auf und heraus. Diese Stellungnahme kommt einer Zustimmung gleich. Zustimmung ist allerdings ein existenzieller Akt. Als ein existenzieller Akt hat diese Zustimmung mit Grundvertrauen zu tun, aber zugleich mit der Freiheit. *Wie versteht sich aber der Glaube, wenn nicht als dieser Akt des Grundvertrauens und der Zustimmung?* Ein solches Grundvertrauen setzt jedoch voraus, dass etwas evident wird, was mich zutiefst berührt, was bei mir in meinem Seelengrund ankommt und mich unbedingt angeht, und nichtsdestoweniger mir unverfügbar bleibt. Hierin liegt meines Erachtens ein wesentlicher Teil des oft beklagten Glaubensschwunds in der gegenwärtigen europäischen Gesellschaft. Menschen der aufgeklärten Vernunft können mit der Realität der Unverfügbarkeit nicht gut umgehen. Die Handhabbarkeit ist generell das besondere Wesensmerkmal der Vernunft. Was nicht mehr zugeordnet und dabei kontrolliert werden kann, scheint den Menschen ihre Freiheit der Selbstgestaltung einzuschränken. Ohne diesen Gedanken zu überspannen, wären auch die gehäuften Beziehungskrisen diesem Denken zuzuordnen. Menschen übersprengen eben unsere Tendenz, alles handhaben wollen zu müssen. Wenn gar nicht für etwas anderes, *allein die Dynamik der Freiheit ist es, die uns die Handhabbarkeit menschlicher Beziehungen verwehrt. Um diese Nicht-Handhabbarkeit geht es aber auch in unserem Verhältnis zur Natur, besser gesagt, zur Schöpfung Gottes. Darin liegen die Größe und die Stärke der Mystik– der Mystik der Sinne.*

DIE MYSTIK DER SINNE IST KEINE BILLIGE SPIRITUALITÄT

Wer bis jetzt sorgfältig durch die Zeilen dieses Buches gegangen ist, wird entdeckt haben müssen, dass es mir bei der Suche nach dem für womöglich alle Menschen dieser einen Welt Gottes Verbindlichen keineswegs um eine billige Theologie geht. Eine Theologie der Oberflächlichkeit ist nicht nur der Macht der Bilder fremd, sondern kann keine verbindliche Kraft für das in diesem Buch Gesuchte beanspruchen. Eine nicht-bloße optische Wahrnehmung ist stets ein Ringen um eine Zerreißprobe, ein Ringen um die existenzielle Ambivalenz zwischen Faszinosum und Tremendum. *Das uns im Geschauten, im Wahrgenommenen Anziehende ist gleichzeitig das uns Abschreckende.* Dies scheint mir eine grundlegende menschliche Erfahrung zu sein. Gerade diese Spannung gehört zu unserem Menschsein.

Auch im Zeitalter des scheinbaren oder tatsächlichen Wiederaufkommens des Religiösen, im Zeitalter der trotz allem fortschreitenden Säkularismus inflationären Spiritualität, bleibt die besagte Ambivalenz erst richtig aufrecht. Andersherum: *Die Mystik der Sinne sprengt alle Grenzen der Sentimentalität der Gotteserfahrung auf und führt in die Tiefe eines Erfahrungshorizonts hinein, der alles andere als bequem ist und je sein kann.* Hier tut uns die biblische Hermeneutik der Gotteserfahrung not! (Vgl. Mose, Jakob, Elijah, Jeremiah, u. a. im Ersten Testament). Die theologische Schlussfolgerung aus diesen Beispielen biblischer Hermeneutik der Gotteserfahrung für dieses Buch über die **Mystik der Sinne** kann nicht hoch genug geschätzt werden. *Otto Fuchs* schreibt dazu: „Die Mystik ist der Ort, wo man über die Verzweiflung hinaus Gott Gott und damit größer als die eigene Not sein lässt und in der so die Sehnsucht nach Rettung einen

Hoffnungsschimmer erhält."[100] In diesem unserem Zeitalter, in dem das Wort „spirituell" mehr als inflationär geworden ist, muss eine Mystik der Sinne etwas ganz anderes sein. Es ist oft unklar, was mit dem Begriff „spirituell" oder gar „religiös" gemeint ist. In etlichen Gesprächen, wenn und wo ich die Situation als angemessen erachtet habe und die relative Ernsthaftigkeit meines Gegenübers feststellen konnte, hat sich eine latente Unverbindlichkeit hinter der Verwendung des Begriffs herausgestellt. *Das Religiöse oder die Spiritualität ist allerdings alles andere als unverbindlich!* Wer sich als „religiös" oder „spirituell" ausgibt, *bekundet* nicht nur eine Erfahrung, die weit größer ist als sein unmittelbarer Erfahrungshorizont zulassen kann, sondern *bekennt* sich darüber hinaus zu einem bergenden Eingebettet-Sein seiner eigenen Person in eine umfassendere Wirklichkeit. Das ist allerdings alles andere als unverbindlich, alles andere als harmlos! *Das persönliche Bekenntnis zum „Spirituellen" ist eine individuelle Entscheidung, die alle Bedingtheiten menschlicher Erfahrungen sprengt, auch wenn sie sie nicht aufhebt.*

---

100 Fuchs, Otto (2014): Der zerrissene Gott. Das trinitarische Gottesbild in den Brüchen der Welt. Matthias Grünewald der Schwabenverlag AG, Ostfildern. S. 79.

RÜCKKOPPELUNG EINER SINNENHAFTEN ERFAHRUNG

Dieses Buchprojekt macht ernst mit der Frage, angesichts mehrfacher Trennungs-, Ausgrenzungs- und Polarisierungserfahrungen in unserer gegenwärtigen Weltgesellschaft, *ob es nicht doch eine elementare Erfahrung gibt, die allen Menschen aller Religionen und Kulturen gemeinsam ist, auf deren Grundlage eine natürliche Vernünftigkeit für einen dauerhaften Frieden aufgebaut werden kann.* Diesem Buchprojekt einer Mystik der Sinne liegt, um es noch einmal hervorzuheben, meine zentrale Motivation zugrunde. *Ich erkläre mich als ein aus vielfältigen Erfahrungshintergründen kommender neuzeitempfindsamer Christenmensch, kircheninstitutionell kritischer Priester-Seelsorger, als ein dem Abgrund menschlichen Lebens zugewandter Psychotherapeut und nicht zuletzt als ein im Kontext mehrfacher Polarisierungen in unserer gegenwärtigen Weltgesellschaft interkulturell denkender Mensch zum Anwalt der* **Gottfähigkeit eines jeden Menschen einer jeden Kultur.** Die Frage des „basal" Verbindlichen ist alles andere als banal! Ich bin längst zu der zwingenden Überzeugung gekommen, wie viele Erfahrungen in vielen Lebensbereichen bestätigen, dass es nicht notwendigerweise die sogenannten „großen" Dinge sind, die für das ausschlaggebende Gelingen des Zusammenlebens der Menschen eine große Rolle spielen, sondern vielmehr die mutmaßlichen kleinen. Ein plakatives Bild in der Bibel (Paulus) über das organisch zusammengefügte Ganze des menschlichen Körpers (1 Kor 12,12-27; Röm 12,1-8) untermauert die große Bedeutung des oft scheinbar Vernachlässigbaren. Die Übertragung auf unsere konkreten Alltagserfahrungen leuchtet ein: *Das in den Augen vieler Menschen Alltägliche ist niemals ausschließlich eine Alltäglichkeit! Der Alltag ist der existenzielle Ort unserer* **Lebenspoesie.** Unser Alltag ist der Ort der Verdichtung der oft vernachlässigten „kleinen Dinge" zu prägenden Grunderfahrungen unserer Existenz. Ich finde deshalb, dass die **Mystik der Sinne** eine andere Ausdrucksweise für unsere ganzheitliche Persönlichkeitserweiterung ist. Im Schönen entdeckt der Mensch – jeder Mensch (!) – seine unverlierbare Größe und geistige Heimat. Dieser Thematik widme ich mich im nächsten Abschnitt.

DIE ANBETUNG DES SCHÖNEN

Wenn uns das Schöne in seiner Faszination, in seiner ganzen Anziehungskraft über uns selbst hinausweist und in eine enge Berührung mit der Transzendenz führt, so entsteht erwartungsgemäß die *Attitüde der Würdigung, der religiös verstandenen Anbetung.* Denn, was ist sonst Anbetung, wenn nicht, dass der Mensch im Staunen die Ergriffenheit im unbeschreiblichen Gefühl der Dankbarkeit zulässt? *Die Bibel ist voll von Szenen, in denen unterschiedliche Menschen unter unterschiedlichen Lebensumständen derart von der immanenten Transzendenz Gottes überwältigt worden waren, dass sie die Anbetung als die einzig sinnvolle Option sahen und unmittelbar ausübten.* Vielen Menschen in der Bibel ist schon im Traum Wichtiges von Gott eingegeben worden. Nicht nur Zacharias bei der Verheißung eines Sohnes im fortgeschrittenen Alter, als er der Verheißung keinen Glauben schenkte und im Traum die Sprache verlor, oder auch Josef, dem Ziehvater Jesu, als er im Traum erfuhr, dass Herodes das Jesuskind umbringen wollte und er die Anweisung erhielt, mit ihm und seiner Mutter, Maria, nach Ägypten zu flüchten. Jakob, der Ahnenvater Israels, machte auch eine ergreifende Gotteserfahrung im Traum bei der Flucht vor seinem Bruder Esau. Nachdem er den Segen seines Vaters Isaak erhalten hatte, machte er sich auf den mühsamen Weg aus Beerscheba nach Haran. Was er unterwegs erlebte, schildert uns das folgende Zitat, das ich hierzu in der nötigen Länge heranziehe:

„Jakob zog aus Beerscheba weg und ging nach Haran. Er kam an einen bestimmten Ort, wo er übernachtete, denn die Sonne war untergegangen. Er nahm einen von den Steinen dieses Ortes, legte ihn unter seinen Kopf und schlief dort ein. Da hatte er einen Traum: Er sah eine Treppe, die auf der Erde stand und bis zum Himmel reichte. Auf ihr stiegen Engel Gottes auf und nieder. Und siehe, der Herr stand oben und sprach: ich bin der Herr, der Gott deines Vaters Abraham und der Gott Isaaks. Das Land, auf dem du liegst, will ich dir und deinen Nachkommen geben.

Deine Nachkommen werden zahlreich sein wie der Staub auf der Erde. Du wirst dich unaufhaltsam ausbreiten nach Westen und Osten, nach Norden und Süden und durch dich und deine Nachkommen werden alle Geschlechter der Erde Segen erlangen. Ich bin mit dir, ich behüte dich, wohin du auch gehst, und bringe dich zurück in dieses Land. Denn ich verlasse dich nicht, bis ich vollbringe, was ich dir versprochen habe. Jakob erwachte aus seinem Schlaf und sagte: Wirklich, der Herr ist an diesem Ort und ich wusste es nicht. Furcht überkam ihn und er sagte: Wie Ehrfurcht gebietend ist doch dieser Ort! Hier ist nichts anderes als das Haus Gottes und das Tor des Himmels. Jakob stand früh am Morgen auf, nahm den Stein, den er unter seinen Kopf gelegt hatte, stellte ihn als Steinmal auf und goss Öl darauf. Dann gab er dem Ort den Namen Bet-El (Gotteshaus). Früher hieß die Stadt Lus." (Gen 28,10-19)

Bezeichnend für diese Erfahrung des vor seinem Bruder flüchtenden Jakob ist, dass geradezu in einer solchen krisenhaften Lebenssituation *unerwartet* ein neuer Horizont für das Leben aufgetan wurde. Ich möchte fast sagen, *dass aus einer Verzweiflungssituation die Natur, ja, sogar ein totes Objekt, ein Stein, zu einem Ort der Hoffnung, eines Neubeginns wurde. Am Ort der Niedergeschlagenheit geschah das unerwartet den Jakob Ergreifende.* **Das Erlebte führte zum Staunen und drang zur Anbetung durch.** Der tote Ort verwandelte sich zum „Haus Gottes" und zum „Tor des Himmels". Bemerkenswert für den zentralen Gedanken in diesem Buch ist, dass Jakob seine Erfahrung nicht hätte in enge Verbindung mit Gott bringen müssen. Er tat es dennoch!

Wir lernen also aus dieser Begebenheit, dass es schon auch an uns liegt, ob wir eine bestimmte Erfahrung eines Urphänomens religiös interpretieren oder ob wir gegenüber solchen Erfahrungen verschlossen bleiben und ihnen keine besondere Kraft beimessen. Um an diesem Punkt der **African Traditional Religion** (ATR) das Wort zu reden, habe ich nach so vielen Jahren, die ich in der europäischen Gesellschaft mit allen ihren geschichtlichen und aufklärerischen Erfahrungen verbracht habe, immer noch lebendige Erinnerungen an einige „heilige Orte" in meiner Heimatgemeinde, an denen sich Frauen und Männer versammelten. In einer offensichtlichen Erhabenheit und Hingabe vollzogen sie ihre Riten. Diese Menschen fühlten sich zur Naturreligion zugehörig. Sie waren die Anhänger der Naturreligion, die nicht zu verwechseln ist mit der sogenannten Voodoo-Kunst. Rund um einen üblicherweise großen Baum verrichteten sie ihre Andacht und feierlichen Zeremonien. Niemand konnte im Zweifel darüber sein, dass hier etwas Heiliges im Spiel war. Wissbegierig, wie ich als Kind war, hatte ich das einzigartige Privileg, dass eine Tante, eine ältere Schwester meiner Mutter, dieser ATR[101] mit großer Leidenschaft zugehörte. Also fragte ich sie, was sie da immer wieder tun– „mit jenen Menschen". Ihre mit besonderer Bedacht gegebene Antwort werde und möchte ich nicht mehr vermissen! Sie sagte zu mir mit einem vertraulichen Lächeln im Gesicht: „Mein Sohn, schön, dass DU mich fragst. Was euer Gebäude (damit meinte sie das Kirchengebäude, Anm. NFM) für euch bedeutet, das bedeutet uns dieser Platz um den Baum. Siehst du manches Mal einige Gegenstände und Blutspuren auf dem Boden rund um den Baum?" Ich antwortete mit einem Ja. Dann fuhr sie fort: „Was wir tun, ist, dass wir dem ‚großen Gott' (Chi – Schöpfer) unsere Ehrfurcht für die Natur bringen, er möge sie für uns weiterhin gesund erhalten, damit wir selber gesund sein können." Nun frage ich mich, wenn ich folgende Worte von Papst Franziskus lese, ob es einen gravierenden Unterschied zur religiösen Haltung meiner verstorbenen Tante in ihrer naturreligiösen Gemeinschaft gibt: „Wenn wir uns bewusst werden, dass in allem, was existiert, der Widerschein Gottes vorhanden ist, verspüren wir zuinnerst den Wunsch, den Herrn für alle seine Geschöpfe und gemeinsam mit ihnen anzubeten."[102] Wenn man bedenkt, dass es schon große Umweltkonferenzen und

---

101 ATR steht normalerweise und in diesem Buch als die Abkürzung für „African Traditional Religion" und hat nichts gemein mit dem, was viele frühe europäische Missionare und viel später nicht wenige indigene katholische Priester als „Idolatrie" oder Götzendienst oder Heidentum denunzierten.
102 Papst Franziskus (2015): Laudato si [Gelobt seist du, mein Herr]. Enzyklika. Nr. 87. St. Benno Verlag GmbH. Leipzig. S. 69.

Vereinbarungen auf der weltpolitischen Ebene gegeben hat (Kyoto 1997, Paris 2015, Marrakesch 2016, Madrid 2019) und nichtsdestotrotz der Umsetzungswille auf der weiten Strecke geblieben ist, dann stellt sich im Ernst die Frage, ob nicht doch eine andere innere Haltung vonnöten wäre, um spürbare und sichtbare Schritte zu erzielen. Die große Hoffnung, die von Paris ausgegangen ist, weil 175 Staaten einen Klimavertrag unterzeichnet hatten[103], wobei dem ehemaligen US-Präsidenten Barack Obama eine starke Führungsrolle zukam, ist seit der Wahl von Donald J. Trump ins Wanken gekommen. Dass bereits die Umweltenzyklika von Papst Franziskus „Laudato si" am 18. Juni 2015, also vier Monate vor der Umweltkonferenz in Paris (30. November–12. Dezember 2015) erschienen war, wollte den Staatsoberhäuptern die Notwendigkeit einer spirituellen Perspektive beim Anpacken des weltweit alarmierenden Problems des Klimawandels vermitteln.

Es ist für Papst Franziskus eine unverzichtbare Dimension, dass alle ökologischen Bestrebungen zu kurz greifen werden müssen, solange die Humanökologie außer Acht gelassen wird. Er ermahnt dazu: „Die Humanökologie beinhaltet auch einen sehr tiefgründigen Aspekt: die notwendige Beziehung des Lebens des Menschen zu dem moralischen Gesetz, das in seine eigene Natur eingeschrieben ist. Diese Beziehung ist unerlässlich, um eine würdigere Umgebung gestalten zu können […] Auf dieser Linie muss man anerkennen, dass unser Körper uns in eine direkte Beziehung zu der Umwelt und den anderen Lebewesen stellt. Das Akzeptieren des eigenen Körpers als Gabe Gottes ist notwendig, um die ganze Welt als Geschenk des himmlischen Vaters und als gemeinsames Haus zu empfangen und zu akzeptieren, während eine Logik der Herrschaft über den eigenen Körper sich in eine manchmal subtile Logik der Herrschaft über die Schöpfung verwandelt."[104] **Die Ehrfurcht vor der Schöpfung** ist umfassender

---

103 https://de.wikipedia.org/wiki/UN-Klimakonferenz_in_Paris 2015.
104 Papst Franziskus (2015): Laudato si. [Gelobt seist du, mein Herr]. Enzyklika. St. Benno Verlag GmbH. Leipzig. Nr. 155. S. 121.

als eine einseitige Umweltpolitik und bringt zum Ausdruck, was der Mensch in der Anbetung tut: die ehrfürchtige Anerkennung des Schöpfergottes.

In der Anbetung unterscheiden sich die Geister im Angesicht aller Formen des Fanatismus und der Radikalisierung durch die Religion. Es übersteigt einfach mein Fassungsvermögen– und hoffentlich nicht meines allein! – zu erfahren, mit welcher gewaltbereiten Entschlossenheit manche Menschen ihren angeblichen Gott oder Allah verteidigen! Ein solches Denken und eine derartige Handlungsweise sind meines Erachtens nichts anderes als eine Verkehrung der **Seinsordnung**. Mit dem Begriff der Seinsordnung soll ausgesagt werden, dass eine höhere Seinsordnung es nicht und niemals nötig hat, von einer niederen verteidigt zu werden. Wenn „höher" im Sinn von Kapazität und Qualität, dann müsste es jederzeit möglich sein, sich selbst im Rahmen ihrer Ausdrucksmöglichkeit durchzusetzen. *Ich sehe es als eine **menschliche Hybris** an, dass ein sterblicher Mensch Gott oder Allah zu verteidigen glaubt!* In der Regel kann ein Mensch nur das verteidigen, was in seinem Besitz ist, worüber er jederzeit verfügen kann. Gott oder Allah steht dem begrenzten und sterblichen Menschen jedoch niemals zur Disposition! Wenn überhaupt, dann ausschließlich nur, um ihn in seine Seins- und Wirkungssphäre hereinzuholen. Gott oder Allah ist da, um den Menschen zu einem seinem Ursprung entsprechenden Wesen in Freiheit zu geleiten. Nicht der Mensch ist im Stande, Gott oder Allah zu einem erfüllten Leben anzuleiten. Es ist immer Gott oder Allah, der aus der Fülle seines Wesens dem Menschen Anteil gewährt. Eine Umkehrung ist schlechthin ein Widerspruch im Seins- und Religionsverständnis. Sie führt *á la longue* zur Gewaltherrschaft.

Die natürliche Spiritualität, die ich in diesem Buchprojekt angepeilt habe, bringt zum Ausdruck, dass der Mensch im Geschauten und in aller Offenheit Wahrgenommenen die Heimat seiner Seele findet oder zu finden vermag. Im Geschauten und innerlich Wahrgenommenen vernimmt der Mensch Großartiges und kann die sanften Klänge und Melodien aller Wesen spüren. Gerade diese Art Resonanz gehört zum Geheimnis menschlicher Existenz, die – obwohl weltzugewandt – weit über das Weltliche hinausgeht. *Die Mystik der Sinne bringt deshalb die Göttlichkeit Gottes im Irdischen und durch das Irdische zum Ausdruck.* Wir können uns vielleicht kaum angemessen vorstellen, wie unermesslich diese Erkenntnis sein kann, und in der Tat ist sie unerlässlich für unsere Gestaltungskraft für diese Welt! Denn es kann nicht anders sein, als dass unsere Wahrnehmung der immanenten Göttlichkeit in den Phänomenen und oft nicht genug beachteten Dingen dieser Welt einen ethischen Charakter besitzt, einen moralischen Imperativ. Diese Erkenntnis verpflichtet uns zu einem Sinneswandel gegenüber einem neoliberalistischen Denken und Handeln, unter dem die gesamte Schöpfung stöhnt und ausblutet. Für die besondere Bedeutung dieses ethischen Imperativs aus der Erkenntnis der immanenten Göttlichkeit in dieser Welt mit allen ihren Schattenseiten zitiere ich wortwörtlich jene tiefsinnigen Worte aus dem Römerbrief:

„Denn die Schöpfung wartet sehnsüchtig auf das Offenbarwerden der Söhne (und Töchter, Anm. NFM) Gottes. Gewiss, die Schöpfung ist der Nichtigkeit unterworfen, nicht aus eigenem Willen, sondern durch den, der sie unterworfen hat, auf Hoffnung hin: Denn auch sie, die Schöpfung, soll von der Knechtschaft der Vergänglichkeit befreit werden zur Freiheit und Herrlichkeit der Kinder Gottes. Denn wir wissen, dass die gesamte Schöpfung bis zum heutigen Tag seufzt und in Geburtswehen liegt." (Röm 8,19-22)

Mitten in diesem Seufzen der Schöpfung (Ich sehe dieses Seufzen als die von Menschen verursachte Bürde des Klimawandels an!) wird unsere Aufmerksamkeit auf eine bestimmte Dynamik gelenkt, auf die **Dynamik der Hoffnung**, wenn es im zitierten Text heißt „auf Hoffnung hin". Natürlich ist diese Hoffnung mit dem Wörtchen „hin" im Kontext der von Gott in und durch Jesus Christus gewirkten Heilsgeschichte zu verstehen. Dessen ungeachtet gehört es zur theologisch-wissenschaftlichen Reflexion, dass die Menschwerdung Gottes den Menschen in die Sphäre seiner heilsgeschichtlichen Verantwortung hereingeholt hat. Diese unverdiente Gnade bildet eine spannende Diskussionsgrundlage für das ethische Handeln des Menschen, für seine persönliche Entscheidung hinsichtlich der Gestaltung dieser

Welt, für die er zum Leben keine andere Alternative hat. Wie es mit dieser **Entscheidungsverantwortung des Menschen** gegenüber der wahrgenommenen Immanenz der Göttlichkeit ausschaut, formuliert *Thomas Merton* folgendermaßen: „Sich für die Welt zu entscheiden bedeutet dann nicht bloß, in frommer Ergebenheit Ja und Amen zur Welt zu sagen, weil sie aus der Hand Gottes kommt. Es bedeutet vor allem, in der Welt, in der Geschichte und in der Zeit eine Aufgabe und eine Berufung zu übernehmen. In meiner Zeit, die die gegenwärtige ist. Sich für die Welt zu entscheiden heißt, die Arbeit und Mühe auf sich zu nehmen, die ich auf mich nehmen kann, um zusammen mit meinen Brüdern (und Schwestern, Anm. NFM) die Welt ein Stück weit besser, freier, gerechter, lebenswerter, menschlicher zu gestalten."[105]

Wenn nun in diesem mit Absicht gesetzten letzten Abschnitt des vorliegenden Buchprojektes über die Mystik der Natur die Anbetung den Schlussakkord bildet, so geschieht dies in Anbetracht jener Friedensrelevanz, die mit der menschlichen Tugend der Dankbarkeit eng verbunden ist, einer Dankbarkeit, welche meines Erachtens der schlechthinnige Sinngehalt der Anbetungshaltung darstellt. *Bringt die Dankbarkeit nicht etwa die Unverfügbarkeit menschlicher Existenz zum Ausdruck? Sagt die Dankbarkeit nicht, von der inneren Logik her, eine verdankte Existenz aus? Es ist jedoch schier unmöglich, die Dankbarkeit und die Gewalt zusammenzudenken!* Ich sage in aller Deutlichkeit: *Dankbarkeit und Gewalt – in welcher Form auch immer – sind widersprüchlich!* Einer der bekanntesten spirituellen Schriftsteller unseres Jahrhunderts, Henri J.M. Nouwen, schreibt über die innere Haltung der Dankbarkeit und unterstreicht zugleich ihre Bedeutung für das Zusammenleben der Menschen: „Wenn wir beharrlich nach dem Licht ausschauen, werden wir erleben, dass wir auch selbst immer mehr Licht

---

105 Merton, Thomas (1986): Im Einklang mit sich und der Welt. Contemplation in a World of Action. Aus dem Amerikanischen und mit einer Einführung von Georg Tepe. Diogenes, Zürich, S. 66.

ausstrahlen. Was mich vor allem fasziniert, ist die Beobachtung, dass ich jedes Mal, wenn ich mich für die Dankbarkeit entscheide, viel leichter neue Gründe zum Dankbarsein entdecke. Die Dankbarkeit erzeugt neue Dankbarkeit, so wie die Liebe neue Liebe hervorbringt."[106] *Meine Frage: Verträgt sich denn die Dankbarkeit, **die neue Dankbarkeit** erzeugt, mit kriegerischen Auseinandersetzungen?*

Ist nicht die Dankbarkeit geradezu das Antidot gegen jene Wahrheit der Kriegsführung, wie sie der Apostel Jakobus in seinem Brief schonungslos beschreibt? Im 4. Kapitel steht geschrieben: *"Woher kommen Kriege bei euch, woher Streitigkeiten? Etwa nicht von den Leidenschaften, die in euren Gliedern streiten? Ihr begehrt und erhaltet doch nichts. Ihr mordet und seid eifersüchtig und könnt dennoch nichts erreichen. Ihr streitet und führt Krieg."* (Jak 4,1-2c)

Die **Faszination**, die von bestimmten Schöpfungsphänomenen ausgeht und die wir bewusst wahrnehmen, wie einige Bilder in diesem Buch demonstrieren, besitzt eine Sprache, die nach meinem Dafürhalten zum Wesen der **Mystik der Natur** untrennbar gehört: *Eine Sprache, die mir sagt, dass es gut ist, dass es mich gibt; dass ich im Gesamtkontext des Universums meinen richtigen Platz habe. Im vollen Bewusstsein meines auf mich zugeschnittenen Platzes kann ich allerdings unmöglich anderen Menschen ihre eigenen Plätze streitig machen!* Gewalt, wie uns die Stelle aus dem Jakobusbrief lapidar schildert, hängt schon mit dem Gedanken des Besitzes zusammen. *Gewalt wird zu einer Negation der Dankbarkeit, die eine geistige Grundbedingung schafft für ein gedeihliches Miteinander unter den Menschen.* Ich möchte es noch einmal besonders hervorheben: *Die Haltung der Dankbarkeit, wie ich sie des Öfteren, vermittelt durch Naturphänomene, erlebe, hat damit zu tun, dass ich mich unendlich vom Schöpfergott geliebt fühle, trotz all meiner menschlichen Unzulänglichkeiten.* Welchen Sinn macht es aber und welche Glaubwürdigkeit hängt damit zusammen, wenn ein Mensch, der sich mitten in der Schöpfungsfaszination geliebt weiß, nichtsdestotrotz mit

---

106 Nouwen, Henri J. M. (1993): Du bist der geliebte Mensch. Religiös leben in einer säkularen Welt. Herder Freiburg im Breisgau, S. 53.

anderen Menschen um diese ihn umgreifende Liebe rivalisiert? Darum stimme ich ohne Abstriche der Überzeugung Nouwens zu, wenn er schreibt: „Man kann unmöglich miteinander um Gottes Liebe rivalisieren. Gottes Liebe ist eine Liebe, die alle Menschen einschließt – jeden Einzelnen mit seiner einmaligen Art. Aber erst wenn wir unseren ganz persönlichen Platz in Gottes Liebe eingenommen haben, können wir die Erfahrung dieser allumfassenden Liebe machen, die keinen mit dem anderen vergleicht und keinen gegen einen anderen ausspielt, und wir können uns geborgen fühlen, nicht nur mit Gott allein, sondern zusammen mit allen unseren Brüdern und Schwestern."[107]

Ein solches Verständnis verlangt natürlich nach einer Haltung, die es nicht mehr nötig hat, einen solchen Gott der Liebe mit allen Mitteln zu *verteidigen! Die Absurdität des Gedankens an einen Gott, den ein sterblicher Mensch mit all seinen innerweltlichen und metaphysischen Einschränkungen als den Gott der Schöpfung und den Gott der Liebe zu verteidigen glaubt, kann nicht größer sein. Das Friedenspotential in der natürlichen Spiritualität ist in einer durch Fundamentalismus, Fanatismus und Populismus charakterisierten Welt des 21. Jahrhunderts unschätzbar!* Allein schon, wenn in einigen Kulturen, wie in meiner eigenen im Südosten Nigerias, der aufschlussreiche Begriff von der Erde „Mutter Erde" heißt, vermittelt er eine Art ethischen Imperativs, der zum Kern die allgemeine Zugehörigkeit aller Menschen dokumentiert, sowie das Bewusstsein dafür, dass alle Menschen zum Überleben gerade diese „Mutter Erde" brauchen. Es birgt sich ein tiefer Sinn in der Benennung „Mutter Erde". „Sie wird als Urgrund des Daseins empfunden. Aus ihr wurde das Geschöpf geboren, in ihr fühlt es sich eingebettet, sie wird es einst im Tode umfangen."[108] Im katholischen Begräbnisritus heißt es nicht umsonst „Von der Erde bist du genommen, und zur Erde kehrst du zurück.

---

107 Nouwen, Henri J. M. (1993): Ebd., S. 55.
108 Taschner, Rudolf (2016): Woran glauben. 10 Angebote für aufgeklärte Menschen. Christian Brandstätter Verlag, Wien. S. 39.

Der Herr aber wird dich auferwecken." Das Eins-Sein mit der Erde wird als Ermöglichungsgrund einer neuen Geburt in der Kraft des Schöpfers gesehen. In das gleiche Horn stößt Jesus, wenn er vom Weizenkorn spricht, das zuerst sterben muss, um reiche Frucht hervorbringen zu können. (Joh 12,24) Die neue grüne Bewegungswelle, die von der norwegischen Teenagerin Greta Thunberg angestoßen worden ist, ist keine machtergreifende Politik, sondern wenn schon Politik, dann eine Politik für das Überleben der Menschheitsfamilie; eine neue Politik eines neuen Mitgefühls mit allen Lebewesen. Auch wenn die grüne Bewegung viel älter als diese Jugendliche ist, so hat doch ihre Initiative mit der unübersehbaren beziehungsweise unüberhörbaren Passion eine ganz neue Dynamik erhalten, da es zumeist junge Menschen sind, die weltweit unter dem Motto „Fridays for Future" auf die Straßen gehen. In der Tat, wenn junge Menschen auf ihren Schulunterricht verzichten, um zusammen mit vielen anderen Jugendlichen in vielen Ländern der Welt zeitgleich zu einem Protestmarsch zu gehen, dann steht alles auf dem Spiel, nämlich *der Wille zur Veränderung. Wir sind eine bedrohte Menschheit, weil der Mensch des 21. Jahrhunderts seine Anfälligkeit für eine neoliberalistische und ausbeuterische Wirtschaft nicht hinter der Tür versteckt. Die Rettung für alle würde jedoch in einer gewandelten Einstellung zur Natur als einem Lebensraum für alle liegen.* Ein Lebensraum ist aber viel mehr als ein bloßer Ort. Nein! Ein Lebensraum ist eben ein solcher, weil alles in ihm einen Lebensbezug hat, weil ein solcher Raum atmet. Er ist weit mehr als eine bloße geografische Location. Er ist sinn-trächtig, und dadurch enthält er etwas Transzendentes. Man muss auch nicht gleich an Transzendentes denken. Elementar anthropologisch hat die innere Beziehung des Menschen zur Natur einen unschätzbaren Vorteil. „Wer an die Natur glaubt, ist danach bestrebt, mit ihr in Harmonie zu leben. Dazu ist es nötig, sich der Natur gegenüber zu öffnen, gleichsam zu hören, was sie als ein ihr angemessenes Verhalten verlangt. Die erste und naheliegende Botschaft, welche die meisten von Mutter Natur vernehmen, lautet, dass man auf die Gesundheit, das körperliche Wohl, die sportliche Leistungsfähigkeit bedacht zu sein hat."[109] Es gäbe sicherlich viele andere Orte beispielsweise in Wien, dennoch ist es für mich immer eine Faszination, die vielen Menschen zu sehen, die im Steinhofpark im 16. Gemeindebezirk der Stadt Wien oder auf dem Pratergelände unterschiedliche sportliche Bewegungen tätigen. Man bekommt einfach den Eindruck, dass das Leben bei diesen Menschen im Fluss ist. Sie sind von der Aura der Leichtigkeit und der Zufriedenheit umgeben. Bei solchen Anblicken fällt mir immer wieder dieser eine Satz ein: *„Es ist gut, dass der Mensch ganz sei!"* Ich empfinde es auf alle Fälle so, dass der Mensch sich in der Natur und von ihr neu gebären lässt.

Ist es denn nicht eine Selbstauslöschung der Menschheitsfamilie, dass ein allgemeines gestörtes Verhältnis zur Natur besteht? Mag schon nach Übertreibung klingen, denn es sind sicherlich nicht alle, die ein solches gestörtes Verhältnis zur Natur haben. Nichtsdestotrotz kann nicht geleugnet werden, dass die Natur unter der Bürde des menschlichen Machbarkeitswahns leidet. *Cui bono? Wem nutzt es eigentlich?* Darum verlangt es aus meiner Sicht nach einem Paradigmenwechsel im Denken und im Handeln! Wir brauchen nicht nur die klassische Tugend der Klugheit, sondern zudem die biblisch begründeten Tugenden von Demut und Bescheidenheit. Die sind jedoch nur möglich mit einer guten Portion Gottvertrauen! Das ist die Aufrüttelung Jesu im Matthäusevangelium, die ich bewusst in voller Länge wiedergeben möchte:

„Sorgt euch nicht um euer Leben und darum, dass ihr etwas zu essen habt, noch um euren Leib und darum, dass ihr etwas anzuziehen habt. Ist nicht das Leben wichtiger als die Nahrung und der Leib wichtiger als die Kleidung? Seht euch die Vögel des Himmels an: Sie säen nicht, sie ernten nicht und sammeln keine Vorräte in Scheunen; euer himmlischer Vater ernährt sie. Seid ihr nicht viel mehr wert als sie? Wer von euch kann mit all seiner Sorge sein Leben auch nur um eine kleine Zeitspanne

---

109 Taschner, Rudolf (2016): Woran glauben. 10 Angebote für aufgeklärte Menschen. Christian Brandstätter Verlag, Wien. S. 48.

verlängern? Und was sorgt ihr euch um eure Kleidung? Lernt von den Lilien, die auf dem Feld wachsen: Sie arbeiten nicht und spinnen nicht. Doch ich sage euch: Selbst Salomo war in all seiner Pracht nicht gekleidet wie eine von ihnen. Wenn aber Gott schon das Gras so prächtig kleidet, das heute auf dem Feld steht und morgen ins Feuer geworfen wird, wie viel mehr dann euch, ihr Kleingläubigen! Macht euch also keine Sorgen und fragt nicht: Was sollen wir essen? Was sollen wir trinken? Was sollen wir anziehen? Denn um all das geht es den Heiden. Euer himmlischer Vater weiß, dass ihr das alles braucht. Euch aber muss es zuerst um sein Reich und um seine Gerechtigkeit gehen; dann wird euch alles andere dazugegeben. Sorgt euch also nicht um morgen; denn der morgige Tag wird für sich selbst sorgen. Jeder Tag hat genug eigene Plage." (Mt 6,25b-34)

Das Anliegen Jesu in dieser Stelle der Bergpredigt hat nichts gemein mit einer Schicksalsergebenheit, auch nicht mit einer fatalistischen Gottergebenheit. Ich werde niemals vergessen, wie emotionalisiert ich war, als es einmal im Rahmen der „Priesterbegleitung" der Erzdiözese Wien unter der damaligen Bezeichnung „Wüstentage"[110] in unserer Gruppe um den Austausch über diese Bibelstelle ging. Gar keine Frage, dass es in dieser Bibelstelle theologisch gesehen um die Sorglosigkeit geht, die ein gesundes Gottvertrauen zur Grundlage hat. Ich wollte in der Runde abwarten und hören, was alle anderen zu sagen haben. Natürlich war ich mir immer schon im Klaren, worum es Jesus gegangen war und was seine Botschaft für unser Christsein bedeutet. Nichtsdestotrotz

---

110 „Priesterbegleitung" ist eine Einrichtung im Pastoralamt der Erzdiözese Wien und ist gedacht als Hilfestellung für alle Priester, die einer persönlich-geistlichen Unterstützung bedürfen würden, sei es nun im Bereich der Spiritualität oder der Psychotherapie. Die spirituelle Dimension dieser Einrichtung hieß „Wüstentage" und wurde im Jahre 2019 auf „Oasen Tage" geändert, womöglich, damit mehr Priester diese Hilfestellung in Anspruch nehmen würden können. Sie wird von einer klugen mystisch wirkenden Frau geleitet, die nicht nur Impulsreferate am Vormittag liefert, während es am späten Nachmittag, um 17:00 Uhr, zu einem allgemeinen Austausch über die „Bewegungen der Seele" kommt. Solche (nunmehr) „Oasen Tage" finden in der Regel einmal im Monat, vom Sonntagabend bis Montagabend, statt.

habe ich schon längst gelernt, sowohl mein persönliches Leben als auch die Weltereignisse gegenüber meiner oft empfundenen Ohnmacht im Zeichen des Kreuzes zu betrachten. Natürlich ist das Gesagte kein Widerspruch zum theologischen Sinngehalt dieser Bibelstelle. Unbeschadet dessen muss ich Raum schaffen für die Verbalisierung meiner Ohnmacht, ohne die großartige Botschaft Jesu zu verfehlen. Ich fand es allerdings einfach ganz schön, dass sich der Kardinal [Schönborn] die Gelegenheit nicht hat nehmen lassen und immer wieder dabei war. Nun sprach auch er über seine Schwierigkeit mit der Gelassenheit und der Sorglosigkeit bei der Erfüllung seiner nicht leichten Aufgabe als Erzbischof von Wien. Seine Offenheit, in der er immer wieder ein persönliches Lebens- und Glaubenszeugnis abgelegt hat, bringt immer wieder viele Menschen zum Staunen. Gerade diese seine Offenheit gehört wesentlich zu seiner Glaubwürdigkeit. Meinem Empfinden nach macht er unbewusst vielen Menschen großen Mut, ihren eigenen Weg im Vertrauen auf Gott zu gehen. Da ich immer noch nichts gesagt habe, fragte er mich ganz persönlich (höchstwahrscheinlich, weil ihm meine angespannte Aufmerksamkeit auffiel): „Und, Fabian, was sagst DU dazu?" Die Art und Weise, wie ich mit meiner Stellungnahme begonnen habe, verschärfte seine ohnehin spürbare Aufmerksamkeit. „Herr Kardinal", fing ich an, „ich mache mir sicherlich Sorgen! Ich muss mir Sorgen machen!" Nun war meine Emotion nicht mehr zu unterdrücken. Ich fuhr fort: „Ich mache mir Sorgen um die schwierige Situation in der katholischen Kirche wegen der sexuellen Missbrauchsskandale. Ich mache mir Sorgen um die Verfolgung der Christinnen und Christen in Nigeria durch die Terrorgruppe Boko Haram und die Viehhirten im Norden Nigerias, die auch schon den Süden infiltriert haben. Ich mache mir Sorgen darum, dass die westliche Presse über das Ganze schweigt und sich die katholische Kirche hier im Westen in Schweigen hüllt. Ich mache mir Sorgen um die Millionen Menschen, die auf der Flucht sind wegen **Verwüstungsrealität** in ihren Ursprungsländern. Ja, ich mache mir Sorgen, Herr Kardinal! Meine Frage ist nur: Wohin mit dieser dreifachen Sorge? Das ist für mich die entscheidende Frage und nicht, ob ich mir Sorgen zu machen habe oder nicht. Erst wenn ich weiß, was meine echten Sorgen sind, kann ich sie abgeben – an Jesus." Ich werde aber auch die väterliche Reaktion des Herrn Kardinals niemals vergessen. Zusammen mit allen anderen Mitbrüdern und der Leiterin saß er ruhig da, nickte mehrmals, während er mit ersichtlicher Betroffenheit sagte: „Ja, ja, ja." *An dieser Stelle erinnere ich noch einmal an meinen bereits getätigten Hinweis auf die Mystik der zwischenmenschlichen Begegnungen, bei denen aus einer vorbehaltlosen Offenheit und einer dem Gegenüber zugewandten Aufmerksamkeit eine Art Zugehörigkeit, um nicht zu sagen Seins-Verschmelzung, entsteht. Wenn dies nicht eine mystische Erfahrung wäre!*

So habe ich persönlich eine große Scheu davor, diese gewaltige Botschaft Jesu theologisch zu überstrapazieren. Ich möchte auf alle Fälle diese Stelle des Evangeliums nach Matthäus in einem engen Sinnzusammenhang mit meiner Motivation für dieses Buch verstanden sehen. *Könnte es nicht sein, dass Jesus uns darauf aufmerksam macht, dass wir im Ganzen eingebettet sind? Dass wir aufhören sollten, die Wirklichkeit als ganze auseinanderzudividieren? Dass wir ein Teil vom Ganzen sind, das in der Obhut Gottes gut aufgehoben ist?* „Seht euch an!" Jesus hätte auch sagen können: „Betrachtet!" Das ist aber eine intensive Form der Wahrnehmung. In der Betrachtung bleibt das zu Betrachtende im Mittelpunkt der ganzen Aufmerksamkeit des Betrachters, lässt ihn über sich selbst gehen und wird dennoch durch den Akt der Betrachtung mit dem betrachteten Objekt oder Gegenstand eins. Eine Art Verschmelzung in der Differenzwahrung. Ich lege darum Jesus meine Worte in den Mund und sage: „Betrachtet doch die ganze Welt um euch herum!"

Mystik der Sinne *ist nicht nur mit der Universalgeschichte der Inkarnation (Menschwerdung Gottes) vereinbar, sondern entspricht dem Begriff des „Katholischen" im weitesten Sinn des Wortes und stellt dadurch das alle Menschen Verbindende dar. Es wäre aber nicht falsch, das alle Menschen Verbindende in seiner Verbindlichkeit zu sehen. Ich finde diese Denkungsart sehr wichtig, denn gerade dieser Schöpfungsgedanke bildet den Wurzelgrund, auf dem das gelingende*

Zusammenleben der Menschen gebaut werden kann. „Katholisch" zu sein hat deshalb nichts gemein mit einem wie immer gearteten absolutistischen Wahrheitsanspruch! Wenn schon ein Wahrheitsanspruch, dann nur der eine, der darin besteht, dass das Verbindende für alle Menschen dieser Erde verbindlich sein *kann*. Wer diesen „katholischen" Wahrheitsanspruch bezweifelt, dem starren die aufgrund des Klimawandels alles verwüstenden Umweltkatastrophen unerbittlich ins Gesicht! *Die Mystik der Sinne kann darum wohl ein „katholischer" Beitrag zum gedeihlichen Zusammenleben aller Völker sein.* Ich habe bei meinen Überlegungen eine eigene Charakterisierung dieses Denkhorizonts gefunden: die **politische Spiritualität.** *In einer Gegenüberstellung zu allen politischen, wirtschaftlichen und religiösen Ideologien, unter denen die Weltbevölkerungsmehrheit leidet, besitzt die politische Spiritualität eine sinnkritische Potentialität gegenüber allen Formen des Populismus in seinen beiden Gewändern von Fundamentalismus und Fanatismus.*

Wenn sich der politische Populismus, wie ihn die Philosophin und Publizistin Isolde Charim beschreibt, hinter dem Pseudobegriff „Heimat" versteckt, so möchte dieser aus der innigen Verbundenheit mit der Natur entsprungene Begriff der „politischen Spiritualität" die selektive Heimatideologie unseres 21. Jahrhunderts, welche in Europa und in den USA um sich greift, dezidiert konterkarieren. Wenn wir bedenken, dass der politische Populismus keine sonderlichen makro- und mikro-ökonomischen Lösungsangebote parat hat, die nie dagewesen wären, sondern eine Art *Emotionsraum*[111] eröffnen, und in diesem Emotionsraum eine Bühne aufbaut, auf dem der Populist selber in seiner machtbesessenen Selbstinszenierung der einzige Akteur ist und bleiben will, dann ist die in diesem Buch angepeilte „politische Spiritualität" ein großer Paradigmenwechsel bei der notwendigen Suche

---

111 Vgl. Charim, Isolde (2018): Ich und die Anderen. Wie die neue Pluralisierung uns alle verändert. 3. Auflage, Paul Zsolnay Verlag. Wien. S. 155.

nach einer tragfähigeren emotionalen Bindung in einer pluralbestimmten Weltgesellschaft. Wo die rechten Populisten und Populistinnen die Emotionalität des Heimatbegriffes politisch-taktisch emotionalisieren, erkennt Isolde Charim in der Gegenbewegung des „linken Populismus" während des Präsidentschaftswahlkampfs in Österreich 2016 eine erfolgreiche Reklame der Wirklichkeit der Heimat im Kontext der gegenwärtigen und nicht mehr rückgängig zu machenden Pluralisierung der Weltgesellschaft, die keineswegs vor den Toren Österreichs haltmacht. Sie schreibt zugunsten des „linken Populismus" als ein Pendant zur Ausgliederungstendenz des Rechtspopulismus: „Dazu wurde der Begriff ‚Heimat' herangezogen. Es war der Versuch, dieses Konzept nicht den Rechten zu überlassen. Nicht als Heimat der Ähnlichen, sondern auch als Heimat der Unähnlichen. Nicht als Bestimmung der Herkunft, sondern als Behauptung aller, die ‚hier leben'. Statt einer ausschließenden eine einschließende Heimat."[112] *Der Rechtspopulismus ist stets in einer Freund-Feind-Denkkonstellation gefangen und propagiert dabei eine Opferrolle, die sich von den „anderen" zu befreien hat.* Dieser politischen Denk- und **Handlungskategorie** halte ich mit der **Mystik der Sinne** eine schöpfungstheologische Dekonstruktion entgegen, indem ich den Paradigmenwechsel eines Ähnlichkeitsseins aller Menschen in den Mittelpunkt der Betrachtung stelle. Gerade aus dieser schöpfungstheologischen Dekonstruktion wird die **politische Spiritualität** geboren. Nicht nur, dass sich Gott in Beziehung zu allem Geschaffenen gesetzt und alle Menschen durch das Einhauchen seines Atems in den Zustand der Gottfähigkeit gehoben hat, begründet die universalisierende Dimension der *politischen Spiritualität,* sondern man entdeckt sie fortschreitend in der Selbstoffenbarung Gottes durch die Wortwirklichkeit, wie im Prolog des Johannesevangeliums zu lesen ist:

---

112 Charim, Isolde (2018): Ich und die Anderen. Wie die neue Pluralisierung uns alle verändert. Paul Zsolnay Verlag. Wien. S. 167.

„Im Anfang war das Wort, und das Wort war bei Gott, und das Wort war Gott. Im Anfang war es bei Gott. Alles ist durch das Wort geworden und ohne das Wort wurde nichts, was geworden ist." (Joh 1,1-3)
Christlich gesprochen heißt es, dass wir nur dann glaubwürdig über die Inkarnation (Menschwerdung Gottes in der Geschichte) sprechen können, wenn festgehalten und geglaubt wird, dass nichts ausgenommen werden soll und kann, wenn es um die Zeichen von Gottes Gegenwart unter den Menschen geht. „Alles ist durch das Wort geworden", heißt es in diesem Prolog des Johannesevangeliums. *Alles ist offenbarungsfähig auf Gott hin.* Die Natur ist voll von vielen Zeichen göttlicher Gegenwart. Die Trennlinie zwischen „lebendig" und „nicht-lebendig" fällt schwer. Wenn es heute zum guten Ton gehört, vom **Gegenwärtig-Sein des Menschen** zu sprechen, von der Notwendigkeit der Achtsamkeit also, damit es zu einer erhöhten Lebensqualität kommt, so ist es für diese wünschenswerte Achtsamkeit konstitutiv, dass der Mensch alles wahrnimmt, was um ihn herum geschieht und ihn in bestimmten Situationen derartig in Anspruch nimmt, dass er die Immanenz der Transzendenz erspürt.

Allerdings wäre es notwendigerweise sinnvoll, eine solche Wahrnehmungsfähigkeit des Menschen nicht ausschließlich im christlichen Glaubensgut zu orten. *Alle Menschen aller Kulturen können solche Momente der Ergriffenheit erleben.* In manchen Kulturen beispielsweise ist eine strikte Trennung zwischen *säkular* und *heilig* nicht üblich. Das ist vor allem in Afrika der Fall, zumal in meinem Kulturkreis. Die Fülle der Transzendenz inmitten der Immanenz zeigt sich besonders in der Namensgebung, wo die meisten traditionellen Namen bei den Igbos im Südosten Nigerias mit unterschiedlichsten existenziellen Begebenheiten verwoben sind. So sind alle diese Namen Sinnträger einer Wirklichkeit, die die Menschen in der Sphäre der Transzendenz verankert verstanden wissen. Häufig hört man in meinem Kulturkreis, dass ein bestimmter Frevel ein *„Nso Ani"* ist, etwas, was für die *[Mutter] Erde* verwerflich ist, an evil-doing. In gewisser Hinsicht ist es die Wirklichkeit, die die Semantik bestimmt und nicht umgekehrt. Eine solche von der Wirklichkeit bestimmte Semantik ist im Begriff der **Muttererde** enthalten. Bezeichnend ist, dass die Erde mit einer Mutter in Zusammenhang gebracht wird. Bestimmte Frevel sind darum **Verbrechen gegen die Muttererde.** *Wie viel wäre doch mit diesem kulturell semantischen Begriff zu gewinnen, würde man in der westlichen Welt proaktiv interkulturell denken!* Im Sinne dieser afrikanischen Kulturanthropologie würde es in der weltweiten Flüchtlingsfrage zur vermehrten **Empathiefähigkeit** kommen, da man wissen und viel besser verstehen würde, dass es um die Zerstörung des Grundprinzips der Existenz von Millionen Menschen geht. Man würde vielmehr ein Mitgefühl mit den Menschen auf der Flucht entwickeln, im vollen Bewusstsein dafür, dass eine „Mutter" getötet worden ist, was zur Konsequenz hat, dass Menschen „verwaist" worden sind.

Wenn das Bewusstsein in allen Menschen tief sitzen würde, dass wir alle die Kinder (Töchter und Söhne) der einen „Mutter Erde" sind, würde es höchstwahrscheinlich keine Ellbogengesellschaft mehr geben, zumindest in der gegenwärtigen Form einer von der neoliberalistischen Wirtschaft verursachten Kampfstimmung. Es sollte grundgelegt sein, dass die Kinder einer Mutter die allgemeine Tendenz haben zu kooperieren. Sie wissen sich aufeinander angewiesen. In der Tat, wenn wir das „Katholische" der Schöpfung in Betracht ziehen und dabei das existenzielle Gewicht des Schöpfungswortes in seiner konkreten Erscheinungsgestalt in Jesus ernst nehmen, werden wir nicht bei der Inkarnationstheologie bleiben, sondern weiter gehen und unseren Blick auf den gekreuzigten Herrn werfen müssen. Wie die Inkarnation aus christlicher Sicht das gottgewollte Fundament einer neuen Zusammengehörigkeit unter den Menschen darstellt, so sind die zum Nachdenken anregenden Worte des Apostels Paulus hinsichtlich der **politischen Spiritualität** von besonderer Brisanz. Paulus schreibt über die Theologie des Kreuzes in seiner Kraft, alle frühen Trennungen zwischen den Judenchristen und Heiden in der neuen Wirklichkeit durch Jesu Hingabe zu überwinden. Eine Bibelstelle, die in der gegenwärtigen Weltgroßwetterlage nichts an Aktualität eingebüßt hat:

„Erinnert euch also, dass ihr einst Heiden wart und von denen, die äußerlich beschnitten sind, Unbeschnittene genannt wurdet. Damals wart ihr von Christus getrennt, der Gemeinde Israels fremd und von dem Bund der Verheißung ausgeschlossen; ihr hattet keine Hoffnung und lebtet ohne Gott in der Welt. Jetzt aber seid ihr, die ihr einst in der Ferne wart, durch Christus Jesus, nämlich durch sein Blut, in die Nähe gekommen. Denn er ist unser Friede. Er vereinigte die beiden Teile (Juden und Heiden) und riss durch sein Sterben die trennende Wand der Feindschaft nieder. Er hob das Gesetz samt seinen Geboten und Forderungen auf, um die zwei in seiner Person zu dem einen neuen Menschen zu machen. Er stiftete Frieden und versöhnte die beiden durch das Kreuz mit Gott in einem einzigen Leib. Er hat in seiner Person die Feindschaft getötet. Er kam und verkündete den Frieden: euch, den Fernen, und uns, den Nahen. Durch ihn haben wir beide in dem einen Geist Zugang zum Vater. Ihr seid also jetzt nicht mehr Fremde ohne Bürgerrecht, sondern Mitbürger der Heiligen und Hausgenossen Gottes." (Eph 2,11-19)

Das „Katholische" wird noch einmal und in seiner Uneinholbarkeit durch Jesu Tod und Auferstehung zu einem Universalisierungsprinzip. Es kann nicht ohne Bedeutung für die Welt sein, dass uns das älteste Evangelium davon berichtet, wie der Vorhang im Tempel in zwei Teile zerrissen wurde, just in dem Moment, in dem Jesus den letzten Atem aushauchte. Der Symbolcharakter muss nachdenklich stimmen in einer pluralisierten Weltgesellschaft, in der der Rechtspopulismus immer mehr an Boden gewinnt.

„Da riss der Vorhang im Tempel von oben bis unten entzwei. Als der Hauptmann, der Jesus gegenüberstand, ihn auf diese Weise sterben sah, sagte er: Wahrhaftig, dieser Mensch war Gottes Sohn." (Mk 15,38-39)

Mystik der Sinne *hat das Eins-Sein des Menschen mit der ganzen erlebbaren Natur, verstanden als Schöpfung Gottes, im Blick. Es handelt sich um das Ergriffensein von der Transzendenz der mir unmittelbar begegnenden Wirklichkeit in der Natur. Das große Anliegen bestand darin, dass ich versucht habe, mit unterschiedlichen Momentaufnahmen von Bildern zu zeigen, dass die Wucht solcher Erfahrungen vor keinem Menschen und vor keinem Volk haltmacht. Daraus ergibt sich jedoch die nach meiner Ansicht einzig schlüssige Konsequenz: die*

Praxis einer „politischen Spiritualität" mit ihrem sinnstiftenden Potential für ein friedlicheres Zusammenleben der Menschen und Kulturen. Also nicht „Kampf der Kulturen", wie *Samuel P. Huntington* in seinem gleichnamigen Buch zu erläutern versucht hat. Statt um Kampf sollte es vielmehr um die aus der hier vorgelegten natürlichen Spiritualität, **Mystik der Sinne**, gewonnene Ansicht über eine politische Spiritualität gehen, um eine neue Zustimmung zur Zusammengehörigkeit der Menschen, ganz unabhängig von Herkunft, Religion, Kultur und Parteipolitik. *Genau zu dieser neuen Kultur der Zusammengehörigkeit möchte dieses Buch Mut machen.* Zur Kultur der Zusammengehörigkeit gibt es allerdings etwas, was die Menschen zusammenzieht. Um diese Ur-Kraft geht es nun im folgenden Abschnitt.

DIE SPIRITUELLE EROTIK –
DIE KRAFT DES SINNLICHEN ALS POLITISCHES GUT

Ich bin ja letztendlich durch alle Ausbildungsinstitute im Rahmen meiner Priesterausbildung hindurch gegangen und muss wissen, inwiefern dieses Thema im öffentlichen Raum stand! *Ja, verbotene Früchte schmecken wirklich viel besser als alle anderen!* Die gewollte Übertretung kann durchaus süß sein, weil es einem das Gefühl des „Triumphs" verleiht. Ob nun die Übertretung das Verheißene auch hält, bleibt auf alle Fälle eine offene Frage. Dennoch: Das Geflüster und sogar das Getöse über dieses urmenschliche Thema unter den Seminaristen waren schon sehr bezeichnend! Schon damals fragte ich mich in meinen kritisch-meditativen Momenten, ob wir nicht bewusst infantilisiert worden wären, indem man uns vor der verführerischen erotischen Kraft da draußen in der Welt „schützen" wollte. Meine Wissbegierde war allerdings unbändig und trieb mich in die psychologische Forschung über das „Erotische Kommunikationsgeschehen zwischen Mann und Frau". Das Thema gefiel meinem Psychologieprofessor – vorab! Als das Verfassen dieser Diplomarbeit jedoch gute Fortschritte machte, musste ich zu einem „persönlichen Gespräch" zu ihm. Er legte mir väterlich-brüderlich ausführlich dar, warum ich mit der Arbeit nicht weitermachen durfte. Er meinte im Ernst, er wolle nicht, dass ich in große Schwierigkeiten komme, da er davon überzeugt sei, ich möchte Priester werden. Er schlug mir vor, ein anderes Thema zu suchen– „egal, was das sein mag", er würde mich weiterhin betreuen. Ich bedankte mich bei ihm und machte mich auf die Suche. Mein Unverständnis und meine Wut kannten jedoch in der Situation keine Grenzen! „Eine philosophisch-wissenschaftliche Diplomarbeit könnte mich meine Berufung zum katholischen Priestertum kosten?" So dachte und fragte ich mich laut. Er hatte aber recht: *Ich wollte wirklich Priester werden. Meine erste Krise als Ersterzieher im Knabenseminar war heftig genug und hatte sich nach einem schweißgebadeten „nächtlichen*

Kampf" geklärt. Sollte nun wirklich ein zweiter innerer Kampf an der Reihe sein? Ich tat, was mein gutmütiger Professor mir im Vertrauen sagte und flüchtete mich in das „harmlose" Gebiet der Gnoseologie (Erkenntnistheorie) und verfasste meine Diplomarbeit über die Möglichkeit der Erkenntnis bei René Descartes. Was tun Menschen nicht alles, um das Ziel, das sie sich gesetzt haben, zu erreichen?

Vielleicht liege ich auch falsch, aber meine Erfahrungen in meiner Kirche sagen mir, dass das sogenannte augustinische Erbe bezüglich der Sexualmoral die katholische Kirche selbst in unserem 21. Jahrhundert weiterhin unterschwellig *begleitet und belastet*. Dann kam die Enzyklika von Papst Benedikt XVI. im Jahr 2006 mit dem „klaren" und bewusst abgrenzenden Titel *Deus Caritas Est*. Es gefiel vielen Menschen weltweit, zumal in Europa und in den USA, dass ausgerechnet dieser zum Papst gewordene Kardinalspräfekt der Glaubenskongregation, Josef Ratzinger, eine solche Enzyklika „gewagt" hat. Er war auch ja für seine Intellektualität und seinen analytischen Geist eine weltberühmte theologische Persönlichkeit! Nun wartete er – unverhofft! – mit einer solchen Enzyklika auf! Seine Unterscheidung zwischen „ascending and descending love"[113], also „absteigende und aufsteigende Liebe", schien mir allerdings in eine Richtung zu gehen, die eine Tradition bestätigt, die den Eros als minderwertig und als Gefahr betrachtete. Vielleicht las ich auch diese Enzyklika überkritisch oder sogar vorurteilsvoll. Es war aber meine Verständnisart mit meinem Erfahrungshintergrund auf der philosophischen Fakultät in Nigeria. Außerdem war es schon für mich ein großer Schock, als er, der Präfekt der vatikanischen Glaubenskongregation (früher die Inquisition!), einige von mir sehr geschätzten Theologen durch den Entzug der Lehrbefugnis mundtot machte. Dadurch stellte er aus meiner Sicht die Freiheit der theologischen Wissenschaft, andersherum, die Freiheit

---

113 Papst Benedikt XVI (2006): Deus Caritas Est. Liberia Editrice Vaticana. Citá del Vaticano. Nr. 7, P. 21.

der von Papst Johannes XXIII. geforderten „Aggiornamento", also der „Verheutigung" des Glaubens, massiv in Frage. Da diese Erfahrung nicht mein Grundthema in diesem Buch ist, wende ich mich wieder der innerkirchlichen Haltung gegenüber dem Thema der Erotik wieder zu. Ähnlich der Differenzierung in der erwähnten Enzyklika von Papst Benedikt XVI. steht es auch über den Eros im Lexikon des christlichen Glaubens. Es heißt: „Jemand (oder etwas) ist erotisch oder hat Erotik, der oder die auf einen anderen (in der Regel gegengeschlechtlichen) Menschen eine geschlechtlich gestimmte Anziehungskraft ausstrahlt, die meist überwiegend körperlich-sinnlich verstanden wird, aber ohne geistig-seelische Durchdringung nur unzureichend erfasst wird. In der christlichen Tradition ist Eros überwiegend als negativ beurteiltes menschliches Vermögen verstanden worden, das den Menschen zur Sünde bzw. ‚unerlaubten Regungen' verleitet, heute wird er als zunächst positive Kraft gesehen, die in ihren Motiven und Auswirkungen allerdings ambivalent gelebt werden kann und deshalb der Gestaltung und Reifung bedarf."[114] Hier kommt der Begriff der „concupiscentia", also der Begehrlichkeit, in den Sinn. Wie häufig und mit welcher Betonung wurde dieser Begriff von meinem Professor für Moraltheologie an der Zentraluniversität Wien vorgetragen!

Ich sehe nichtsdestotrotz die Anschlussfähigkeit dieses Zitates an meine Motivation, **die Erotik in einem anderen Kontext**, *in einem umfassenderen Sinnzusammenhang zu verstehen*. Dieser Anschluss eröffnet einen geistigen Raum für das Eros-Verständnis, um das es mir in diesem Buch geht. Ich erweitere den Begriff der Sinnlichkeit auf bestimmte nicht-menschliche Objekte, die nichtsdestotrotz uns Menschen *anziehen* können. Das ist allerdings nicht das Hauptgewicht meines Themas in diesem Buch! *Mir geht es lediglich darum, Perspektiven einer neuen erotischen Kultur*

---

[114] Schmidinger, Ludwig (2003): Eros/Erotik. In: Lexikon des christlichen Glaubens. Hrsg. von Eugen Biser, Ferdinand Hahn, Michael Langer. Pattloch Verlag GmbH & Co, KG, München. S. 112–113.

hervorzuheben, die Mensch und Natur (Schöpfung) im Einklang sieht. Dieser Einklang möchte allerdings nicht ohne Konsequenz bleiben. Er motiviert zu einem spirituellen Umgang mit der Umwelt. Der Umweltschutz erhält dadurch eine spirituelle Dimension und wird zu einer seelischen Verfasstheit des Menschen. Zutreffender kann diese Erfahrung wohl nicht formuliert werden, wie dies Papst Franziskus in seiner Umweltenzyklika „Laudato si" – Gelobt seist du, mein Herr – getan hat: „Das ganze materielle Universum ist ein Ausdruck der Liebe Gottes, seiner grenzenlosen Zärtlichkeit uns gegenüber. Der Erdboden, das Wasser, die Berge – alles ist eine Liebkosung Gottes. Die Geschichte der eigenen Freundschaft mit Gott entwickelt sich immer in einem geografischen Raum, der sich in ein ganz persönliches Zeichen verwandelt, und jeder von uns bewahrt in seinem Gedächtnis Orte, deren Erinnerung ihm sehr gut tut. Wer in den Bergen aufgewachsen ist oder wer sich als Kind zum Trinken am Bach niedergesetzt hat oder wer auf dem Platz in seinem Wohnviertel gespielt hat, fühlt sich, wenn er an diese Orte zurückkehrt, gerufen, seine eigene Identität wiederzuerlangen."[115] *In der Tat erachte ich eine solche Anziehungskraft als eine natürliche Spiritualität oder auch als eine erotische Spiritualität, um bei der Bedeutung des Begriffes beim Philosophen Plato zu bleiben.* Es kann auch wirklich nicht sein, dass gerade etwas, was eine solche Anziehungskraft auf uns ausübt, nicht ohne Auswirkung auf unsere persönliche Identität wäre. *Wir werden ja, um im Bild zu bleiben, zum Ursprung gezogen. Ist aber diese Verbundenheit mit dem Ursprung, bei dem unsere momentane Situation überschritten wird, nicht der Erfahrung der Transzendenz ähnlich?* Was Papst Franziskus im obigen Zitat beschreibt, ist eine universale natürlich existenzielle Erfahrung, die allen Menschen dieser Erde gemein ist. Menschen kehren – gedanklich oder physisch– allzu gern zum Ursprung zurück. Gerade diese Erfahrung verbindet und kann verhindern, dass die politisch Hauptverantwortlichen bei der Gestaltung des

---

115 Papst Franziskus (2015): Enzyklika. Laudato si (Gelobt seist du, mein Herr). St. Benno Verlag GmbH, Leipzig. Nr. 84. S. 67–68.

weltpolitischen Zusammenlebens einer solchen allgemein existenziell verbindlichen Erfahrung mit Gleichgültigkeit begegnen. *Die Spiritualität kann also hochbrisant werden! Ich wage es sogar zu sagen, dass der Mensch heillos spirituell ist.* **Wenn sie nämlich auflodert, erwacht die Vernünftigkeit des politischen Handelns!** Ich bin von der tiefen Überzeugung getragen, dass dem Geierkapitalismus, dem Neo-Liberalismus, nur eine geerdete universale Spiritualität entgegenhalten kann. Denn sie sieht den Menschen im Kontext der gesamten Schöpfung, in der er kein Herrscher noch weniger Beherrscher ist, sondern ein Diener. Zum Dienen gehört allerdings die geschärfte Wahrnehmung der Verwundbarkeit der Menschen, denen mein Dienst gelten soll. Ein anderer Name für diese dienende Wahrnehmung wäre aber die Zärtlichkeit. Denn wenn ich diene, kann es gar nicht anders sein, als dass die Subjekthaftigkeit des Individuums, um das es bei diesem Dienst geht, im Mittelpunkt meiner ganzen Aufmerksamkeit steht. *Die in diesem Abschnitt angesprochene „erotische Spiritualität" ist deshalb nur als eine Spiritualität der Zärtlichkeit zu begreifen, die im Vollzug eine politische Spiritualität ist. Ob nun gegenüber den Mitmenschen oder gegenüber der Pflanzen- und Tierwelt, die erotische Kultur besitzt das politische Potential für ein friedliches Zusammenleben der Menschen sowohl in den Familien, auf der Ebene der einzelnen Nationen wie auch auf der Bühne der internationalen Politik.* Warum eigentlich kommt dieser Spiritualität der Zärtlichkeit eine solche Selbstwirksamkeit zu? Zutreffender kann die Antwort nicht formuliert werden, als *Isabella Guanzini* dies getan hat: „Zärtlichkeit, das Empfinden von Zärtlichkeit für jemanden oder etwas, hat also mit der Frage der Wahrnehmung jener Zeichen zu tun, die die Verletzlichkeit des Lebens anzeigen. Das erinnert an ein Mysterium, denn es liegt etwas Geheimnisvolles darin, sich von jemandem berührt zu fühlen und Zärtlichkeit für jemanden zu empfinden. Wenn sie uns zutiefst im Inneren überrascht, ist diese Zärtlichkeit viel mehr als ein vages Empfinden der Nähe und des Mitgefühls – sie ist eine grundlegende Wahrnehmung der Zerbrechlichkeit und Vergänglichkeit aller Dinge. Denn ohne das verzehrende Bewusstsein unserer Endlichkeit und Sterblichkeit gibt es keine

Zärtlichkeit."[116] **Die innere Logik dieser Selbstwahrnehmung für den Weltfrieden,** aber auch für den Frieden im Kleinen (!), kann nicht hoch genug veranschlagt werden. Die große Macht der gewählten Worte in diesem Zitat springt ins Auge. Es heißt „das verzehrende Bewusstsein unserer Endlichkeit und Sterblichkeit". Es brennt uns da etwas im Herzen! Eine „gute Sorge". Beachten wir, dass es nicht um ein beliebiges Bewusstsein geht, sondern um die unausweichliche Selbstwahrnehmung in der Unmittelbarkeit der eigenen Endlichkeit und Sterblichkeit. Eigenartig, dass man sich des starken Eindrucks nicht erwehren kann, als würden die entscheidenden und die ganze Welt beherrschenden Mächte glauben, sie würden ewig leben; als würde tatsächlich die Welt in ihrer Macht liegen, nicht, dass ihr Leben von der Welt mit allen ihren Unberechenbarkeiten abhängig ist. Auch der Wiener Psychiater und Neurologe, Viktor E. Frankl, hat zum Thema der Grunderfahrung menschlicher Endlichkeit Stellung genommen, und zwar in ihrem Sinnpotential. In „Ärztliche Seelsorge" schrieb er: „Die Endlichkeit, die Zeitlichkeit ist also nicht nur ein Wesensmerkmal des menschlichen Lebens, sondern für dessen Sinn auch konstitutiv. Der Sinn menschlichen Daseins ist in seinem irreversiblen Charakter fundiert. Die Lebensverantwortung eines Menschen ist daher nur dann zu verstehen, wenn sie als eine Verantwortung im Hinblick auf Zeitlichkeit und Einmaligkeit verstanden wird."[117]

Im Angesicht des eigenen Todes sollte dem Menschen seine Verantwortung für ein sinnvolles Handeln einleuchten. Nichts sollte darum eine größere Macht auf den Menschen haben für die Notwendigkeit seiner Selbstbeschränkung als die reale Möglichkeit seines Todes! Frankl hat ein solches sinnzentriertes verantwortungsvolles

---

116 Guanzini, Isabella (2019): Zärtlichkeit. Eine Philosophie der sanften Macht. Aus dem Italienischen übersetzt von Grit Fröhlich und Ruth Karzel. Verlag C.H.Beck oHG. München. S. 209.
117 Frankl, Viktor. E. (1998): Ärztliche Seelsorge. Grundlagen der Logotherapie und Existenzanalyse. 7. Auflage, Fischer Taschenbuch Verlag. Frankfurt am Main. S. 109.

Selbstbewusstsein in einer Imperativform formuliert: „Lebe so, als ob du zum zweiten Mal lebtest und das erste Mal alles so falsch gemacht hättest, wie du es zu machen – im Begriffe bist."[118] Ich meine, dass dieses Bewusstsein eine Sonderquelle der Zärtlichkeit darstellt. Eine Zärtlichkeit sich selbst gegenüber und gegenüber der Mitwelt, die die Pflanzen- und Tierwelt inkludiert, vorrangig jedoch die Welt der Mitmenschen, mit denen es gilt, gemeinsam den Weg des Friedens zu beschreiten. Bedenken wir einmal, was geschehen würde, würden manche Regierungsverantwortlichen wissen, dass sie in wenigen Tagen, oder um es ein bisschen großzügiger zu sagen, in einigen Monaten sterben müssten, und sie die einzigartige Chance hätten, etwas Gutes für das Gemeinwohl der Menschheitsfamilie zu tun! Ich bin davon überzeugt, dass die weitverbreitete Gleichgültigkeit oder auch Verzögerungsstrategien keinen Platz in ihrem Leben haben würden.

Ich bereue es auf keinen Fall, dass ich vom Thema her nicht nur neugierig auf das Buch von *Johannes Thiele* war, sondern es gekauft, gelesen, gekaut und gut verdaut habe. Es ist ein Buch von hervorragendem Tiefgang. Es eröffnet dem Leser beziehungsweise der Leserin eine anmutende Sichtweise der Liebe in der Bibel und unterstreicht dadurch die Liebe als das Urwesen Gottes. Dies tut der Germanist, Theologe und Psychologe in einer so umfassenden Art und Weise, dass in der Liebe eben die Ganzheitlichkeit menschlicher Existenz aufleuchtet. In einem Unterabschnitt schreibt er über „Die Radikalität der Liebe", und es heißt gleich in der ersten Zeile ebendort: „Liebe ist der Versuch, Schönheit in die Welt zu bringen."[119] Wenn es im Sinn von *Johannes Thiele* darum geht, durch die Liebe die Schönheit in die Welt zu bringen, erläutert er fürderhin im Philipperbrief: „Unverkennbar ist der Gott Jesu kein starker und mit menschlicher Macht sympathisierender Gott. Wir neuzeitlichen und unserer

---

118 Ebd.
119 Thiele, Johannes (1988): Die Erotik Gottes. Menschen werden wir nur als Liebende. Kreuz Verlag. Zürich. S. 174.

Macht selbst-bewusst gewordenen Bürger haben uns mit einem reichen und mächtigen Gott nach unserem Bilde arrangiert, nach dem Bild unserer technisch-wissenschaftlichen Vormacht über alle Länder, Kreaturen und Ressourcen dieser Erde. Aber der Satz, dass wir nach dem Bilde Gottes sind, ist nicht umkehrbar: Gott ist kein Gott nach unserem Bild. Wir wollen einen Gott, so stark wie unser Kapital. Doch die Bibel freut sich über einen anderen Gott, einen ohnmächtigen Sohn der Menschen, der sich in ihre Gebrochenheit und Schwäche einlässt, der als wehrloses Kind mitten in der verletzbaren Welt der Armen und Kleingedrückten geboren wird."[120] Ich bin davon überzeugt, dass das Verbrechen des Sexualmissbrauchs in der katholischen Kirche, das vor den Türen vieler Länder im Westen keinen Halt gemacht und dadurch die Glaubwürdigkeit der zu verkündenden Frohen Botschaft kaputtgemacht hat, viel anders verlaufen wäre, hätte die Kirchenleitung jahrhundertelang die menschliche Sexualität viel anders betrachtet. Meine Behauptung ist wohl viel mehr als eine bloße Behauptung, denn Psychologinnen und Psychologen sowie Psychotherapeutinnen und Psychotherapeuten haben einen jedweden Sexualmissbrauch in eine enge Verbindung mit Machtmissbrauch gebracht. Ein gutes Beispiel für einen solchen Machtmissbrauch kann man beim Benediktinermönch Anselm Grün lesen, der selber Priestermönch und Psychotherapeut ist. Er ist davon überzeugt, dass es bezüglich des sexuellen Missbrauchs zu einer Vermischung von zwei wichtigen Faktoren gekommen ist, die in der katholischen Kirche eine negative Tradition haben. Im folgenden Zitat artikuliert er beide: „Die Macht des Lehramtes wird bis in unsere Tage immer wieder gegen Theologen ausgespielt, die die Botschaft Jesu in einer moderneren Sprache verkünden. Viele deutsche Moraltheologen haben das am eigenen Leib erlebt. Selbst wenn die Inquisition von Papst Paul VI. 1965 in ‚Kongregation für die Glaubenslehre' umbenannt wurde und die drakonischen Strafen längst abgeschafft sind, bedeutete es

---

120 Ebd. S. 175.

schmerzhafte Einschnitte für die betroffenen Theologen, wenn sie ins Visier dieses kirchlichen Organs gerieten. Einigen wurde die Lehrerlaubnis und damit auch die wirtschaftliche Grundlage ihrer Existenz entzogen. Streitthema waren häufig die modernen Konzepte oder Ansichten der Theologen in Bezug auf Sexualität. Offensichtlich trafen sie damit die Schattenseite der römischen Theologen, die rigoros an einer alten Morallehre festhalten wollten."[121]

Gegen diese treffliche Formulierung ist nichts einzuwenden. Wenn es allerdings heißt, „Liebe ist der Versuch, Schönheit in die Welt zu bringen", so muss ich diese notwendige Realität in Bezug auf Gottes Liebe sowie in Gottes Verhältnis zu den Menschen hinsichtlich meines zentralen Anliegens in diesem Buch umkehren. Wenn Gott der Schöpfer ist und wir den Worten der Konzilsväter Glauben schenken, wobei Gott in den geschaffenen Dingen erkennbar ist (*Dei Verbum*, Nr. 6), dann geht es auch darum, **die Schönheit seiner Schöpfung zu entdecken**, ja, immer neu zu entdecken, und darin eine Art Fülle göttlicher Liebe zu erkennen. Ganz plakativ formuliert *Johannes Thiele* das Anliegen der von mir in diesem Teil des vorliegenden Buches angepeilten „spirituellen Erotik", wenn er schreibt: „Wer dem Eros vertraut, kann der Erde als dem Geschenk des Schöpfers treu bleiben. Wer die Verbundenheit mit der Erde verweigert, dessen angestaute Energien verwandeln sich schließlich in Vernichtungsenergien."[122] Ähnlich unterstreicht dieses Eros-Verständnis der schriftstellerisch profilierte Benediktiner der Benediktinerabtei Münsterschwarzbach, Anselm Grün, in dem mit Gerald Hüther, Maik Hosang gemeinsam herausgegebenen Buch *Liebe ist die einzige Revolution*: „Der Eros bezieht sich nicht nur auf die Liebe zwischen Mann und Frau, sondern er durchdringt die ganze belebte

---

121 Grün, Anselm (2020): Macht. Eine verführerische Kraft. Vier-Türme-Verlag, Münsterschwarzach. S. 49–50.
122 Thiele, Johannes, Ebd. S. 29.

und unbelebte Natur und ruft in allem Harmonie hervor."[123] Ein Grundschisma in der Beziehung des Menschen zur Natur scheint mir in der „Aufspaltung des Begriffs Liebe in Eros und Agape und Philia und Libido und Caritas"[124] zu bestehen, sodass der Mensch die Bedeutung des Begriffs „Erotik" lediglich auf sich bezieht. *Darum liegt es mir sehr am Herzen, im Schlussteil dieses Buches für* **die Einholung und Rückgewinnung der Erotik in eine umfassende christliche und religionsphilosophische Spiritualität** *zu plädieren.* Was wir brauchen, ist gerade das, was die Bibel Metanoia nennt, eine Umkehr, die Jesus als eine Grundbedingung versteht für die bereite Aufnahme des angebrochenen Reiches Gottes. (vgl. Mk 1,15) Bezüglich dieser dringenden Notwendigkeit der Umkehr unterstreicht Johannes Thiele: „Die Umkehr, die heute notwendig ist, kann dauerhaft nur gelingen, wenn sie verbunden wird mit einem neuen, unsentimentalen Liebesverhältnis zur Schöpfung. Der entscheidende erste Schritt dazu wäre die Entdeckung, dass in der bejahten und gelebten Sexualität selbst ein Ferment zur Transzendierung unserer Erfahrung liegt. Die Liebe enthält in sich die große, uneinholbare Möglichkeit zu einer humanen Welt."[125] Hier kommt wieder die ursprünglichere Bedeutung des Eros-Begriffes zum Tragen. Denn wie *Anselm Grün* erkannt hat: „Es braucht die Leidenschaft des Eros, damit in unserer Welt politische und gesellschaftliche Spaltungen überwunden werden."[126] Es ist schon in den vorhergehenden Beschreibungen die Rede davon, dass Gott uns (alle Menschen!) in der Natur (Schöpfung) umarmt, umgreift und überwältigt. Ein solches Überwältigt-Sein verlangt jedoch nach einer Erzählung. *Menschen, die vom*

---

123 Grün, Anselm (2017): Liebe ist der Grund des Seins. In: Liebe ist die einzige Revolution. Drei Impulse für Ko-Kreativität und Potentialentfaltung. (Hrsg. von Gerald Hüther, Maik Hosang u. Anselm Grün), 2017. Verlag Herder. S. 133.
124 Ebd., S. 25.
125 Thiele, Johannes (1988): Die Erotik Gottes. Menschen werden wir nur als Liebende. Kreuz Verlag. Zürich. S. 21.
126 Grün, Anselm, Ebd., S. 136.

Geheimnis des Schöpfers in seiner Schöpfung überwältigt worden sind, neigen im Allgemeinen dazu, von ihren Erfahrungen zu erzählen. „Ja, wir müssten die Geschichten erzählen, in denen wir berührt wurden, in denen eine Saite in uns zum Klingen gebracht wurde, wenn wir von Gott sprechen wollten. Gott ist nicht außerhalb unserer Ängste, unserer Berührungssehnsüchte, unserer Hoffnungen. Gott ist mitten in unserem Leben verborgen anwesend. Wir können ihn jedoch nur entdecken, wenn wir offene Sinne bekommen für seine Gegenwart."[127] *Gottes Gegenwart ist jedoch niemals eine spiritualisierte Gegenwart!* Die Inkarnation Gottes in Jesus würde sonst einer solchen Ansicht widersprechen. Wenn wir – wie bereits oben in Bezug auf die „göttliche Schöpfungsbetrachtung" angeführt worden ist: „Und Gott sah, dass es gut war!" (Gen 1,10.12.18.21.25) – diese göttliche Einsicht in seine Schöpfungswerke ernst nehmen, dann bleibt uns nichts anderes übrig, als zu sagen, dass Gottes Kraft in allen geschaffenen Dingen anwesend ist. Bezeichnend ist allerdings – was keine Dichotomisierung (Zertrennung) bedeuten soll –, dass es bei der Vollendung der göttlichen Schöpfertätigkeit heißt: „Gott sah alles an, was er gemacht hatte: Und siehe, es war sehr gut." (Gen 1,31a.b) Mir geht es in meiner Konzeption einer **Mystik der Sinne** um diesen Superlativ „sehr gut". *Es kann nur zutreffend sein, dass das, was „sehr gut" ist, die göttliche Signatur birgt und trägt. Eine Signatur allerdings mit einer unwiderstehlichen Anziehungskraft. Geradezu diese in den geschaffenen Dingen unwiderstehlich aufleuchtende Kraft charakterisiere ich als die „spirituelle Erotik", als eine „erotische Spiritualität".* Ein Blick auf den ursprünglichen Begriff der Erotik macht deutlich, dass die Bezeichnung „erotische Spiritualität" ihre Berechtigung hat. Dieser ursprünglichen Bedeutung ist *Christoph Quarch* in seinem Buch *Platon und die Folgen* in der notwendigen Ausführlichkeit und Differenzierung nachgegangen. Bekanntlich ist Platon „*der*

---

127 Thiele, Johannes (1988): Die Erotik Gottes. Menschen werden wir nur als Liebende. Kreuz Verlag. Zürich. S. 33.

Philosoph des Eros"[128] schlechthin. *Quarch* erläutert: „Dankenswerter Weise hat uns Platon gleich in zweien seiner Dialoge diese Deutung vorgelegt: im *Phaidros* und im *Symposion*. Beide geben eines deutlich zu erkennen: Eros ist die Energie der *psyché* – die Energie, die ein Lebewesen zu erkennen: Eros ist die Energie der *psyché* – die Energie, die ein Lebewesen dazu anspornt, motiviert und antreibt, sich zur *areté* und Schönheit eines voll erblühten Lebens zu entfalten. Eros ist der Drang nach wirklicher Lebendigkeit, der jedem Lebewesen innewohnt. Eros ist der Sog, der von dem Gott, den Platon *psyché* nennt, fortwährend ausgeht, um den Menschen immer mehr der Harmonie des Lebens anzunähern. Eros ist der Treibstoff jeglicher *paideía*. Ohne Liebe, Lust und Leidenschaft zum heiligen Sein der Welt – Eros ist all das – sind alle Anstrengungen der *paideía* und der Politik vergebens. Das ist Platons tiefste Überzeugung. Deshalb ist er der Philosoph des Eros."[129] Matthias Horx verweist gleichfalls auf die

---

128 Quarch, Christoph (2018): Platon und die Folgen. J.B. Metzler Verlag. Stuttgart. S. 159. Das antike griechische Wort **Arete** (altgriechisch ἀρετή *areté*) bezeichnet allgemein die Vortrefflichkeit einer Person oder die hervorragende Qualität und den hohen Wert einer Sache. Bei Personen ist Tüchtigkeit gemeint, insbesondere im militärischen Sinn (Tapferkeit, Heldentum). Oft ist damit die Vorstellung verbunden, dass der Tüchtige auch erfolgreich sei. Anfänglich erscheint Arete als exklusives Ideal des Adels. Später wird der Begriff in breiteren Schichten aufgegriffen, vor allem in der bildungsorientierten städtischen Oberschicht. Dies führt zu einem Bedeutungswandel: Soziale Kompetenzen – insbesondere staatsbürgerliche Qualitäten und politische Führungsfähigkeit – treten in den Vordergrund. In der antiken Philosophie war Arete als „Tugend" ein zentraler Begriff der Tugendethik. Die unterschiedlichen philosophischen Schulrichtungen stimmten fast alle in der Annahme überein, dass eine gelungene Lebensführung und der damit verbundene Gemütszustand Eudaimonie den Besitz der Arete voraussetze. Manche Philosophen meinten sogar, die Eudaimonie bestehe in der Arete. (https://de.wikipedia.org/wiki/Arete. Aufgerufen am 21.10.2019).
129 Quarch, Christoph (2018): Platon und die Folgen. J.B. Metzler. Stuttgart. S. 159.

Ursprünglichkeit des Begriffes „Eros" und erläutert dazu: „Das griechische Wort Eros zum Beispiel steht für die Anziehung, die Lust, das Begehren. In der griechischen ‚Liebesphilosophie' ist Eros das kosmische Elementarprinzip – als Kraft und Quelle alles Lebenden und der Lebendigkeit."[130] Bedenken wir einmal, welchen Gewinn es für das gesamte Christentum, aber ganz besonders für die katholische Kirche bedeutet hätte, hätte man es sehr positiv verstanden, zwar als „Quelle alles Lebenden" und als „Lebendigkeit"! *Ich erlebe und erkenne immer wieder in ganz bestimmten Augenblicken, was ich als „aufgefüllte Augenblicke" charakterisieren möchte, genau diese Kraft des Eros; die Lebendigkeit. Eine verblüffende und zugleich überwältigende Anziehungskraft, in deren Sog die Glücksfülle des Augenblicks mir zuteilwird.* Diese Erfahrung ist wohl nicht mein Monopol! Viele Menschen erzählen immer wieder von ihr. Man merkt ihnen die Begeisterung im Gesicht an. *Das Erlebte führt zur Verklärung und prägt sehr stark.* Der Mensch erlebt sich im Einklang mit sich selbst dank dieser Art Erfahrung in der Natur. Genau diese Erfahrung wird zu einem Schnittpunkt der Spiritualität. Einer Spiritualität ohne Institution und Ideologie! „Wer dem Eros vertraut, kann der Erde als dem Geschenk des Schöpfers treu bleiben. Wer die Verbundenheit mit der Erde verweigert, dessen angestaute Energien verwandeln sich schließlich in Vernichtungsenergien."[131] Wenn nun jemand „Fridays for Future", eine Bewegung für eine politisch-wirtschaftliche Aktion gegen die neoliberalistische Gleichgültigkeit gegenüber dem immer bedrohlicher werdenden Klimawandel, miterlebt, die potenziert von der norwegischen Teenagerin Greta Thunberg ausgegangen ist und Millionen Menschen erfasst hat, erkennt unschwer in dieser erotischen Verbundenheit mit der Erde einen

---

130 Horx, Matthias (2017): Future Love. Die Zukunft von Liebe, Sex und Familie. Deutsche Verlags-Anstalt. München. S. 73.
131 Thiele, Johannes (1988): Die Erotik Gottes. Menschen werden wir nur als Liebende. Kreuz Verlag. Zürich. S. 29.

unverzichtbaren Paradigmenwechsel beim überfälligen Kampf gegen den Klimawandel.

Die Umweltpolitik scheint nicht gut auszukommen ohne diese spirituelle Dimension. Eine spirituelle Dimension, auf die keine einzige Religion und keine einzige christliche Konfession einen Absolutheitsanspruch hat und haben kann. Mag schon sein, dass manche Religionen eine Art „privilegierte" Einstellung gegenüber der Schöpfung haben, wie zum Beispiel das Judentum, der Islam und das Christentum, da der Schöpfungsgedanke in ihrem Glauben verankert ist, nichtsdestotrotz ist die Natur (Schöpfung) als Lebensraum eine Angelegenheit aller Menschen und Kulturen der Erde. Darum kann auch der Eros-Gedanke im ursprünglichen platonischen philosophischen Sinn ein geeignetes Sprungbrett für ein kollektives Sendungsbewusstsein zur Rettung des einen gemeinsamen Lebensraumes – der Erde – sein. Gerade diese erotische Kraft wird zu einer Sinnfrage und zu einer kollektiven Verantwortung. *Quarch* schreibt dazu: „Der Mensch – in dem der Eros nicht nur quantitativ das Leben am Leben halten, sondern es darüber hinaus qualitativ zur Entfaltung seiner Potenziale bewegen will – wird sich deshalb nicht damit zufrieden geben, guten Sex zu haben und die Welt mit Kindern zu bevölkern; nein, er wird den Wunsch verspüren, diese Welt mit schöner, guter, blühender und leuchtender Lebendigkeit zu erfüllen. Und deshalb wird er tun, was Sokrates zu tun pflegte: Menschen ins Gespräch verwickeln, um sie dazu zu bewegen, nach dem Sinn des Lebens, nach dem Guten, Wahren, Schönen immer neu zu fragen und zu fahnden."[132] Es ist sicherlich kein Irrtum zu sagen, dass ein großer Eros im Spiel ist bei dem, was Viktor E. Frankl bei der Sinnsuche als „Erlebniswerte" charakterisierte. Der Mensch, der im Angesicht einer psychischen Erkrankung mit einem Sinnvakuum konfrontiert ist, wird sokratisch beratend dorthin begleitet, wo seine **Erlebnisfähigkeit**

---

132 Quarch, Christoph (2018): Platon und die Folgen. J.B. Metzler. Stuttgart. S. 167.

wächst und er von einem möglichen Leistungs- beziehungsweise Erfolgszwang wegkommt, und das, was er nicht geleistet hat, in einer aktiven Passivität annehmen wird können. Aktiv ist eine derartige Passivität, weil sie mit dem Erkennen des Nicht-Leistbaren und des Schönen verbunden ist; mit dem Anziehenden, das einen tief berührt. Über diese zweite Wertkategorie des Erlebens schreibt Frankl in seinem Buch „Ärztliche Seelsorge": „Es gibt aber nicht nur Werte, die sich durch ein Schaffen verwirklichen lassen, außer diesen – wir möchten sie nennen: ‚schöpferischen' – Werten gibt es auch solche, die im Erleben verwirklicht werden, ‚Erlebniswerte'. Im Aufnehmen der Welt, z. B. in der Hingabe an die Schönheit von Natur oder Kunst, werden sie realisiert. Die Sinnfülle, die auch sie dem Menschenleben geben können, darf nicht unterschätzt werden."[133] Worum es hier geht, ist, dass ein einziger Augenblick kraft seiner Einzigartigkeit im Stande wäre, das Leben eines Menschen mit Sinnfülle anzureichern. Das vorliegende Buch geht davon aus, dass solche Erfahrungen von „erfüllten Augenblicken", von „Augenblicken der Fülle", allen Menschen aller Länder und Kulturen vertraut sind. Zur Erläuterung schreibt Frankl: „Denn wenn es sich auch nur um einen Augenblick handelt – schon an der Größe eines Augenblicks lässt sich die Größe eines Lebens messen: die Höhe einer Bergkette wird ja auch nicht nach der Höhe irgendeiner Talsohle angegeben, sondern ausschließlich nach der Höhe des höchsten Berggipfels. So entscheiden aber auch im Leben über dessen Sinnhaftigkeit die Gipfelpunkte, und ein einziger Augenblick kann rückwirkend dem ganzen Leben Sinn geben. Fragen wir einen Menschen, der, auf einer Hochtour begriffen, das Alpenglühen erlebt und von der ganzen Herrlichkeit der Natur so ergriffen ist, dass es ihm einfach kalt über den Rücken läuft – fragen wir

---

133 Frankl, Viktor E. (1998): Ärztliche Seelsorge. Grundlagen der Logotherapie und Existenzanalyse. 7. Auflage, Fischer Taschenbuch Verlag GmbH. Frankfurt am Main. S. 81.

doch einmal ihn, ob nach solchem Erleben sein Leben noch jemals gänzlich sinnlos werden kann."[134]

Gleichen solche **Gipfelpunkte** nicht in der Tat den Höhepunkten im erotisch-sexuellen Sinn? Ist aber gerade diese unbändige Kraft des Eros der Natur nicht etwas, was in der **Mystik der Sinne** zum Ausdruck kommt? Andersherum: Ist dieser der Natur innewohnende Sog, der den erlebnisfähigen Menschen „fesselt", nicht eine besondere Motivation für das beherzte Suchen nach dem, was die Welt und die Menschen zusammenhält? Diese fesselnde Erfahrung beschreibt Konstantin Wecker in seinem Buch „Auf der Suche nach dem Wunderbaren": „Kennt ihr nicht alle diese oft nur kurzen Momente der Stille, des Aufgehobenseins im All, in sich selbst ruhend, fraglos und antwortfrei, eingebettet in alles, was ist und kreucht und fleucht und tönt und scheint? Diese Momente, wo einem selbstverständlich und ohne Bücher darüber gelesen zu haben wortlos bewusst ist, dass wir alle eins sind, dass sich Menschen und Tiere und Pflanzen nicht aufteilen lassen in schwarz und weiß und besser und schlechter und einzigartiger und minderwertiger? Wo einem plötzlich völlig verständlich ist, dass wir nur eine gemeinsame Zukunft haben oder gar keine? Und dass diese Zukunft – auch wenn es keine Zukunft gibt und sich alles immer nur im Jetzt abspielt – nur eine geistige sein kann?"[135] Es soll noch einmal in diesem Sinnzusammenhang gesagt werden: Mir geht es in diesem Buchprojekt darum zu zeigen, dass eine solche Erfahrung, wie *Konstantin Wecker* beschrieben hat, allen Menschen dieser Welt, ganz unabhängig von Kultur, Religion und politischem Denken, gemeinsam ist. Alle Menschen können staunen, und im Staunen überschreiten sie ihre unmittelbaren geografisch-soziologischen und geistigen Grenzen. Was diese **Selbsttranszendenzerfahrung** bedeutet,

---

134 Ebd., S. 82.
135 Wecker, Konstantin (2018): Auf der Suche nach dem Wunderbaren. Poesie ist Widerstand. 2. Auflage, Gütersloher Verlagshaus. Gütersloh. S. 63–64.

ist letztendlich die Veränderungsfähigkeit des Menschen, egal an welchem Ort sich der jeweils betreffende Mensch befinden mag. Würde es allen Menschen nicht gut tun, sich in einer zerrissenen Welt(-Gemeinschaft) vermehrt für diesen großartigen Eros der Ähnlichkeit in der Unähnlichkeit einzusetzen? Für ein vermehrtes Engagement von allen Menschengruppen und Institutionen für eine naturerotisch-bedingte Mystik der Einheit in der Verschiedenheit? *Wäre das sozusagen religionskonfessionslose „Katholische" in seinem allgemeinen und umfassenden Sinn nicht eine große Chance für eine Welt, die verzweifelt nach dem Verbindenden sucht?* Das Verbindende muss jedoch Anziehungskraft genug haben, dass es die Menschen in seinen Bann zieht! Hier erkenne ich die Brücke zu einer in diesem letzten Abschnitt des vorliegenden Buches angepeilten „erotischen Spiritualität". Sie ist allerdings nicht weniger eine politische Spiritualität, wenn es in der Politik darum gehen sollte, Menschen für ein gemeinsames Streben zu gewinnen, für ein tragfähiges Gemeinwohl. Diese Überzeugung entspricht durchaus dem Urchristlichen auf der Grundlage der biblischen Botschaft. Denn: „In der biblischen Tradition ist die Wahrheit des guten Lebens immer verknüpft mit Gerechtigkeit, Frieden und Liebe zur Schöpfung. Es gibt im christlichen Verständnis kein privates Glück auf Kosten des allgemeinen Unglücks, kein Reservat im falschen und beschädigten Leben. Es gibt kein wirkliches Glück bei geschlossenen Augen."[136] *Mein Bemühen in diesem Buchprojekt liegt darin, das vermutlich Alltägliche vor der Banalisierung zu retten, vor der Verharmlosung und vor der Gleich-Gültigkeit. Denn was uns zutiefst berührt, hebt uns in eine Erfahrungssphäre, die die Grenzen der Alltäglichkeit sprengt.* Alle Liebenden wissen wohl ein Lied davon zu singen, warum die „erotische" Liebe in ihren Beziehungen niemals zur Alltäglichkeit werden darf. Eine emotionale Verkümmerung stünde bereits im Wohnzimmer! Genau hier steht der Eros für die gegenseitige Anziehungskraft. *Mein*

---

136 Thiele, Johannes (1988): Die Erotik Gottes. Menschen werden wir nur als Liebende. Kreuz Verlag. Zürich. S. 187.

großes Anliegen mit diesem Buchprojekt bleibt natürlich ein Fragment aus der Fülle des Wünschenswerten in der christlich-katholischen Theologie. Ein Fragment verliert allerdings nicht notwendigerweise seine Bedeutung. Ein Fragment muss zu seiner Fragmentarität stehen und die Hoffnung hegen, dass an ihm weitergearbeitet werden möge. Ich stimme deshalb der Ansicht von Johannes Thiele zu, wenn er über seinen eigenen Ansatzpunkt der Theologie der „Erotik Gottes" schreibt: „Wenn wir nur einmal in einem solchen Fragment die Verheißung spüren könnten, die Gott in und mit unserem Leben ausgesprochen hat, hätten wir den ersten Schritt getan, auf den alles ankommt. Die Liebe lässt sich nicht aufschieben, die Revolution auch nicht. Wir werden erst dann auf dem Weg zu einer erotischen Religion sein, wenn wir mystisch und politisch, das heißt christlich wach werden. Dieses Erwachen gibt Gott die Chance, noch einmal in uns der Liebende der Welt zu werden."[137] An uns liegt es also, wenn Gott in dieser Welt gut spürbar werden soll. An unserer Einstellung entscheidet sich, wie groß die Selbstwirksamkeit der Selbstoffenbarung Gottes in unserer Welt sein kann. Die **Mystik der Sinne** will ein Beitrag sein zu den Diskursen, die sowohl das Zusammenleben der Völker im Frieden als auch – was gar nicht von diesem Ideal zu trennen ist – den Umweltschutz betreffen. **Der besorgniserregende Klimawandel hängt unzertrennlich mit unserer Einstellung zur Natur aufs Engste zusammen!** Der symbolträchtige Ausdruck in meinem Kulturkreis südöstlich in Nigeria könnte weltweit zu einem sinnvollen und strategischen Paradigmenwechsel führen. Die Menschen sprechen die Erde mit dem Personalwort „Muttererde" an. In der Regel fügt doch niemand einer Mutter bewusst Schmerzen zu, die ihre Kinder in Liebe und Sorge großgezogen hat; die sie gehegt und gepflegt hat. Auf großen Partys bei den Igbos im Südosten Nigerias beispielsweise ist immer eine unbeschreibliche magnetische Kraft spürbar im Raum, wenn ein Musikstück des in seinen

---

[137] Thiele. Johannes (1988): Die Erotik Gottes. Menschen werden wir nur als Liebende. Kreuz Verlag. Zürich. S. 191.

jungen Jahren verstorbenen Königs des Highlifes, Prince Niko Mbarga[138], aufgelegt wird und beinahe alle Mütter und Frauen die ganze Tanzfläche unaufgefordert übervölkern. Da wissen fast alle Männer im Veranstaltungssaal, dass sie mit den Müttern tanzen müssen. So erzeugt und bekräftigt diese Musik das Zusammengehörigkeitsgefühl. *Ein Sinnbild dafür, dass die Mütter zu schätzen sind und dass es alle etwas angeht, wenn es den Müttern gut geht.* Im Lied heißt es: „Süße Mutter, ich werde niemals vergessen, was du alles für mich getan hast!" Eine Mutter besitzt im Kulturkreis des Volkes der Igbo einen gewissen Heiligkeitscharakter. *Es steckt also ein gewaltiges Sinnpotential in der Bezeichnung der Natur (Schöpfung) als „Mutter". Das Bild der Mutter in Verbindung mit der Erde zielt darauf, in uns Ehrfurcht und Zuneigung hervorzurufen. „Muttererde" enthält eine Anrufung. Angerufen zu werden, hat nicht nur mit Anerkennung zu tun, sondern genauso mit Verantwortung.* Weniger habe ich nicht mit diesem Buchprojekt unternommen: Die *Mystik der Sinne* verbindet sich ganz gut mit einer „erotischen Spiritualität" und schafft einen sinnvollen Raum für die Umsetzung einer „politischen Spiritualität". *Wer die „Muttererde" liebt, ist universell politisch unterwegs, und zwar mit allen Schwestern und Brüdern dieser einen Welt.*

---

138 **Prince Nico Mbarga** (* Januar 1950, Abakaliki, Nigeria; † 24. Juni 1997) war ein Highlife-Musiker, Sohn einer nigerianischen Mutter und eines kamerunischen Vaters. Bekannt wurde er für das mit seiner Band **Rocafil Jazz** eingespielte Lied „Sweet Mother". Obwohl das sein einziger bedeutender Hit blieb, spielte Mbarga eine wichtige Rolle in der Entwicklung der afrikanischen Popmusik. Mit seiner souligen Stimme zu den leichten Melodien seiner akustischen Gitarre kreierte Mbarga eine einzigartige Mischung aus Igbo und kongolesischer Gitarrenmusik und Highlife-Rhythmen. Download: https://wikipedia.org/wiki/Prince_Nico_Mbarga; Samstag, 09.11.2019, um 10:45 Uhr.

UTOPIE DER HOFFNUNG ODER „DER TRAGISCHE OPTIMISMUS"

[Foto von Sandy D., in Dankbarkeit, 26.02.2020.]

Im Angesicht mehrfacher Bedrohungen in unserem 21. Jahrhundert mit dem Hintergrund einer Welt, die mit dem Fall der Berliner Mauer zu einem neuen hoffnungsvollen Bewusstsein einer wachsenden Solidarweltgemeinschaft erwacht war, befindet sich die Menschheitsfamilie wieder einmal in einer extrem beunruhigenden Situation nicht nur einer unübersichtlichen Gewaltspirale, sondern darüber hinaus einer neuen Realangst vor einer atomaren kriegerischen Auseinandersetzung. Allein schon der islamistische Terrorismus, der seit dem apokalyptischen Attentat auf das World Trade Center in New York mit den darauf folgenden Kriegen in Irak und Afghanistan viele Länder und Kulturen verwüstet und für den das Menschenleben seine Würde längst verloren hat, verweist uns beständig auf eine „gekränkte

Weltgesellschaft".[139] *Die Kränkung ist offensichtlich wie ein Pulverfass, das unberechenbar auf den Zeitpunkt einer tödlichen Explosion wartet.* Für den Vorarlberger Psychiater, Neurologen, Psychotherapeuten und Gerichtsgutachter *Reinhard Haller* ist der Faktor „Kränkung" nicht ohne Bedeutung bei der Analyse der Kriegsursachen. „Bei manchen Kriegen bleiben die Ursachen ein Rätsel. Die sonst üblichen Gründe wie Herrschaftsinteressen, Territorialansprüche, ethnisch-kulturelle Heterogenität, soziale Ungerechtigkeiten oder Machtkonkurrenz liefern keine stimmige Erklärung. In vielen Fällen wird man bei Demütigungen und Kränkungen fündig, die vielleicht nicht das ganze Drama verursacht, aber zumindest ausgelöst und den letzten Ausschlag gegeben haben."[140] Deshalb wäre die Einbeziehung einer historischen Betrachtung beim Verständnis der um sich greifenden Kriege unseres 21. Jahrhunderts von besonderer Bedeutung für das gedeihliche Zusammenleben der Völker. Exemplarisch greift er die sogenannte „Ur-Katastrophe", den Ersten Weltkrieg, auf: „Historiker können die Ursachen von Kriegen differenziert beurteilen. Kränkungen, besonders massenpsychologischer Natur, spielen aber innerhalb des komplexen Bedingungsgefüges eine bedeutende Rolle. So hat eine Stimmung aus geschichtlich gewachsener Rivalität, Eifersüchtelei, gegenseitigen Demütigungen, unausgesprochenen Drohungen und zum Teil irrealen Befürchtungen wesentlich zum Ausbruch des Ersten Weltkriegs beigetragen."[141] Vielleicht ist es überhaupt nicht unbedingt notwendig, eine lange Reise in die Vergangenheit zu unternehmen. Die Gegenwart ist bedrohlich genug und bringt uns das Fürchten bei! In seinem Buch *Ethik der Hoffnung* greift Jürgen Moltmann einen Aspekt dieser Bedrohung auf: „Die Gemeinschaft der modernen Gesellschaft zerfällt in

---

139 Vgl. Strohschein, Barbara (2015): Die gekränkte Gesellschaft. Das Leiden an Entwertung und das Glück durch Anerkennung. Riemann Verlag München.
140 Haller, Reinhard (2015): Die Macht der Kränkung. Ecowin Verlag bei Benevento Publishing. Wals bei Salzburg. S. 95.
141 Ebd., S. 96.

Gewinner und Verlierer, ‚the winner takes it all' führt zu grenzenloser Lebensgier und unersättlichem Machthunger. ‚Geiz ist geil' und ‚Gier ist cool' wird schon den Jugendlichen gesagt, die sich Markenkleidung anschaffen sollen. Es sind nicht die Grundbedürfnisse des Lebens, um deren Befriedigung der Wettbewerb in modernen Gesellschaften geht, sondern es ist das soziale Prestige, die Anerkennung in der eigenen sozialen Klasse. Weil die moderne Existenzangst den Menschen sagt ‚Du bist nichts, du hast nichts – mach selbst was aus dir, sonst wirst du verachtet und gewinnst kein Ansehen', entstehen die sozialen Kämpfe. Jeder konkurriert mit jedem, es ist ein Streit aller mit allen."[142]

Gerade mit den obigen Hintergründen lässt sich die Frage in ihrer Dringlichkeit stellen: *Gibt es eine glaubwürdige Grundlage für eine ebenfalls glaubwürdige Hoffnung auf ein gedeihliches Zusammenleben aller Menschen dieser Welt?* Wenn ja, wie ich geneigt bin zu bejahen, was wäre diese positive Grundlage jenseits aller Grenzen der Religionen und jenseits aller Versuche einer gutgemeinten religiösen Ökumene? Ich hebe noch einmal hervor, dass mir diese Frage seit Jahrzehnten unter den Nägeln brennt! Ich suchte bewusst die Antworten mit einem hohen Plausibilitätsfaktor 1993–1994 in meiner Dissertation. Das Herz blieb weiterhin unruhig! Dieses Buch ist mein Versuch, auf einem „religionsneutralen Boden" die gleiche Frage zu stellen und meinen Antwortversuch zu wagen. *Ich bin von der Hoffnung getragen, dass es eben eine glaubwürdige Hoffnung auf das gedeihliche Zusammenleben aller Völker der einen Welt geben kann!* Ich teile die feste Überzeugung des freischaffenden Philosophen und Schriftstellers *Michael Schmidt-Salomon*, dass diese gesuchte Hoffnung der Mensch selbst ist und sein muss. Wortwörtlich heißt es in seinem Buch *Hoffnung Mensch*: „Brennende Geduld – das ist es auch, was heute gefordert ist, wenn wir eine Lösung der großen Weltprobleme ins Auge fassen:

---

142 Moltmann, Jürgen (2010): Ethik der Hoffnung. Gütersloher Verlagshaus. Gütersloh in der Verlagsgruppe Random House GmbH, München. S. 64–65.

Wir müssen einerseits geduldig genug sein, um Rückschläge verkraften zu können, andererseits jedoch nicht so duldsam, dass alles beim Alten bleibt. Unsere Geduld darf nicht träge, kraftlos, mutlos sein, sondern drängend, fordernd, eben: ‚brennend'. Denn ein Großteil der Probleme lässt sich in der Tat nicht auf die lange Bank schieben."[143] Das schwere Gewicht der Dringlichkeit dieser Herausforderung ruht allerdings auf den Schultern aller Menschen guten Willens. *Diese Verantwortung für diese brennende Herausforderung darf nicht länger nur den Politikern und Politikerinnen in die Schuhe geschoben werden! Die Zeit der zivilgesellschaftlichen Verantwortung ist jetzt! Es gibt eine politische Spiritualität und sie ist ein Antidot zu einer jedweden Form eines religiösen Absolutismus. Diese politische Spiritualität besitzt eine enorme Sprengkraft für das gute Zusammenleben aller Menschen und liegt in der jedem Menschen angeborenen Fähigkeit zum Staunen begründet. Diese Hoffnung ist unschätzbar und lädt alle Menschen aller Länder dieser Welt zu einem mutigen Gang auf der Brücke der Mystik der Sinne ein.* Mein Buch erhebt sicherlich keinen Anspruch darauf, ein Patentrezept für die Bewältigung aller weltpolitischen und religiösen Spannungen in unserer gegenwärtigen Weltgesellschaft zu sein. Es will nichtsdestotrotz ein eigener Beitrag zu den vielen anderen Gehversuchen sein, wenn es darum geht, beim brennenden Projekt „Wie Menschen Zukunft gestalten"[144] ein Wort mitzureden. Ich war bei der Entstehungsgeschichte dieses Buches aufgrund meiner Erfahrung der Unmittelbarkeit bei etlichen Naturphänomenen davon überzeugt, *dass die Fähigkeit zum Staunen eine Potentialentwicklung für den Weltfrieden besitzt. Diese Überzeugung bleibt!* Denn *das Natürliche ist oft das Wertvollste.* Und das Wertvollste darf unserem Blick nicht entschwinden, wenn wir mit allen Menschen guten Willens können wollen. Mir und allen Leserinnen und

---

143 Schmidt-Salomon (2014): Hoffnung Mensch. Eine bessere Welt ist möglich. Piper Verlag GmbH München. S. 282–283.
144 Vgl. Horx, Matthias (2009): Das Buch des Wandels. Wie Menschen Zukunft gestalten. Deutsche Verlags-Anstalt. München.

Lesern dieses Buches möge das lebenstherapeutische Konzept vom „tragischen Optimismus", wie der vier Konzentrationslager überlebende Viktor E. Frankl, gelehrt und gelebt hat, stets ein Herzensanliegen sein. *Wer, wenn nicht geradezu dieser leidgeprüfte Mann, kann ein glaubwürdiges Zeugnis davon ablegen, welche lebenserhaltende, motivierende und sinnstiftende Kraft die Hoffnung besitzt? Ich persönlich verstehe Hoffnung in ihrem Spannungsverhältnis zwischen Realität und Projekt.* Das „Noch-Nicht" im Sinne des Philosophen Ernst Bloch ist nicht irrational! Ganz im Gegenteil! *Die Hoffnung hat damit zu tun, dass wir Menschen davon ausgehen, dass das scheinbar oder sogar offensichtlich Unmögliche nicht wirklich unmöglich sein müsste, solange die Menschen die Bereitschaft dazu aufbringen, nach Sinnalternativen sowie Sinnverwirklichungswürdigem zu fahnden.* Zwar kein leichtes Unterfangen, aber das Leben macht uns keine Versprechungen, dass wir es „leicht" haben werden. Nein! Das Leben stellt uns in der jeweiligen Einzigartigkeit unserer Individualität stets die Frage nach unserer unvertretbaren Verantwortung. Und wieder Viktor E. Frankl, der als unvergleichlicher Anwalt für jeden konkreten Menschen charakterisiert werden kann. Als ein Überlebender von vier Konzentrationslagern und in der Erschütterung und Hoffnungslosigkeit angesichts der Liquidierung fast seiner gesamten Familie erkannte und vollzog er in seinem Leben eine Art „kopernikanische Wende". Diese tat er in folgender zum Nachdenken anregenden Formulierung: „Wir müssen lernen und die verzweifelnden Menschen lehren, dass es eigentlich nie und nimmer darauf ankommt, was wir vom Leben noch zu erwarten haben, vielmehr lediglich darauf: was das Leben von uns erwartet!"[145] Seiner Ansicht nach sind wir als Menschen, die stets vom Leben Befragten, „diejenigen, an die das Leben täglich und stündlich Fragen stellt – Fragen, die wir zu beantworten haben, indem wir nicht durch ein Grübeln oder

---

145 Frankl, Viktor E. (1999): ...trotzdem Ja zum Leben sagen. Ein Psychologe erlebt das Konzentrationslager. Vorwort von Hans Weigel. 18. Auflage, Deutscher Taschenbuch Verlag. München. S. 125.

Reden, sondern nur durch ein Handeln, ein richtiges Verhalten, die rechte Antwort geben. Leben heißt letztlich eben nichts anderes als: Verantwortung tragen für die rechte Beantwortung der Lebensfragen, für die Erfüllung der Aufgaben, die jedem Einzelnen das Leben stellt, für die Erfüllung der Forderung der Stunde."[146] Im vorliegenden Buch ist mir daran gelegen, eine mich seit nun einigen Jahrzehnten begleitende Hoffnung auf ein friedvolleres Zusammenleben aller Menschen der einen Menschheitsfamilie aufzuzeigen. Dabei war ich davon überzeugt, dass ein solch friedliches Zusammenleben der Menschen ganz elementar sein müsste, nachdem die Erfahrung uns leider traurig genug gelehrt hat und bedauerlicherweise immer noch unaufhörlich lehrt, dass es beim Versuch eines Auf- bzw. Ausbaus des Friedens an den genannten Dingen scheitert, zumal sie stets mit ökonomischen Fragen verbunden waren und sind. Wenn ich mein Grundanliegen flapsig formuliere: Es wäre vielleicht höchste Eisenbahn, von der destruktiven Ökonomisierung zu einer Ästhetisierung (sprich Kunst!) überzuwechseln! Wer kann denn wirklich so schnell vergessen haben, dass Michael Jackson und Lionel Richie den Song „We are the world" 1985 komponiert und gemeinsam mit vielen Rock- und Popsängern im Kontext des großangelegten Hilfsprojekts „USA für Afrika" aufgeführt haben? Jene Künstler und Künstlerinnen haben mit einer verstehbaren Sprache auf die Emotionen von Abermillionen Menschen gedrückt und ihre Spiegelneuronen dermaßen erreicht, dass die Mitmenschlichkeit nicht mehr zur Debatte gestanden war! Sie zeigten uns, was positive Emotionen im Stande sind oder besser gesagt wären, wenn es darum geht, verdeckte Möglichkeiten für eine Kultur gelebten [Welt-]Friedens aufzuspüren und im Geist der Selbst- und Kollektivverantwortlichkeit umzusetzen. Die an der Universität von Chicago lehrende Professorin Martha Nussbaum hat bei ihren Auseinandersetzungen mit dem Phänomen der Angst auf den Bürgerrechtskämpfer Martin Luther King Jr. verwiesen und

---

146 Ebd.

Folgendes über die Macht der kleinen Schritte zur Hoffnung im Alltag geschrieben: „King fordert uns dazu auf, an die Möglichkeit unscheinbarer Handlungen der Brüderlichkeit im Alltag der Menschen zu glauben, nicht an eine perfekte Welt. Die Wirklichkeit wird verschönert: Das ist es, worauf die Hoffnung setzt. Utopismus geht häufig der Verzweiflung voraus; deshalb müssen Glaube und Hoffnung Schönheit in den kleinen Dingen des Alltags finden."[147] *Die Natur spiegelt uns ununterbrochen ergreifende Momente vor, die uns eine unbändige Kraft für Neues sein könnten, ja, sollten! Dieses Buchprojekt möchte eine Einladung an seine Leserinnen und Leser sein, das freie Geschenk der Natur anzunehmen und geradezu dieses Geschenk als einen Auftrag für den Frieden zu betrachten. Ich war und bin von der tiefen Überzeugung getragen, dass der Friede, ob nun in familiären Kreisen, in Freundschaftskreisen, in den Dörfern und Ländern und in der großen Weltpolitik, nur dann möglich sein wird können, wenn die Individuen zu sich selbst gefunden haben und auch stehen können.* Ich unterstreiche am Ende dieser geistigen Reise noch einmal, was meine Motivation und den Inhalt dieses Buchprojektes ausmacht: **Der Friede beginnt mit dem Staunen!** Staunen ist nach meiner Ansicht der neue und glaubwürdige Name für Spiritualität. Es ist kein Wunder, dass Jesus in seiner Verkündigung über das bereits angebrochene Reich Gottes immer wieder, ja, unentwegt auf die Bilder aus seiner Umwelt zurückgegriffen hat. Ja, echte christliche Spiritualität muss eine geerdete Spiritualität sein, oder sie geht am Wesen des Menschen vorbei. *Michael Lehofer*, der österreichische Psychiater, Psychotherapeut und erfolgreiche Autor, schreibt so schön über die natürliche Spiritualität, die mein großes Anliegen in diesem Buch ist, Folgendes: „Heute weiß ich, dass der ‚göttliche' Blick nur aus mir selber kommen kann. Das hat nichts mit einer Gottesvorstellung zu tun. Aber die Tatsache, dass ich mich jenseits meiner Selbstvorstellungen selbst betrachten kann,

---

147 Nussbaum, Martha (2019): Königreich der Angst. Gedanken zur aktuellen politischen Krise. Aus dem Englischen von Manfred Weltecke. Wissenschaftliche Buchgesellschaft, Darmstadt. S. 250.

hat schon etwas Spirituelles. Was versteht man allerdings unter Spiritualität? Sie ist die Anerkennung des Zauberhaften im Leben. Religion im traditionellen Sinne ist damit nicht gemeint. Spiritualität ist die Einsicht, dass alles, was wir erleben, in sich mehr ist als das, was es ist. Alles hat einen Zauber, wenn wir uns nur ihm gegenüber öffnen. Was wäre das Leben ohne diesen Zauber?"[148] Und wenn „jedem Anfang ein Zauber innewohnt"[149], so wird der Friede nur dann möglich sein, wenn Menschen immer wieder diesen Zauber der Natur entdecken und schätzen, und wenn andererseits *jeder* Mensch als der zu entdeckende Zauber gilt, ganz unabhängig von seiner Rasse, Kultur, Ideologie- und Religionszugehörigkeit. *Mein Buch will ein Denkanstoß für dieses nachhaltige Bemühen sein.*

---

148 Lehofer, Michael (2019): Mit mir Sein. Selbstliebe als Basis für Begegnung und Beziehung. 10. Auflage, Braumüller GmbH, Wien. S. 63–64.
149 Hesse, Herman (1977): Aus „Stufen", in: Die Gedichte. 1892–1962. Suhrkamp Taschenbuch Verlag, Frankfurt am Main. S. 676.

DANK

Unser Mensch-Sein wäre höchstwahrscheinlich eine einzige emotionale Katastrophenveranstaltung ohne die Erfahrung von Resonanz. Diese Resonanz „ist das, was uns ‚in Schwingung versetzt' – die Art und Weise, wie die Umwelt auf uns einwirkt und wir die Umwelt beeinflussen". (Horx, M., 2017, 47) Dieser magnetische Pull gleicht dem, was bei Sokrates die „erotische Existenz" heißt. Das meine ich mit der „erotischen Spiritualität" in diesem Buch. Es kann schon sein, dass mein Resonanzbogen eine besonders starke Dimension hat. Es ist dennoch meine tiefste Überzeugung, dass gerade diese **natürliche Erotik** das ist, *was alle Menschen dieser EINEN Welt verbindet*. Sie bildet geradezu deshalb aus meiner Sicht die fundamentale Grundlegung der Bedingung für die Erreichung des (Welt-)Friedens. Mit vielen wunderbaren Menschen bei diversen erlebnishaften Bergwanderungen konnte und durfte ich solche Resonanzerfahrungen machen. Seit meiner tiefen Ergriffenheit auf der *Heu Kuppe* in den Rax-Bergen im September des Jahres 1984 gehört das Erspüren des „Einfachen" zu meinem Friedensgedanken – im Alltag und in der Weltpolitik. In ungezählten Begegnungen, Freundschaften und Gesprächen ebenfalls. Ein wesentliches Stück Weltfriedenserfahrung! Allen solchen Menschen bin ich zum Dank verpflichtet! Sie sind alle in diesem Buch mitreflektiert.

Der Gymnasialprofessorin, *Frau Sabine Anna Krammer,* bin ich sehr dankbar für die Gewissenhaftigkeit, mit der sie das Manuskript gelesen und korrigiert hat, sowie für die fachliche Begleitung bei den anfallenden Formulararbeiten vom Verlag. Dessen ungeachtet nehme ich jegliche Verantwortung auf mich für alle Unvollkommenheiten, die die Leserinnen und Leser entdecken könnten. *Frau Hermine Schlag,* eine der renommiertesten Künstlerinnen des Burgenlandes (Österreich), hat aus einer inhaltlichen

Auswahllektüre dieses Buches einige Covers entworfen. Aus dieser Reihe habe ich mich für das aktuelle Buchcover entschieden. *Hermi*, vielen lieben Dank für dein großes Interesse und Engagement! Dass der Erzbischof von Wien, *Kardinal Christoph Schönborn*, trotz der Größenordnung seiner Leitungsverantwortung, die Zeit gefunden hat, das Vorwort zu schreiben, bedeutet mir sehr viel! Ist seine Art des achtsamen (Zu-)Hörens doch ein wesentlicher Aspekt meines Versuches in diesem Buch, auf der Grundlage der **Mystik der Sinne** zu dem zu gelangen, was allen Menschen gemein ist, und dadurch den Weltfrieden aufzubauen. Herr Kardinal, vielen Dank!

Groß ist weiter meine Freude, dass der Novum Verlag Interesse an meinem Buchprojekt gezeigt hat und mir mit Rat und Tat zur Seite gestanden ist, sodass Sie, liebe Leserinnen und Leser dieses Buch in diesem Format in der Hand halten können. Für die Begleitung bei der genauesten Durchsicht des Manuskripts bedanke ich mich auf das Herzlichste bei Frau Sansarah Hammer.

Viele Gespräche gab es bei vielen Begegnungen und Diskussionen mit Menschen, denen die oft dramatischen Ereignisse in unserer Welt nicht gleichgültig sind. Solche Gespräche gehören zu meiner Motivation, dieses Buch in Angriff zu nehmen und sind in der einen oder anderen Form in das Werk eingeflossen. Ich bedanke mich bei euch allen für den erbaulichen Gedankenaustausch. Alles wahre Leben ist nicht nur Begegnung (Martin Buber), sondern genauso Dialog. Schließlich danke ich allen, die dieses Buch lesen werden und sich in die Grundidee des Staunens als eine neue Landkarte zum Weltfrieden einschwingen werden.

LITERATURVERZEICHNIS

Aristoteles (2010): Die Nikomachische Ethik. Aus dem Griechischen und mit einer Einführung und Erläuterungen versehen von Olof Gigon. Deutscher Taschenbuch Verlag. München. Erstes Buch.

Asserate, A-W. (2016): Die neue Völkerwanderung. Wer Europa bewahren will, muss Afrika retten. Ullstein Buchverlage, GmbH. Berlin.

Bauer, J. (2016): Warum ich fühle, was du fühlst. Intuitive Kommunikation und das Geheimnis der Spiegelneurone. 25. Auflage, Wilhelm Heyne Verlag. München.

Boulad, H. (2005): Der Mystische Leib. Kosmischer Zugang zur Eucharistie. Übersetzt aus dem Französischen und herausgeben von Hidda Westenberger. 5. Auflage, Otto Müller Verlag. Salzburg.

Charim, I. (2018): **Ich** und die Anderen. Wie die neue Pluralisierung uns alle verändert. 3. Auflage, Paul Zsolnay Verlag. Wien.

Csikszentmihalyi, M. (1996): Das Flow-Erlebnis. Jenseits von Angst und Langeweile: im Tun aufgehen. In deutscher Sprache herausgegeben und mit einer Einführung von Hans Aebli. Aus dem Amerikanischen übersetzt von Urs Aeschbacher. 6. Auflage, Klett-Cotta, Stuttgart.

Dürr, H-P. und Oesterreicher, M. (2015): Wir erleben mehr als wir begreifen. Quantenphysik und Lebensfragen. Verlag Herder GmbH. Freiburg im Breisgau.

Einstein, A. und Freud, S. (1972): Warum Krieg? Ein Briefwechsel. Mit einem Essay von Isaac Asimov. Diogenes Verlag AG. Zürich.

Frankl, V. E. (1988): Der unbewusste Gott. Psychotherapie und Religion. 7. Auflage, Kösel-Verlag. München.

Frankl, V. E. (1998): Ärztliche Seelsorge. Grundlagen der Logotherapie und Existenzanalyse. 7. Auflage, Fischer Taschenbuch Verlag GmbH. Frankfurt am Main.

Frankl, V. E. (1999): …trotzdem Ja zum Leben sagen. Ein Psychologe erlebt das Konzentrationslager. Vorwort von Hans Weigel. 18. Auflage, Deutscher Taschenbuch Verlag, München.
Frings, Th. (2019): Gott funktioniert nicht. Deswegen glaube ich an ihn. Verlag Herder GmbH, Freiburg im Breisgau.
Fromm, E. (1996): Vom Haben zum Sein. Wege und Irrwege der Selbsterfahrung. Herausgegeben und mit einem Vor- und Nachwort versehen von Rainer Funk. Wilhelm Heyne Verlag. München.
Fuchs, G. (2017): Vom Göttlichen berührt. Mystik des Alltags. Verlag Herder GmbH, Freiburg im Breisgau.
Fuchs, O. (2014): Der zerrissene GOTT. Das trinitarische Gottesbild in den Brüchen der Welt. Matthias Grünewald Verlag. Ostfildern.
Gerl-Falkovitz, H.-B. (2001): Eros Glück Tod und andere Versuche im christlichen Denken. Verlag Dr. Ingo Resch GmbH, Gräfelfing
Greshake, G. (1986): Gott in allen Dingen finden. Schöpfung und Gotteserfahrung. Verlag Herder GmbH. Freiburg im Breisgau.
Grün, A. (2017): Liebe ist der Grund des Seins. In: Liebe ist die einzige Revolution. Drei Impulse für Ko-Kreativität und Potentialentfaltung. (Hrsg. Hüther Gerald | Hosang Maik | Grün Anselm)
Grün, A. (2020): Macht. Eine verführerische Kraft. Vier-Türme-Verlag, Münsterschwarzach.
Guanzini, I. (2019): Zärtlichkeit. Eine Philosophie der sanften Macht. Aus dem Italienischen übersetzt von Grit Fröhlich und Ruth Karzel. Verlag C.H.Beck OHG. München.
Haag, Herbert (1993): Du hast mich verzaubert. Liebe und Sexualität in der Bibel. 5. Auflage, Benziger Verlag AG Zürich.
Haass, R. (2017): A World in Disarray. American Foreign Policy and the Crisis of the Old Order. Pengun Press. NY.
Hesse, Herman (1977): Aus „Stufen", in: Die Gedichte. 1892–1962. Suhrkamp Taschenbuch Verlag, Frankfurt am Main.
Horx, M. (2017): Future Love. Die Zukunft von Liebe, Sex und Familie. Deutsche Verlags-Anstalt. München.

Hosang, M. (2016): Die Liebe ist ein Kind der Freiheit. Verlag Herder GmbH. Freiburg im Breisgau.

Hüther, G. (2016): Die Freiheit ist ein Kind der Liebe. Verlag Herder GmbH. Freiburg im Breisgau.

Hüther, G. (2018): Würde. Was uns stark macht – als Einzelne und als Gesellschaft. Mit Uli Hauser. 2. Auflage, Albrecht Knaus Verlag. München.

Hüther, G. | Maik, M. | Grün, (A. (2017): LIEBE ist die einzige Revolution. Drei Impulse für Ko-Kreativität und Potenzialentfaltung. Verlag Herder GmbH. Freiburg im Breisgau.

Huntington, S. P. (2002): Kampf der Kulturen. Die Neugestaltung der Weltpolitik im 21. Jahrhundert. Aus dem Amerikanischen von Holger Fliessbach. 9. Auflage, Wilhelm Goldmann Verlag. München.

Küng, H. (1990): Projekt Weltethos. R. Piper GmbH & Co. KG, München.

Längle, A. (2003): Emotion und Existenz. Facultas Verlags- und Buchhandels AG. Wien.

Lapide, P. und Frankl, V. E. (2005): Gottsuche und Sinnfrage. Ein Gespräch. Gütersloher Verlagshaus. Gütersloh.

Lehofer, Michael (2019): Mit mir Sein. Selbstliebe als Basis für Begegnung und Beziehung. 10. Auflage, Verlag Braumüller GmbH, Wien.

Lukas, E. (2019): Frankl und GOTT. Erkenntnisse eines Psychiaters. Verlag Neue Stadt. München.

Merton, Th. (1986): Im Einklang mit sich und der Welt. Contemplation in a World of Action. Aus dem Amerikanischen und mit einer Einführung von Georg Tepe. Diogenes, Zürich.

Mikosch, C. (2015): Der kleine Buddha und die Sache mit der Liebe. Verlag Herder GmbH. Freiburg im Breisgau.

Moïsi, D. (2009): Kampf der Emotionen. Wie Kulturen der Angst, Demütigung und Hoffnung die Weltpolitik bestimmen. Deutsche Verlags-Anstalt. München.

Nelson, R. D. und Kindel, G. (2018): Der Welt-Geist. Wie wir alle miteinander verbunden sind. Edition a. Wien.

Nouwen, H. J. M. (1993): Du bist der geliebte Mensch. Religiös leben in einer säkularen Welt. Verlag Herder GmbH. Freiburg im Breisgau.

Nouwen, H. J. M. (1994): Die Kraft seiner Gegenwart. Leben aus der Eucharistie. Aus dem Amerikanischen übersetzt von Bernardin Schellenberg. Verlag Herder GmbH. Freiburg im Breisgau.

Oster, Bischof S. und Seewald, P. (2016): Gott ohne Volk? Die Kirche und die Krise des Glaubens. Droemer Verlag. München.

Papst Benedikt XVI (2006): Deus Caritas Est. Liberia Editrice Vaticana. Citá del Vaticano.

Papst Franziskus (2015): Enzyklika. „Laudato si" (Gelobt seist du, mein Herr). St. Benno Verlag GmbH, Leipzig.

Quarch, Chr. (2018): Platon und die Folgen. J.B. Metzler. Stuttgart.

Rahner, K. (2009): Gotteserfahrung heute. Verlag Herder GmbH. Freiburg im Breisgau.

Rahner, K. und Vorgrimler, H. (1986): Kleines Konzilskompendium. Sämtliche Texte des Zweiten Vatikanums mit Einführungen und ausführlichem Sachregister. 19. Auflage, Verlag Herder GmbH, Freiburg im Breisgau.

Schmid, W. (2007): Glück. Alles, was Sie darüber wissen müssen, und warum es nicht das Wichtigste im Leben ist. Insel Verlag. Frankfurt am Main.

Schmid, W. (2013): Dem Leben Sinn geben. Von der Lebenskunst im Umgang mit Anderen und der Welt. Suhrkamp Verlag. Berlin.

Schmidinger, L. (2003): Eros/Erotik. In: Lexikon des christlichen Glaubens. Hrsg. von Eugen Biser, Ferdinand Hahn, Michael Langer. Pattloch Verlag GmbH & Co, KG, München.

Schmidt, H. (2010): Sechs Reden. Verlag C. H. Beck. München.

Schmidt, H. (2011): Religion in der Verantwortung. Gefährdungen des Friedens im Zeitalter der Globalisierung. Ullstein Buchverlage GmbH. Berlin.

Seewald, M. (2019): Reform. Dieselbe Kirche anders denken. Verlag Herder GmbH, Freiburg im Breisgau.

Sloterdijk, P. (2017): Nach Gott. Suhrkamp Verlag. Berlin.

Stiglitz, J. (2004): Die Schatten der Globalisierung. Aus dem amerikanischen Englisch von Thorsten Schmidt. Wilhelm Goldmann Verlag. München.

Strasser, P. (2018): Ist Religion Krieg? Was vom Gott aller Menschen bleibt. Styria Buchverlage. Wien.

Striet, Magnus (2009): Moderne Körperlust. Ein theologischer Versuch zu bizarren Phänomenen. In: Eros – Körper – Christentum. Provokation für den Glauben? Stefan Orth (Hg.). Verlag Herder GmbH, Freiburg im Breisgau. S. 128.

Stril-Rever, S. (2019): Der neue Appell des Dalai Lama an die Welt. Seid Rebellen des Friedens. Mit Sofia Stril-Rever. Aus dem Französischen übersetzt von Ingrid Ickler. Benevento Verlag. Salzburg.

Taschner, R. (2016): Woran glauben. 10 Angebote für aufgeklärte Menschen. Christian Brandstätter Verlag, Wien.

Thiele. J: (1988): Die Erotik Gottes. Menschen werden wir nur als Liebende. Kreuz Verlag. Zürich.

Wecker, K. (2018): Auf der Suche nach dem Wunderbaren. Poesie ist Widerstand. 2. Auflage, Gütersloher Verlagshaus. Gütersloh.

Weinreb, F. (1999): Leiblichkeit. Unser Körper und seine Organe als Ausdruck des ewigen Menschen. Thauros Verlag. Weiler im Allgäu.

Wilber, K. (2001): Eros. Kosmos. Logos. Eine Jahrtausend-Vision. Fischer Taschenbuch Verlag. Frankfurt am Main.

Ziegler, J. (2018): Was ist so schlimm am Kapitalismus? Antworten auf die Fragen meiner Enkelin. Aus dem Französischen übertragen von Hainer Kober. 4. Auflage, C. Bertelsmann Verlag. München.

ANDERE QUELLEN

Katechismus der Katholischen Kirche. Kompendium. Übersetzung aus dem Italienischen im Auftrag der Deutschen Bischofskonferenz. @2005 Deutsche Bischofskonferenz, Bonn. Für die deutschsprachigen Ausgaben, Pattloch Verlag GmbH & Co. KG. München.
Dogmatische Konstitution über die göttliche Offenbarung (Dei Verbum), Nr. 3. In: Rahner, Karl und Vorgrimler, Herbert (1986): Kleines Konzilskompendium. Sämtliche Texte des Zweiten Vatikanums mit Einführungen und ausführlichem Sachregister. Verlag Herder GmbH. Freiburg in Breisgau.
https://de.wikipedia.org/wiki/Die_Himmel_r%C3%BChmen. Abgerufen am 08.11.18
https://de.wikipedia.org/wiki/Animal_rationale. Abgerufen am 08.11.18
https://de.wikipedia.org/wiki/UN-Klimakonferenz_in_Paris 2015. Abgerufen am 09.11.19
Wohlmuth-Konrath, M. (2019): In einem Gespräch mit mir in der Anwesenheit ihrer Mutter, Wohlmuth, I., am 18.11.2019, in Großhöflein, Burgenland.

BILDILLUSTRATIONEN

1. Bild der Rosenblüten. Privatgarten Familie Stumpf. Großpetersdorf.
2. Bild des Wechselspiels von Schatten und Licht. Steinhofpark.
3. Sonnenuntergang.
4. Bild von Baumstämmen. Husun. Deutschland.
5. Bild des Sonnenaufgangs. Pfarre Starchant.
6. Bild vom Waldspringbrunnen. Wilhelminenberg, Wien.
7. Bild von Ndubueze Fabian Mmagu, Männerbergtour. Steiermark.
8. Bild des Sonnenaufgangs, die zarte Macht.
9. Bild des Sonnenaufgangs, blaues Farbenspiel am Himmel.
10. Bild von der Zärtlichkeit der Orchidee.
11. Bild des Sonnenuntergangs, Farbenkonzert der Abenddämmerung.
12. Bild des Sonnenaufgangs; eine Stadt in der Strahlkraft der Sonne.
13. Bild der Feuerball des Sonnenaufgangs.
14. Bild des Sonnenaufgangs mit der Urkraft der Hoffnung.
15. Bild des Sonnenaufgangs. Sandy Dörfler. Pfarre Starchant, Wien.

Der Autor

Ndubueze Fabian Mmagu wurde 1958 in Nigeria geboren. In seiner Kindheit machte er schreckliche Erfahrungen, wie den Biafra-Nigeria-Krieg mitzuerleben. Er absolvierte eine philosophische Universitätsausbildung in seiner Heimat. 1983 kam er nach Österreich, wo er Theologie studierte. Er schloss erfolgreich sowohl die Priester- als auch die Psychotherapeutenausbildung ab, absolvierte einen Masterlehrgang in Psychotherapie, bildete sich in Organisationsentwicklung weiter und beschäftigte sich mit Kinderschutzarbeit. Der Priester-Seelsorger hat bereits mehrere Bücher und Beiträge für Zeitschriften veröffentlicht.

Er hält Vorträge, setzt sich für Marginalisierte ein und widmet sich der seelsorglichen Tätigkeit.

In seiner Freizeit liest und reist er gerne, führt bereitwillig Diskussionen zu politischen Themen, pflegt liebend gerne Freundschaften, hat Sinn für Humor und eine ausgeprägte Empathiefähigkeit. Ndubueze Fabian Mmagu lebt in Wien.

novum VERLAG FÜR NEUAUTOREN

Der Verlag

> *Wer aufhört besser zu werden, hat aufgehört gut zu sein!*

Basierend auf diesem Motto ist es dem novum Verlag ein Anliegen, neue Manuskripte aufzuspüren, zu veröffentlichen und deren Autoren langfristig zu fördern. Mittlerweile gilt der 1997 gegründete und mehrfach prämierte Verlag als Spezialist für Neuautoren in Deutschland, Österreich und der Schweiz.

Für jedes neue Manuskript wird innerhalb weniger Wochen eine kostenfreie, unverbindliche Lektorats-Prüfung erstellt.

Weitere Informationen zum Verlag und seinen Büchern finden Sie im Internet unter:

www.novumverlag.com